Das Projektions-Prinzip

George Weinberg · Dianne Rowe

Das Projektions-Prinzip

Wie man sich das richtige Bild
vom anderen macht

Die Kontaktschule für
positive zwischenmenschliche
Beziehungen

Scherz

Erste Auflage 1989
Einzig berechtigte Übersetzung
aus dem Amerikanischen von Marion Balkenhol.
Titel des Originals: «The Projection Principle».
Copyright © 1988 by Dr. George Weinberg und Dianne Rowe.
Gesamtdeutsche Rechte beim Scherz Verlag Bern, München, Wien.
Alle Rechte der Verbreitung, auch durch Funk, Fernsehen,
fotomechanische Wiedergabe, Tonträger jeder Art und
auszugsweisen Nachdruck, sind vorbehalten.
Schutzumschlag unter Verwendung einer
Zeichnung von Image Bank, Zürich

Inhalt

1 Einleitung

In diesem Buch geht es um Beziehungen, um eine Antwort auf die Frage, warum es Beziehungen gibt, die sich im Laufe der Zeit vertiefen und verbessern, und andere, die sich immer weiter verschlechtern. Wir wollen Ihnen zeigen, was man tun kann, damit aus einer Verliebtheit eine dauerhafte Liebesbeziehung wird, wie man eine Freundschaft erhalten kann und wie sich aus einem vielversprechenden beruflichen Einstieg eine tragfähige Karriere entwickeln läßt.

Der Erfolg einer jeden Beziehung hängt davon ab, welche Meinung der eine Partner vom anderen hat, welches Bild sich der eine vom anderen macht. Und dieses Bild kann man selbst zeichnen.

Sie werden auch schon festgestellt haben, daß es nicht ausreicht, gut oder fähig oder attraktiv zu sein. Andere sehen Sie nicht immer so, wie Sie *tatsächlich* sind, sondern wie Sie *ihrer Meinung nach* sind.

Die Menschen *projizieren.* Sie unterstellen ihren Mitmenschen Eigenschaften, Charakterzüge, Absichten, sogar eine äußere Erscheinung, die diese gar nicht haben. Aufgrund ihrer eigenen psychischen Bedürfnisse schaffen sie für andere eine Identität, die ihnen gerade paßt. Ob sie nun unbewußt ein vollständig neues Bild von anderen entwickeln oder lediglich einige bereits vorhandene Eigenschaften übertreiben – sie unterwerfen ihre Mitmenschen in jedem Fall einer Projektion.

Eine Projektion umfaßt alles, was ein Mensch in einen anderen hineinliest und als tatsächlich vorhanden betrachtet, obwohl es gar nicht existiert.

Es gibt so viele Projektionen wie es menschliche Eigenschaften gibt. Es mag sein, daß jemand Sie für unfähig oder schwer von

Begriff hält. Möglicherweise erkennt Ihr bester Freund nicht Ihre Sensibilität, Ihre Treue oder schlicht die Tatsache, daß Sie erwachsen und unabhängig sind. Vielleicht sind Sie Ihrem Partner nicht so wichtig, oder Ihr Chef hält Sie nicht für förderungswürdig.

Es kann auch sein, daß andere Ihre guten Seiten einfach nicht sehen, so daß Sie das Gefühl haben, gegen eine Wand der Ablehnung anzurennen und zu den Menschen, die Ihnen wirklich wichtig sind, nicht vorstoßen zu können.

Projektionen sind gefährlich, denn Menschen, die uns falsch einschätzen, werden uns ausbooten – sei es am Arbeitsplatz, in der Liebe oder in der Freundschaft. Die anderen behandeln uns so, wie sie uns einschätzen.

Wenn Sie jemals zu einem Ziel kommen und so behandelt werden wollen, wie Sie es verdienen, müssen Sie der Tatsache ins Auge sehen, daß *die Menschen projizieren und Sie daher lernen müssen, wie man mit diesen Projektionen umgeht.* Es hat keinen Sinn, sich vorzumachen, es sei damit getan, sich in ein besseres Licht zu rücken – das heißt, mehr zu arbeiten und sich zu beweisen. Wenn die Wahrheit darüber, wer Sie sind, bis jetzt noch nicht zum Ziel geführt hat, wird es auch in Zukunft nicht ohne Ihr Zutun klappen. Die Projektionen anderer auf Sie, deren Vorurteile, verschwinden nicht einfach von allein.

Haben Sie das Wesen von Projektionen erst einmal verstanden, werden Sie entdecken, daß *Sie selbst bestimmen können, was die anderen von Ihnen halten.*

Das Projektions-Prinzip verhilft Ihnen zu einer völlig neuen Denkweise über Beziehungen. Es zeigt Ihnen Mittel und Wege, wie Sie das Bild, das andere sich von Ihnen machen, beeinflussen können. Sie können falsche Eindrücke unterbinden bzw. dafür sorgen, daß man weiterhin positiv über Sie denkt. Auch wenn ein anderer voreingenommen ist und nur Schlechtes in Ihnen sehen will, oder wenn seine Achtung vor Ihnen sinkt, *liegt es immer noch an Ihnen,* Ihren endgültigen Wert für diesen Menschen zu bestimmen.

Die Anwendung des Projektions-Prinzips kann in vielen Fällen Liebesbeziehungen retten. Die meisten gehen doch auseinander, weil die Liebe ganz allmählich schwindet, obwohl der eigentliche Bruch durchaus plötzlich auftreten kann. Ein Partner hat für den anderen an Reiz und Bedeutung verloren. Er spürt eine Veränderung und gibt sich mehr Mühe. Schon lange bevor der andere sagt «Ich mag dich zwar, aber du bist nicht der/die Richtige für mich», wußte er, daß es eines Tages so kommen würde. Leichte Anzeichen davon hat er wahrgenommen, und jetzt ist es soweit.

Wenn Sie in einer Liebesbeziehung, am Arbeitsplatz oder in einer anderen Beziehung den kürzeren ziehen, weil ein anderer nicht in der Lage war, Sie so zu sehen, wie Sie wirklich sind, neigen Sie vielleicht zu der Feststellung: «Das ist *sein* Problem», und wollen so weitermachen wie bisher. Mit diesem Verhalten würden Sie aber das Gefühl ignorieren, Sie hätten etwas unternehmen können, um so dazustehen, wie Sie wollten. Und zwar nicht nur durch hübschere Kleidung, geschicktere Ausdrucksweise oder irgendwie selbstsicheres Auftreten.

Sie hätten das Projektions-Prinzip anwenden können, um den anderen dahin zu bringen, *wirklich zu hören, was Sie zu sagen haben, und zu sehen, wer Sie eigentlich sind.*

Haben Sie den Eindruck, daß Sie an jemanden, den Sie lieben, nicht herankommen, oder daß man anderen, die weniger begabt sind als Sie, den Vorzug gibt, müssen Sie dies nicht untätig hinnehmen. Sie können eine Menge tun, um die Art, wie ein Chef, ein Partner, ein Freund oder ein Arbeitskollege Sie sehen, zu beeinflussen. Sie sind den Wahrnehmungen dieser Menschen nicht hilflos ausgeliefert. Das Vorurteil ist nicht nur ein Problem *der anderen.* Es ist *Ihr* Problem. Letztendlich liegt es an Ihnen, wie andere Sie sehen und behandeln.

Von Psychologen wissen wir, daß die Art und Weise, wie ein Mensch andere einschätzt, schon in der Kindheit entwickelt wird. Ein Mann, der die Meinung vertritt, Frauen seien dumm und nur dazu geschaffen, ihm zu dienen, oder sie seien nur wegen seines Geldes hinter ihm her, hat diese Haltung meist schon in frühen Jahren erlernt. Seine Art der Wahrnehmung ist zu einer Gewohnheit geworden – zu einer Gesinnung.

Psychologen haben aber auch angedeutet, daß wir den Eindruck, den andere von uns haben, nicht ändern könnten. Eine Frau, deren Mann ihr vor der Eheschließung voll vertraut und sie bewundert hat, stellt fest, daß er ihr neuerdings mißtraut. Damals, als er noch auf dem College war, brannte er mit seiner ersten Frau durch, die Liebe war groß, aber mit der Zeit wurde er immer mißtrauischer ihr gegenüber, so daß ihre Beziehung schließlich unerträglich war. Nun erkennt seine jetzige Frau, daß er sich ihr gegenüber genauso verhält. Psychologen haben steif und fest behauptet, daß sich in einem solchen Fall die wahre Haltung eines Mannes gegenüber Frauen im allgemeinen zeigt und daß eine Frau dann nur noch hilflos zusehen kann, wie ihr Kredit schwindet. Sie haben nicht erkannt, daß die Frau sehr wohl ihrem Mann beibringen kann, ihr wieder zu vertrauen, und ihn davon zu überzeugen vermag, wie sehr sie ihn liebt und ihm treu ist.

Die Botschaft der Psychologen war deutlich: Wenn ein anderer uns nicht so sieht, wie wir wirklich sind, und uns aufgrund seiner falschen Wahrnehmung schlecht behandelt, können wir nichts dagegen tun.

Dennoch ist das *Projektions-Prinzip* ein verblüffendes, neues Konzept, mit dessen Hilfe wir andere dazu veranlassen können, uns so zu sehen, wie wir wirklich sind.

Man kann das Prinzip auch anwenden, um *eigene* Projektionen zu verhindern und andere Menschen richtig einzuschätzen.

Die eigenen Projektionen können unser Glück genauso gefährden wie die Projektionen anderer. Sie ziehen vielleicht nur deshalb den kürzeren, weil Sie ängstlich sind und die Welt voller Gefahren sehen, oder weil alle anderen Sie anscheinend enttäuschen oder unterkriegen wollen. Vielleicht beurteilen Sie andere falsch und begehen wiederholt Fehler in Beziehungen. Oder Sie sind neidisch auf jene, die jünger bzw. älter sind als Sie. Oder Sie sind unglücklich und denken, die anderen sind alle viel unabhängiger, fähiger und temperamentvoller als Sie – also begnügen Sie sich mit einem Arbeitsplatz zweiter Klasse oder einem mittelmäßigen Partner. Alle anderen scheinen Ihnen weit überlegen. Freunde versuchen, Sie zu ermutigen, aber Ihr Weltbild blockiert alles Positive. In solchen Fällen ist es *Ihr Bild von anderen*, das verändert werden muß.

Wenn Sie unsere Methode anwenden, um die Wahrnehmung eines anderen zu korrigieren, ist es nicht erforderlich, daß Sie stundenlang dasitzen und komplizierte Strategien entwickeln, mit deren Hilfe Sie dem anderen seine falsche Meinung ausreden können. Sie müssen dazu auch nicht mehr über Psychotherapie wissen als das, was wir darüber sagen werden.

Haben Sie erst einmal ein wenig Übung darin, Projektionen zu erkennen und zu verstehen, was sie veranlaßt hat, können Sie ihnen bei anderen und bei sich selbst begegnen. Sie sind in der Lage, in den Prozeß einzugreifen und andere dahin zu bringen, die verzerrte Betrachtungsweise zu korrigieren, *häufig sogar ohne daß der Betreffende merkt, was Sie getan haben.*

Und Sie können sich selbst beibringen, Ihre Mitmenschen anders zu betrachten und das Leben in seiner ganzen Fülle zu genießen, wenn Sie Ihre eigenen Projektionen beenden und Ihre Beziehungen dadurch verbessern.

Wenn Sie das Projektions-Prinzip verstanden haben, werden Sie sehen, das Sie es fast überall anwenden können – in Liebesbeziehungen, in dauerhaften Freundschaften, in der Familie, unter Kollegen und im Nachbarschaftsverhältnis. *Sie können einen ständigen Einfluß darauf ausüben, wie diese Menschen Sie sehen.*

Beinahe ebenso wichtig ist, daß Sie es bei Personen anwenden können, die Sie nicht mögen und deren Gesellschaft Sie nur in Kauf nehmen, wenn es nicht zu vermeiden ist. Jeder von uns mußte sich schon mal mit einem ungerechten Lehrer, einem miesen Vorgesetzten oder einem lauten Nachbarn auseinandersetzen. Auch wenn wir uns diese Menschen niemals als Freunde aussuchen würden, kann unser Lebensunterhalt oder unser Seelenfrieden von unserer Fähigkeit abhängen, auch mit diesen Leuten zurechtzukommen.

Sie können das Projektions-Prinzip sogar bei sehr kurzfristigen Beziehungen anwenden, zum Beispiel auf den Arzt, bei dem Sie gerade in Behandlung sind, oder auf einen Taxifahrer, der Sie zum Flughafen bringt.

Denken Sie daran, daß es nicht ausreicht, gut oder fair oder freundlich zu sein, wenn Sie ständig mißverstanden oder unterschätzt werden.

Was wir Sie bitten werden zu tun, mag sich zunächst radikal anhören. Aber Sie werden eine Wahrheit nutzen, die bisher selten ausgesprochen wurde und die doch so unerhört wichtig ist: Die Art, wie ein Mensch sich Ihnen gegenüber verhält, *reflektiert* nicht nur das Bild, das er sich von Ihnen macht. Sie *formt* es.

2 Projektions-Prinzip – was ist das?

Angenommen, Sie wissen genau, was andere von Ihnen halten. Sie können sich von einem Bekannten distanzieren, der Sie für einen Schwächling hält. Sie können jemandem ausweichen, für den Sie nichts anderes sind als ein Sexualobjekt, und sich jemandem zuwenden, der in Ihnen den Partner fürs Leben sieht. Sie können sich weigern, für einen Vorgesetzten zu arbeiten, der Sie nicht für förderungswürdig hält.

In der Regel fragen wir uns in jedem Augenblick, was andere über uns denken oder wie sie uns sehen. Hält meine Tochter mich für prüde? Erkennt meine beste Freundin, wie fest ich zu ihr halte, wie sehr mir ihr Interesse am Herzen liegt? Bringt mir mein Mann das notwendige Vertrauen entgegen?

Es sind jedoch die kleinen Dinge, in denen eine Beziehung nicht funktioniert. Hunderte von Fragen gehen uns durch den Kopf, Fragen wie «Was denkt der andere jetzt von mir?» – «Bin ich im Irrtum, oder macht er sich ein falsches Bild von mir?»

Ellens Mann Steve hat allmählich aufgehört, mit ihr über seine Arbeit zu sprechen. Hält er sie für desinteressiert? Wenn ja, lag es an ihr, daß er zu dieser Überzeugung gelangt ist, oder glaubt er, sie sei nicht intelligent genug, um ihm eine wirkliche Hilfe zu sein? Oder, was noch schlimmer wäre, ist er zu dem Schluß gekommen, daß sie ihm *schlechte* Ratschläge erteilt?

Mit der Zeit merkt Ellen, daß Steve sich nicht mehr an sie wendet, wenn es um seine Arbeit geht, und nach einigen erfolglosen Bemühungen gerät sie in Panik. Nächtelang kann sie nicht schlafen, weil sie sich fragt, was Steve wohl von ihr denkt. Sie sucht in jedem kleinsten Detail des vergangenen Tages nach Anhaltspunkten und Aufschlüssen.

Wann soll man das Projektions-Prinzip anwenden?

Vorsicht ist geboten: Manchmal hat der andere (in diesem Fall Ellens Mann Steve) recht mit seiner Ansicht. Um das herauszufinden, sollten Sie ihn folgendes fragen:

1. *Warum verhältst du dich mir gegenüber anders als früher?* («Warum vertraust du dich mir nicht mehr an, Steve? Glaubst du, ich bin an deiner Arbeit nicht interessiert?»)

2. Auch wenn Sie jetzt unangenehme Dinge zu hören bekommen, verlieren Sie nicht den Mut und fragen Sie weiter, warum er diese Meinung von Ihnen hat und wie er dazu gekommen ist. Unter keinen Umständen dürfen Sie sich verteidigen, auch wenn Sie der Ansicht sind, daß er völlig im Unrecht ist. Es ist sehr wichtig, diese Informationen zu bekommen.

Vielleicht denkt Ellen zunächst, daß ihr Mann überreagiert, und sie spürt, wie sie wütend wird. Nachdem sie ihn aber zu Ende angehört und alles überdacht hat, wird sie vielleicht erkennen, daß er recht hat. Vielleicht hat Ellen ihm oft das Wort abgeschnitten, gegähnt oder sich mit anderen Dingen beschäftigt, während Steve von seiner Arbeit berichtete, so daß er zu der Ansicht gelangen mußte, daß er sie langweilt. Er sieht sie so, *wie sie sich tatsächlich verhalten hat* – desinteressiert. Hier liegt keine Projektion vor.

Das ist die problemloseste Form. Der andere wird erleichtert sein, daß er sich etwas von der Seele hat reden können.

3. Arbeiten Sie ab sofort daran, sich zu ändern. Und bitten Sie den anderen, Sie darauf hinzuweisen, wenn Sie in alte Fehler zurückfallen.

Achtung: Wenn alle etwas Bestimmtes in Ihnen sehen, ist sicher etwas Wahres daran.

Sarah hat von anderen oft gehört, daß sie einen mürrischen und verschlossenen Eindruck macht, und sie wird nicht mehr so oft zu gemeinsamen Unternehmungen eingeladen wie früher. Nun sitzt sie gerade mit zwei Freunden in einem Restaurant, und die Kellnerin fragt scherzhaft: «Ist Ihre Freundin immer so finster?»

In diesem Fall liegt es an Sarah selbst. Wer sonst könnte dafür verantwortlich sein? Die Welt hat sich nicht gegen sie verschworen.

Wenn Sie in Sarahs Lage wären, könnten Sie folgendes tun:

1. Schritt: Fragen Sie Ihre Freunde am Tisch, ob Sie *wirklich* so sind.

2. Schritt: Nehmen wir an, die beiden bestätigen das, dann sollten Sie sich entschuldigen. Das tut nicht weh. Auch hierbei handelt es sich um keine Projektion. *Sie sind so, wie die anderen Sie sehen.* Sie selbst müssen sich ändern.

3. Schritt: Achten Sie darauf, wann Sie besonders mürrisch und verschlossen wirken. Sie werden vielleicht feststellen, daß es am schlimmsten ist, wenn Sie traurigen Gedanken nachhängen: über Ihren Ärger am Arbeitsplatz, über die letzte Mieterhöhung.

Noch bevor Sie die eigene Depression in Angriff nehmen, können Sie aufhören, Ihre Freunde in Mitleidenschaft zu ziehen. Menschen zu verlieren, die Ihnen nahestehen, würde Ihre Lage nur verschlimmern.

GRUNDSATZ I: Behandelt ein bestimmter Mensch Sie schlecht, weil er den Eindruck hat, daß Sie Ihren Verpflichtungen nicht nachkommen, sollten Sie zunächst davon ausgehen, daß er recht haben könnte.

GRUNDSATZ II: Wenn alle behaupten, daß Sie leicht reizbar, egoistisch, pedantisch oder was auch immer sind, so haben die anderen sicher recht. Sie brauchen das Projektions-Prinzip nicht, sondern müssen sich selbst ändern.

Das Projektions-Prinzip hilft Menschen, die falsch wahrgenommen werden, die darunter leiden müssen, daß andere sie nicht so sehen, wie sie wirklich sind. Es ist für all jene bestimmt, die Opfer einer verzerrten Sichtweise sind.

Eine Projektion findet immer dann statt, wenn jemand etwas auf die Realität überträgt. Das, was er seiner Meinung nach auf der Leinwand vor sich sieht, ist zumindest teilweise von ihm selbst dorthin projiziert worden.

Nehmen wir an, daß Steve auf Ellens Frage, warum er mit ihr nicht mehr über seine Arbeit redet, nicht so recht antworten kann.

Er bringt nur einige belanglose Bemerkungen zustande über Frauen, die vom Geschäftsleben keine Ahnung haben.

Vor Jahren hat Steve sich bereits ähnlich seiner ersten Frau und einigen Kolleginnen gegenüber geäußert. Er hat aber immer betont, wie stolz er auf Ellen sei: Sie sei anders. Als sie heirateten, war Ellen stellvertretende Geschäftsführerin einer bekannten Werbeagentur, und Steve hielt sie für die Ausnahme von der Regel.

Während der letzten fünf Jahre ist Steves Achtung vor ihr jedoch anscheinend immer weiter gesunken. Aus heutiger Sicht betrachtet, sprechen die Tatsachen ganz eindeutig für Ellen. Ganz zu Anfang lud er sie oft zu Essen mit seinen Kunden ein. Und wenn sie mal nicht mitgehen konnte, erstattete er hinterher umfassend Bericht über den Verlauf der Gespräche und fragte sie nach ihrer Meinung. Er bat sie nicht nur häufig um Rat, sondern sagte ihr auch oft, wie wichtig dieser oder jener Tip für ihn gewesen war.

Aber nach einem Jahr stellte er seine Einladungen ein, und im Jahr darauf mußte sie ihre Arbeit aufgeben, weil ein Kind unterwegs war. Er nannte ihr fadenscheinige Gründe dafür, daß er sie nicht mehr mitnahm – die Kunden wollten angeblich nicht, daß noch jemand hinzukam –, und sie ließ es dabei bewenden. Er sprach mit ihr allerdings immer noch über seine Probleme bei der Arbeit, wenn er abends nach Hause kam. Sie saßen dann oft noch lange zusammen und erörterten Werbekampagnen. Dabei waren sie einander wirklich sehr nah. Im letzten Jahr hörte auch das auf.

Immer häufiger ging Steve dazu über, Ellens frühere Stelle mit bissigen Bemerkungen zu kommentieren. Die Agentur, für die sie gearbeitet hatte, betreibe doppelte Buchführung, behauptete er; sie lege Wert auf Quantität statt auf Qualität, und die Beschäftigten seien zweitklassig. Einmal bezeichnete er Ellen sogar als «Alibifrau» in der Geschäftsleitung.

Eines war sicher. Er hatte inzwischen eine völlig andere Meinung von ihr als zu Beginn ihrer Beziehung. Steve projizierte auf Ellen, sie sei «wie alle Frauen flatterhaft und inkompetent».

Wie auch in diesem Fall geschieht es häufig, daß sich die Meinung eines anderen über uns im Laufe der Zeit verschlechtert. Dabei ist es nicht so, daß wir etwas getan hätten, was diese Degradierung rechtfertigen könnte. Der andere hat uns zu Anfang richtig beurteilt, uns aber allmählich in seiner Meinung herabgesetzt.

In einem solchen Fall brauchen Sie das Projektions-Prinzip.

Auch wenn jemand *schon immer* eine falsche Meinung über Sie hatte, die Sie nicht haben richtigstellen können, kann das Prinzip hilfreich sein.

Marilyns Mutter glaubt, daß ihre Tochter «unsozial» ist, unfähig, Beziehungen zu anderen Menschen aufzubauen, und erteilt ihr ständig entsprechende Ratschläge.

Als Marilyn noch klein war, bekam sie von ihrer Mutter vor einem Besuch bei Verwandten genau zu hören, was sie zu sagen hatte. Bevor Marilyn auch nur ein Wort hervorbringen konnte, sagte ihre Mutter auch schon: «Bedanke dich bei deiner Tante für das Essen, Kind.» Als Heranwachsende erhielt Marilyn vor jeder Verabredung von ihrer Mutter exakte Anweisungen, und hinterher fragte die Mutter sie in enervierender Weise aus. Sie bestand darauf, daß Marilyn Tanzunterricht nahm, «weil ihr die natürliche Grazie fehlt».

Marilyn ist inzwischen achtundzwanzig Jahre alt, hat viele Freunde und einen Liebhaber, die sie alle keineswegs für plump halten. Sie ist ein sehr geselliger Mensch und allseits beliebt.

Aber sie geht nicht gern zu ihrer Mutter, denn die redet *immer noch* mit ihrer Tochter, als laufe diese Gefahr, von der Menschheit ausgeschlossen zu werden. Erwähnt Marilyn einen Bekannten, fragt ihre Mutter gleich, ob der sie auch wirklich mag und wie sie ihn behandelt. Es scheint ihre Mutter zu überraschen, daß Marilyn mit anderen Menschen gut auskommt.

Von Anfang an hat die Mutter ihr Kind zwanghaft auf eine Art und Weise wahrgenommen, *die nie etwas mit Marilyn zu tun gehabt hat.* Vielleicht hat Marilyn ihrer Mutter Glauben geschenkt, als sie noch klein war, aber heute schmerzt es sie zu sehen, wie die Mutter über sie denkt, und das schafft Distanz zwischen ihnen.

Hier ist es so, daß der Projizierende *schon immer eine falsche Wahrnehmung* gehabt und den Wert und die Fähigkeiten des anderen unterschätzt hat. Wie Marilyn wird man das Projektions-Prinzip anwenden müssen, um die Dinge ins rechte Licht zu rücken.

Zusammenfassend kann gesagt werden, daß im ersten Fall Ellens Mann die beleidigende Projektion *entwickelt* hat, seine Frau sei in Geschäftsdingen überhaupt unfähig.

Im zweiten Fall hat Marilyns Mutter nur eine Projektion *aufrechterhalten*, die sie *schon immer* gehabt hat – daß nämlich Marilyn unsensibel und im Umgang mit anderen ungeschickt sei.

GRUNDSATZ III: Sie brauchen das Projektions-Prinzip, wenn jemand eine Eigenschaft auf Sie projiziert, die Sie gar nicht haben, und das mit negativen Folgen.

Es kann sich um eine Projektion handeln, die der andere schon immer hatte, oder um eine, die er gerade entwickelt.

Schließlich besteht noch die Möglichkeit, daß es sich um *Ihre eigene Projektion* handelt.

Martin glaubt, daß jede Frau nur darauf aus ist, ihn emotional und finanziell auszubeuten. Sein Vater hatte seine Frau sehr geliebt, obwohl sie ihm untreu gewesen war und einen Narren aus ihm gemacht hatte. Martin will nicht die Rolle seines Vaters spielen. Er will Sex ohne Gefühle, da Gefühle ihn seiner Würde berauben könnten. Er achtet genau darauf, was er gibt, wieviel Zärtlichkeit er zeigt, und er reagiert schroff, wenn eine Frau in der Öffentlichkeit seine Hand ergreift. Er will eine Beziehung und will sie auch wieder nicht. Er projiziert auf alle Frauen eine «Komplottmentalität». Demnach wäre es für ihn ein schwerer Fehler, wenn er sich verliebte.

Sollte sich Martin trotz seiner vorsichtigen Haltung verlieben, wird die Frau ihn schließlich aufgrund seiner Unentschlossenheit und Hinhaltetaktik fallenlassen. In einer hitzigen Diskussion wird sie ihm sagen, was er ihrer Meinung nach von ihr denkt. Sich selbst überlassen, grübelt Martin über seine Niederlage nach und wird sich bewußt, daß er Frauen nach einem bestimmten Muster beurteilt. Er will etwas dagegen unternehmen.

Martin muß das Projektions-Prinzip anwenden, wenn er je eine glückliche und dauerhafte Beziehung aufbauen will.

GRUNDSATZ IV: Man braucht das Projektions-Prinzip, wenn man selbst regelmäßig auf andere Menschen projiziert, und das mit negativen Folgen.

Zum Vorteil oder zum Nachteil

Nicht alle Projektionen werden Ihnen Unannehmlichkeiten bereiten. Schwärmerische Liebe, Mitleid, Menschlichkeit, Erbarmen, Versöhnlichkeit, Gnade – all diese Eigenschaften projizieren wir auf die Menschheit, sie bereichern unser Leben und erweitern unseren Erfahrungsschatz. Diese Projektionen *widersprechen* nicht der Realität (es sind keine Lügen). Es sind lediglich Möglichkeiten, die Realität zu *erleben*.

Zwei häßliche Menschen verlieben sich ineinander, und einer hält den anderen für hübsch. Diese Beziehung ist eine Bereicherung für beide. Eine Lehrerin schätzt alle Schüler gleichermaßen. Sie ist besser dran als eine Lehrerin, die genau überlegt, welche Schüler es wert sind, daß sie ihre Zeit für sie opfert. Die eine erlebt den ganzen Tag Freude, die zweite eher selten.

Es ist durchaus in Ordnung, wenn Liebe blind macht, solange es auf Gegenseitigkeit beruht. In einer intakten Beziehung muß das Projektions-Prinzip nicht angewandt werden.

Dennoch kann manchmal eine anscheinend rosige Projektion, die für alle Beteiligten von Vorteil ist, verheerende Auswirkungen haben. Das ist der Fall, wenn die vorteilhafte Projektion auf der Verleugnung einer Tatsache beruht oder wenn sie zu einer zwanghaften Fixierung auf eine bestimmte Eigenschaft des Partners führt, die alle anderen Wesenszüge ignoriert, oder wenn sie so hochfliegend ist, daß den Erwartungen einfach nicht entsprochen werden kann.

Ein Mann, der allen hübschen Frauen vertraut, heiratet vielleicht eine, die ihn nicht liebt. Er ist von ihrer äußeren Erscheinung so hingerissen, daß er nicht erkennt, wie sehr sie ihn verachtet. Seine Projektion heißt «äußere Schönheit bedeutet Schönheit der Seele». Bleibt sie kühl oder kritisiert sie ihn, führt er es darauf zurück, daß sie etwas Besseres ist, und fühlt sich ihrer unwürdig. Macht sie sich vor Freunden über ihn lustig, schreibt er es ihrem ausgeprägten Sinn für Humor zu und beginnt, sich selbst als Witz zu betrachten.

In einem anderen Fall hat ein Mann mit einer ähnlichen Einstellung zu hübschen Frauen eine Partnerin gefunden, die ihn wirklich liebt. Aber er zerstört ihre Liebe, weil er nur auf ihre Schönheit fixiert ist. Er hindert sie daran, ihre weniger vollkommenen Seiten zu zeigen, und er zieht ein langes Gesicht, wenn ihr Auftreten mal nicht perfekt ist.

Seine ständigen Hinweise auf ihre Schönheit entnerven sie, und sie fragt sich verständlicherweise, wie er sie wohl in zehn Jahren sehen wird. Seine Projektion auf sie als «eine strahlende jugendliche Schönheit» macht *sie* unglücklich. Inzwischen hat der Mann gemerkt, daß sie sich in Gesellschaft anderer wohler fühlt als mit ihm, und er kann nicht verstehen, warum.

Diese Projektionen sind also nicht so harmlos, wie sie zunächst vielleicht aussehen. Ein Mann, der *allen* hübschen Frauen Vertrauen entgegenbringt und eine Frau heiratet, die ihn nicht liebt, ist blind gegenüber ihrer Verachtung. Andererseits wird ein Mann, der eine hübsche Frau heiratet, die ihn *wirklich* liebt, wahrscheinlich nicht dazu in der Lage sein, sie als Persönlichkeit zu schätzen, da er sich ausschließlich auf ihre Schönheit konzentriert. In jedem Fall wird der Mann durch seine Projektion um viele Erfahrungsmöglichkeiten gebracht; im zweiten Fall ist auch die Frau betroffen. Da diese «positiven» Projektionen nicht zu glücklichen Beziehungen führen, müssen sie aufgelöst werden.

GRUNDSATZ V: Viele Projektionen, die als vorteilhaft gelten, schaffen Distanz und Entfremdung.

Woraus bestehen Projektionen?

Um Projektionen kontrollieren zu können, muß man wissen, worum es dabei geht.

Der gesunde Menschenverstand sagt uns, daß andere uns so behandeln, wie sie uns einschätzen. Wenn wir also wollen, daß uns jemand anders behandelt, hätten wir infolgedessen nur die Möglichkeit, ihn zu überreden, uns anders zu beurteilen.

Aber wie soll man das anfangen?

Aus der Psychoanalyse wissen wir, daß die Art und Weise, wie ein Mensch den anderen beurteilt, bereits in der Kindheit angelegt und so starr wird, als wäre schon damals eine Gußform erstellt worden. Analytiker sagen, daß jeder bestimmte, in seiner Kindheit geformte Bilder besitzt, die er auf alle projiziert, die er im Laufe seines Lebens kennenlernt. Jeder hat eine festgefügte «Mustermappe», nach der er neue Bilder zeichnet.

Wenn dem so wäre, müßte Martin zwangsläufig alle Frauen als Betrügerinnen betrachten. Ganz gleich, wie treu ihm eine Frau wäre, sie könnte ihn nicht davon überzeugen, daß sie eine Ausnahme ist und sein Vertrauen wirklich verdient.

Wenn die Psychoanalyse in Martins Fall recht hätte mit der Annahme, daß «die Art und Weise seiner Wahrnehmung» entscheidend ist, die bereits in der Kindheit geprägt wurde, könnte nichts außer einer psychoanalytischen Behandlung diese Gußform aufbrechen. Keine Frau könnte Martin dahin bringen, sie so zu sehen, wie sie wirklich ist, und sie mit dem Respekt zu behandeln, den sie verdient.

Kurz gesagt, wenn die Art und Weise, wie ein anderer Mensch uns sieht, *unveränderlich wäre und wenn dadurch sein Verhalten uns gegenüber festgelegt würde,* könnten wir nichts unternehmen, was ihn dazu brächte, uns so zu sehen, wie wir wirklich sind, und uns entsprechend zu behandeln.

Aber es *gibt* eine Möglichkeit.

Der Grundgedanke ist im wesentlichen der, daß die Verbindung zwischen dem Bild, das ein anderer von uns hat, und seinem Verhalten uns gegenüber in beiden Richtungen funktioniert. Von der Art, wie andere uns behandeln, wird ihr Bild von uns beeinflußt.

Wenn man Martin dazu überreden könnte, es bei einer Frau zu versuchen – nämlich Gefühl zu zeigen, ihr Geheimnisse anzuvertrauen, ihr seine Gedanken mitzuteilen, Geld für sie auszugeben, sich an ihren Geburtstag zu erinnern, ihr mal zu sagen, daß sie ihm fehlt, ihr sogar zu sagen «Ich liebe dich» –, *würde sich nach einiger Zeit das Bild, das er von ihr hat, verändern.* Sie wäre die erste Frau für ihn, der er wirklich vertrauen und die er lieben könnte.

Wäre bei Martin auch nur der leiseste Ansatz für solche Gefühle vorhanden, könnte er sie durch Umsetzung in Verhaltensweisen vertiefen. Was wir in uns selbst nähren, wächst.

Zugegeben, wenn er solche Gefühle *überhaupt nicht* spürt, hilft auch ein entsprechendes Verhalten wenig. Es geht nicht darum, andere Menschen so zu manipulieren, daß sie sich auf bestimmte Art und Weise verhalten, sondern darum, *den kleinsten Ansatz zu einer neuen Wahrnehmung zu verstärken.*

Jeder trägt den Keim nahezu aller Wahrnehmungen in sich. Entsprechende *Verhaltensweisen* schaffen jede Art von Projektionen, die uns innewohnen.

Wenn wir jemanden dazu bringen, uns so zu behandeln, wie wir es wollen, wird er uns so beurteilen, wie wir es wollen – nicht sofort, aber nach einiger Zeit.

GRUNDSATZ VI: Alles, was wir im Hinblick auf einen anderen tun, wirkt sich auf unseren Eindruck von diesem Menschen aus. Unser Verhalten prägt in uns ein Bild von ihm, das den Eindruck verstärkt, der zu diesem Verhalten geführt hat.

Nach einem langen Arbeitstag überkommt Sie zum Beispiel auf dem Heimweg ein Gefühl der Zärtlichkeit, und Sie machen einen größeren Umweg, weil Sie Ihrem Mann die neueste Ausgabe seiner Lieblingszeitschrift besorgen wollen. Mit diesem Verhalten bestärken Sie sich in Ihrer Liebe zu ihm. Das Verhalten prägt sich ein und verstärkt Ihr Gefühl für Ihren Mann, es bekräftigt

Ihr Bild von ihm als kostbar, das wiederum der Grund für Ihr Verhalten war.

Warum ein Mensch seine Projektionen in der Regel nicht verändert, liegt daran, daß er, nachdem er schon früh ein Bild fixiert hat, *ein Verhalten beibehält, das diesen Eindruck bestärkt*. Ohne es zu wissen, *reproduziert* er seine Mustermappe immer wieder.

GRUNDSATZ VII: Verhaltensweisen unterstützen und bestätigen Projektionen.

Festingers Theorie des Einklangs

Wir Menschen haben das Bedürfnis, folgerichtig zu handeln, das heißt entsprechend einer Gesetzmäßigkeit, die der Psychologe Leon Festinger das «Gesetz des Einklangs» oder der «Übereinstimmung» nannte. Wenn also jemand beschlossen hat, daß Sie dumm sind, und Sie auch auf diese Weise wahrnimmt, wird er auf Sie herabsehen und Sie auf die unterschiedlichste Art herabzusetzen versuchen. Hat ein Vorgesetzter etwa den Eindruck von Ihnen, Sie seien «unter Niveau», werden Sie ihm beibringen müssen, mehr als nur eine Verhaltensweise Ihnen gegenüber zu ändern.

Das Gesetz des Einklangs arbeitet aber auch für Sie. Hat der Vorgesetzte einmal aufgehört, Sie nach Kaffee zu schicken und von Besprechungen auszuschließen, wird er von sich aus auch auf anderen Gebieten sein Verhalten Ihnen gegenüber ändern. Die meisten haben das dringende Bedürfnis, in ihrem Tun und Denken logisch und konsequent vorzugehen. Das ist unangenehm, wenn jemand erkennen muß, daß er sich geirrt oder falsch gehandelt hat. Daher ist er bestrebt, für das, was er glaubt, Beweise zu finden und zu rechtfertigen, was er bereits getan hat.

Nach dem Gesetz der Übereinstimmung wird ein Mensch, der einen anderen schlecht behandelt, versuchen, noch mehr Negatives an ihm zu entdecken; und jemand, der einen anderen bisher gut behandelt hat, wird versuchen, noch mehr Positives an ihm zu finden. Im Fall des Vorgesetzten, der Sie Botengänge verrichten läßt und von Konferenzen ausschließt, funktioniert das Ganze in zwei Richtungen. Erstens wird er sich zusätzlich zu seinem bisherigen Verhalten noch mehr herabsetzende Gesten aneignen. Vielleicht macht er Sie vor Ihren Kollegen schlecht oder übergeht Sie bei den jährlichen Gratifikationen. Zweitens ist er aufgrund seines Bedürfnisses, logisch zu handeln, dazu gezwungen, Sie für einen Versager zu *halten*. Wenn er Sie so behandelt, *müssen* Sie einfach ein Versager sein!

Wenn Sie aber den Vorgesetzten dazu bringen, wenigstens *einige* seiner beleidigenden Verhaltensweisen Ihnen gegenüber zu ändern, wird eben dieses Gesetz des Einklangs ihn zwingen, auch *andere*, ähnliche Verhaltensweisen zu ändern. Da er konsequent bleiben will, wird er bald automatisch zustimmend nicken, wenn jemand Sie positiv erwähnt. Er wird anfangen, Sie als potentiell erfolgreich zu betrachten, da das in Einklang mit seiner neuen Verhaltensweise steht.

GRUNDSATZ VIII: Das Bedürfnis der Menschen nach Übereinstimmung und ihr Wunsch, «Dissonanzen» zu vermeiden, bringt es mit sich, daß sie, sobald sie ein beliebiges Verhalten angenommen haben, versuchen, ihr übriges Verhalten damit in Einklang zu bringen.

Wenn Sie jemanden verabscheuen, werden Sie ihn wohl entsprechend – «in Einklang» eben – behandeln und seine positiven Seiten unbeachtet lassen: Sie werden sogar alles übersehen, was vermuten läßt, daß er auf einigen Gebieten ganz passabel ist. Das ist die Kehrseite der Feststellung, daß Liebe blind macht.

Das Projektions-Prinzip

Das Projektions-Prinzip ist die Anwendung dieser Wahrheiten.
    Es besagt folgendes:
    Wenn Sie jemanden dazu bewegen können, ein bestimmtes Verhalten, das auf einer falschen Wahrnehmung beruht, einzu-

stellen und Sie anders – nämlich so, wie Sie es wünschen – zu behandeln, wird er Sie nach geraumer Zeit auch anders beurteilen. Dann wird er eine Menge anderer wünschenswerter Verhaltensweisen entwickeln, die mit seinem neuen Eindruck von Ihnen übereinstimmen. Dadurch wird wiederum seine neue, positive Projektion bestätigt.

Das Projektions-Prinzip löst festgefahrene Projektionen auf und verhindert die Entstehung negativer Projektionen. Sie können es auf sich selbst und auf andere anwenden.

Ziel dieses Buches ist, Ihnen zu zeigen, wie Sie das Prinzip für zwei Zwecke nutzen können:

1. *um anderen beizubringen, Sie so zu sehen, wie Sie wirklich sind,* und

2. *um zu lernen, andere Menschen richtig zu beurteilen.*

Wir werden diese beiden Methoden im folgenden darlegen und Ihnen zeigen, wie Sie Projektionen – Ihre eigenen und die anderer – erkennen und verändern können. Wir wollen die einzelnen Schritte hier kurz umreißen.

Wie man die Projektion eines anderen Schritt für Schritt verändert

Die Meinung anderer über uns können wir in sieben Schritten verändern:

1. Sie erkennen eine Projektion. Ein anderer beurteilt Sie falsch und unvorteilhaft und verhält sich Ihnen gegenüber dementsprechend.

2. Sie sprechen ihn darauf an.

3. Für die Reaktion des Betreffenden gibt es verschiedene Möglichkeiten. Es kann sein, daß er Ihren Standpunkt sofort versteht und Sie so behandelt, wie Sie es wollen.

Oder

Er beginnt, Sie so zu behandeln, wie Sie es wollen, denkt aber, daß Sie unverschämt oder anspruchsvoll oder überempfindlich sind. Akzeptieren Sie das. Wichtig ist in dieser Phase, daß *Sie ihn*

dazu veranlaßt haben, sein Verhalten zu ändern, nicht seine
Meinung!

Oder

Er weigert sich, Ihrer Bitte nachzukommen und Sie anders zu
behandeln. Das läßt den Anfang vom Ende der Beziehung vermuten, obwohl Sie es vielleicht noch einmal versuchen sollten.

4. Es kann sein, daß es Ihnen unangenehm war, dem anderen
Paroli zu bieten, und ihm mag diese Konfrontation und die Tatsa-
che, Sie anders behandeln zu müssen, ebenfalls unangenehm sein.
Diese Phase müssen Sie durchstehen.

5. Behält der andere sein neues Verhalten Ihnen gegenüber bei,
wird er Sie allmählich so sehen, wie Sie es wollen. Er untermauert
nicht länger seine alte, negative Meinung über Sie (unfähig, wenig
liebevoll usw.), sondern erweitert den günstigen Eindruck, den er
nun einmal von Ihnen gewonnen hat.

6. Fährt der andere in seinem neuen Verhalten fort, wird er weitere positive Verhaltensweisen hinzufügen, die mit seiner gestiege-
nen Meinung über Sie in Einklang stehen. Es kann sein, daß Sie
selbst das nicht einmal bemerken. Vielleicht erwähnt er Sie anderen gegenüber positiv oder unternimmt einfach nur nichts mehr
gegen Sie – unterschlägt Ihnen zum Beispiel nicht länger Informationen, wovon Sie nicht einmal etwas wußten.

7. Wenn der andere sich schließlich an seine neue Verhaltensweise Ihnen gegenüber gewöhnt hat, wird er auch seine neue Meinung über Sie bald als völlig natürlich empfinden. Das Projektions-Prinzip hat dann sein Urteil über Sie umgedreht. Er wird Sie
nur noch im günstigsten Licht sehen.

Lassen Sie uns nun kurz überlegen, was Ellen tun könnte, um in
Steves Augen wieder besser dazustehen.

1. Sie muß erkennen, daß er sie anders behandelt als früher und
ihr nichts mehr erzählt.

2. Sie muß *eingreifen.* Zunächst sollte sie ihn gezielt nach seiner
Arbeit fragen. «Erzähl doch mal, was bei der Besprechung heute
los war.» Außerdem muß sie widersprechen, sobald er ihre Fähigkeiten oder die anderer Geschäftsfrauen herabsetzt.

3. Ändert er sein Verhalten nicht, muß sie deutlicher werden und das Problem direkt ansprechen. Nehmen wir an, daß Steve ihr in diesem Punkt widerstrebend zustimmt, sie aber für überempfindlich hält.

4. In dieser Phase muß sie den Leidensdruck ertragen, den sie empfindet, nachdem sie Steve widersprochen hat, und spürt, daß er das Gefühl hat, sie nicht zufriedenstellen zu können, weil sie überanspruchsvoll und schwierig ist.

5. Da Steve sie nun besser behandelt und seine Verachtung nicht von neuem verstärkt, beginnt er, sich daran zu erinnern, wie sehr er ihren Rat in der Vergangenheit zu schätzen wußte.

6. Entsprechend dem Gesetz des Einklangs behandelt er sie auch auf anderen Gebieten wieder mit mehr Respekt. Er erzählt seinen Geschäftspartnern, daß ein Werbeslogan «Ellens Idee» war, er besorgt ein neuerschienenes Sachbuch als Geburtstagsgeschenk für sie.

7. Alles ist wieder wie früher. Steves negative Projektion ist plötzlich verschwunden, und bald wird er sich nicht einmal mehr daran erinnern, Ellen jemals herabgesetzt zu haben.

Wie man eigene Projektionen Schritt für Schritt verändert

Die Veränderung Ihrer eigenen Einschätzung einer anderen Person oder einer Gruppe von Menschen ist einfacher:
1. Erkennen Sie die eigentliche Projektion. (Zum Beispiel: Sie glauben, daß alle Menschen besser erzogen und klüger sind als Sie selbst und nur auf Sie herabsehen.)

2. Machen Sie sich zumindest einige der Verhaltensweisen klar, die Sie aufgrund der Projektion angenommen haben. (Zum Beispiel: Keine Meinung zu äußern oder nie Fragen zu stellen, um nicht als dumm dazustehen.) Erkennen Sie, daß Sie damit Ihre Projektion verstärken.

3. Teilen Sie Ihre Verhaltensweisen ein in solche, von denen Sie annehmen, daß sie leicht zu ändern sind, und solche, die Ihrer Meinung nach schwer zu ändern sind.

4. Nehmen Sie die leichteren Veränderungen zuerst in Angriff, und stehen Sie die damit verbundenen Unannehmlichkeiten durch. (Zwingen Sie sich dazu, einen Freund zu bitten, Ihnen zu erklären, was mit Ihrem Auto nicht stimmt.)

5. Wenn sich das Bild, das Sie sich von dem oder den anderen gemacht haben, verändert hat, werden Sie es leichter finden, auch Ihre übrigen Verhaltensweisen zu ändern.

6. Schließlich werden Sie es als ganz selbstverständlich empfinden, den oder die anderen auf neue Art und Weise wahrzunehmen und sich entsprechend zu verhalten. (Auch die anderen wissen viele Dinge nicht!)

Sehen wir uns dazu Martins Fall an.

Nachdem er mit einer Frau Schluß gemacht hat und von ihr kritisiert wurde, erkennt Martin, wie unfair er ihr und sich selbst gegenüber war. Ähnliche Bemerkungen früherer Freundinnen klingen ihm in den Ohren. Nun hat er eine neue Frau gefunden und will seine Projektion ändern, um dieser Beziehung eine Chance zu geben.

1. Er macht sich eine Reihe von Verhaltensweisen klar, denen er aufgrund seiner Projektion unterlag. Er erkennt, daß er seine Distanz gegenüber Frauen immer wieder bestätigt, da er jedes Bedürfnis, einer Frau Zuneigung zu zeigen oder großzügig zu sein, im Keim erstickt.

2. Er kommt zu dem Schluß, daß es zunächst für ihn am einfachsten ist, die finanzielle Seite anzugehen, und nimmt sich vor, ein wenig mehr für die Frau auszugeben. Er beginnt, ihr Blumen mitzubringen, einen besseren Wein zum Essen zu bestellen und Kleinigkeiten für ihre Wohnung zu besorgen.

3. Viel schwieriger ist es für ihn, sie ohne ersichtlichen Grund anzurufen, nur um ihr zu sagen «Du fehlst mir». Aber er zwingt sich auch dazu.

4. Allmählich macht es ihm Spaß, Zuneigung zu zeigen. Er ist begeistert über die echte Freude, mit der die Frau auch kleine Geschenke entgegennimmt, und er beginnt, seine Werbung um sie zu intensivieren. Es gehört nun zu seinem Leben, sie glücklich zu machen.

5. Er steht ihr näher als je einer anderen Frau zuvor. Sie erscheint ihm verständnisvoll und treu; die erste Frau in seinem Leben, die wirklich auf seiner Seite steht.

Schlußfolgerung:
Neue Verhaltensweisen → Versuch neuer Projektionen → weitere neue Verhaltensweisen → selbstverständlich werdende neue Sichtweise.

Zusammenfassung

Wir haben festgestellt, daß Beziehungen ernsthaft gefährdet sind, wenn Menschen einander unrealistisch – negativ und manchmal auch zu positiv – beurteilen. Solche Verzerrungen sind Projektionen.

Jede Projektion, ganz gleich, ob sie schon lange existiert oder sich gerade erst entwickelt, bringt *Verhaltensweisen* mit sich, die mit ihr in Einklang stehen. Diese Verhaltensweisen resultieren aus der Projektion und halten diese in dem Menschen, der projiziert, aufrecht.

Wenn Sie *eingreifen* – das heißt, wenn Sie den anderen dazu bringen können, die mit der Projektion einhergehenden Verhaltensweisen aufzugeben –, können Sie die Projektion aushungern und sterben lassen.

Unterläßt der andere erst einmal die Verhaltensweisen, die sein altes Bild von Ihnen bestätigt haben, und ersetzt er sie durch neue und bessere, wird er Sie anders einschätzen und eine neue Projektion entwickeln und stärken.

Die Meinung der anderen über Sie ist eine Denkweise, die davon abhängt, wie diese Menschen Sie behandeln. Sie können sie dazu bewegen, diese Denkweise zu ändern, wenn Sie sie dazu überreden, sich Ihnen gegenüber anders zu verhalten. Und Sie können Ihre eigene Wahrnehmung von anderen durch ein neues Verhalten diesen Menschen gegenüber verändern.

Es liegt bei *Ihnen*, ob Sie Ihren Wert in den Augen derer, die Ihnen nahestehen, behalten. Es ist ebenso Ihre Sache, Ihre realistische und optimistische Einschätzung anderer Menschen aufrechtzuerhalten.

Woran erkennt man aber eine Projektion?

3 Wie erkennt man Projektionen anderer?

Jede Unwahrheit holt uns eines Tages wieder ein. Weniger deutlich ist das, wenn wir aus «gutem» Grund lügen – um unseren Partner aufzumuntern oder um einen Fehler zu vertuschen, der uns bei der Arbeit unterlaufen ist. Die kurzfristigen Vorteile für uns liegen klar auf der Hand. Aber wenn wir zum Beispiel unserem Partner sagen, er schreibe «*den* Roman des Jahrhunderts», obwohl wir sein Werk eigentlich gar nicht so gut finden, oder wenn wir unser Versäumnis, einen Brief zu schreiben, auf die Post schieben, die ihn angeblich verbummelt hat, haben diese Lügen oft ganz kurze Beine. Außerdem verlieren wir mehr und mehr die Fähigkeit, zwischen gut und böse, wahr und unwahr zu unterscheiden. Unweigerlich wird es so weit kommen, daß wir unsere wahren Gefühle nicht mehr kennen.

Im Grunde genommen ist jede Lüge wegen ihrer verheerenden Folgen schädlich.

Projektionen sind Unwahrheiten, die ein anderer über uns verbreitet. Es sind Lügen, die er aufrechterhält. Ob sie nun scheinbar günstig oder ungünstig sind, sobald der andere entsprechend diesen Lügen handelt, werden sie in ihm wachsen und im Laufe der Zeit jede Möglichkeit auslöschen, daß er sich ein richtiges Bild von uns macht.

Eine Projektion feststellen heißt, eine Unwahrheit über uns herausfinden. Dabei ist es gleichgültig, ob der Betreffende *weiß*, daß er sich diese Unwahrheit nur einredet. Er verhält sich entsprechend einem Muster fortgesetzter Selbstüberzeugung: Aufgrund seines Verhaltens sieht er uns so, wie wir nicht sind.

Frühwarnsysteme

Projektionen sind niemals statisch, sondern müssen wachsen und sich ausweiten. Daher ist es wesentlich leichter, eine Projektion *frühzeitig* zu kappen, als später, wenn sie sich bereits festgesetzt hat.

Es kann so weit kommen, daß man einfach nicht mehr die Kraft hat, den anderen umzustimmen. Er wird seiner Meinung – das heißt seines falschen Bildes – so *sicher* sein, daß man ihn weder davon abbringen noch von der Wahrheit überzeugen kann.

Cynthia ist für Ihren Freund eine «Mutter», da sie mit allem immer so gut fertig wird. Zu Beginn ihrer Beziehung hat Cynthia alles für Howard getan, um ihn für sich zu gewinnen. Er war keine Gebernatur, aber sie dachte, er würde sich sicher an ihr ein Beispiel nehmen und lernen, entsprechend zu reagieren. Aber das Gegenteil ist eingetreten. Howards Projektion auf Cynthia besteht darin, daß sie alles tun kann und auch tun sollte, was zu seinem Wohlbefinden beiträgt, ungeachtet ihrer eigenen Bedürfnisse, ihrer körperlichen Verfassung oder anderer Verpflichtungen.

Heute sagt sie sich: «Es war schon blöd von mir, es auf diese Art zu versuchen. Ich war dumm und dämlich und selbstzerstörerisch, und es gibt Frauen, die sich das jahrelang angetan haben. Auch Simone de Beauvoir kann mir da jetzt nicht mehr helfen.» Und damit hat sie wahrscheinlich recht.

Cynthia hat ein Dutzend Chancen verpaßt, wo sie hätte eingreifen können: Sie hätte Howard bitten können, seine Wäsche mal selbst zu machen oder einmal in der Woche nach Feierabend das Einkaufen zu übernehmen. Von Anfang an war sie sich unbewußt klar darüber, daß Howard sich niemals ändern, sondern sich immer mehr zum Kind entwickeln würde, das eine «Mutter» braucht.

Würde Cynthia jetzt, nach immerhin zwei Jahren, in denen sie zu Howards «Mutter» geworden ist, versuchen, einzugreifen, würde sie als Meckerziege dastehen. Ihre Alternative heißt «gute

Mutter» oder «Nörgelmutter». Howard kann die Frau, die einmal seine Geliebte war, nicht einmal mehr hören. Er hat sie für immer hinter der Muttermaske verloren.

GRUNDSATZ IX: Es ist sehr wichtig, frühe Warnsignale zu erkennen, die das Entstehen einer Projektion anzeigen. Leugnen Sie das Vorhandensein einer Projektion, schließen Sie sich gleichsam der Lüge an.

Hierbei gibt es ein unglückliches Paradox: Je schwerer eine Projektion zu knacken ist, desto leichter sind ihre Signale auszumachen. In der Entstehungsphase einer Projektion, wenn es noch leicht ist, ihr zu begegnen, sind die Signale nur schwach. Später, sobald die Projektion ein Eigenleben gewonnen hat, werden sie deutlicher. Zu dem Zeitpunkt, an dem man die Signale beim besten Willen nicht mehr übersehen kann, ist die Projektion vielleicht schon unauflösbar geworden.

Eine Frau spürt bei ihrem ersten Rendezvous mit einem Mann eine leichte Spannung. Er empfiehlt die Vorspeise und den Wein mit solchem Nachdruck, daß sie nicht zu widersprechen wagt. Er gibt die Bestellung der Frau an den Kellner weiter, als wolle er andeuten, daß sie nicht mit ihm reden soll. Die Frau fühlt sich nach diesem Abend, als sie wieder zu Hause ist, irgendwie unsicher, obwohl sich die Entschiedenheit dieses Mannes angenehm von dem tolpatschigen Benehmen des anderen abhebt, mit dem sie gerade Schluß gemacht hat.

Bei ihrem nächsten Rendezvous ist es wieder dasselbe. Außerdem fällt ihr auf, daß der Mann beim Überqueren der Straße ihren Arm nimmt, so daß sie sich wie eine Behinderte fühlt. «Vielleicht liegt es an mir», sagt sie sich. «Ich weiß nicht, wie es ist mit einem richtigen Mann.»

Bleibt die Beziehung bestehen, und die Frau versucht weiterhin, die Erkenntnis zu leugnen, daß sie sich unwohl fühlt, wenn er sie wie ein Kind behandelt, wird sie eines Tages große Schwierigkeiten bekommen. Sobald von dem Mann unmißverständliche Signale ausgehen – wenn er sie zum Beispiel bittet, ihre Stelle aufzugeben, weil «du dort mit den falschen Leuten zusammenkommst», oder wenn er ihr verbietet, bei Regen mit dem Auto zu fahren –, wird es für sie äußerst schwierig sein, ihn zu veranlassen, seine Projektion auf sie als «zart und schutzbedürftig» zu überdenken. Er würde sie als undankbaren Quälgeist empfinden.

In anderen Fällen kann die Versuchung naheliegen, frühe Warnsignale zu übersehen, da im Augenblick alles zur Zufriedenheit läuft. Aber es wird schlimmer werden. Die Folgen einer unwidersprochenen Projektion können verheerend sein.

Was würden wir zum Beispiel sagen, wenn wir von einem jungen Mädchen zu hören bekämen: «Mir ist egal, *warum* er bei mir bleibt – wegen Sex oder so –, wenn er nur *bleibt*, wenn er mich nur heiratet!» Wir wären doch versucht zu antworten, daß sie sich in fünf Jahren, wenn er sie wegen einer anderen, die er *wirklich* liebt, verlassen hat, wünschen wird, sie hätte sich mit seinem Bild von ihr als «Sexualobjekt» früher befaßt und einem anderen Mann den Vorzug gegeben.

Die Behandlung, die mit einer Projektion einhergeht, breitet sich aus wie ein böses Gerücht, während die Projektion wächst.

Ein Vorgesetzter schickt Sie zunächst nur nach Kaffee, dann vergißt er, Sie über Beschlüsse in Kenntnis zu setzen, er übergeht Sie bei Besprechungen und Arbeitsessen, er stellt Sie einem anwesenden Kunden nicht vor. Schon bald ist es für ihn selbstverständlich, Sie bei Beförderungen nicht zu berücksichtigen, und sobald eine Etatkürzung ihn dazu zwingt, einen Mitarbeiter zu entlassen, muß er nicht lange überlegen, wen er da am besten vor die Tür setzt – nur Sie kommen in Frage.

GRUNDSATZ X: Hat eine Projektion einmal begonnen, dann wächst sie, weil der Projizierende mehr und mehr Verhaltensweisen entwickelt, die auf seiner vorgefaßten Meinung beruhen. Die schlechte Behandlung weitet sich aus und wird noch schlimmer. Der Projizierende fügt immer mehr Verhaltensweisen hinzu, die mit seinem bisherigen Verhalten in Einklang stehen.

Darum ist es so wichtig, Projektionen frühzeitig und unnachgie-

34

big zu begegnen. *Deshalb ist das Erkennen früher Warnsignale von enormer Bedeutung.*

Achten Sie auf die Lichtzeichen: die Signale

Ihre eigenen gefühlsmäßigen Reaktionen sind die wertvollsten Hilfsmittel, die Sie besitzen. Ihre Gefühle zeigen am besten an, was andere Ihnen zufügen. Eine vage Empfindung von Ungleichgewicht, der Eindruck, daß Ihnen der andere nicht zuhört oder an der falschen Stelle ja sagt, ein leises Gefühl der Doppeldeutigkeit, das Sie nach einem Gespräch veranlaßt, eine Zeitlang darüber nachzudenken, was der Partner gemeint haben könnte – all dies kann das erste Irrlichtern einer beginnenden Projektion des anderen sein.

In diesem frühen Stadium werden Sie sehr wahrscheinlich versuchen zu leugnen, daß da etwas nicht stimmt, vor allem wenn Sie den anderen lieben oder wenn er wichtig für Sie ist. Denken Sie aber daran, daß gerade dies der Beziehung am meisten schadet.

Richtig wäre es, die Möglichkeit einer Projektion ins Auge zu fassen und auf *besondere Signale* zu achten. Bei einer echten Projektion werden Sie in der Regel ein oder mehrere der im folgenden aufgeführten Anzeichen gleichzeitig entdecken, die zudem noch zu wiederholten Gelegenheiten auftreten:

1. Das Gefühl, «das bin nicht ich»
Bill, der als Forscher in der Industrie arbeitet, ist ein ausgezeichneter Mathematiker. Er ist außerordentlich freundlich, liebenswert und rücksichtsvoll gegenüber anderen. Er kocht gern, interessiert sich für Zeichnen, Fotografie und eine Reihe anderer Dinge. Mathematik ist wichtig für ihn – ein Gebiet, auf dem er sich schon als Kind hervorgetan hat –, aber bei weitem nicht sein Lebensinhalt.

Er lernt Susan kennen, eine vielversprechende Modejournalistin. Er verliebt sich in sie und kann sich gut vorstellen, mit ihr zu leben. Sie verbringen wundervolle Stunden miteinander, aber irgend etwas scheint nicht zu stimmen. Bill hat das leise Gefühl, daß

Susan eigentlich nicht weiß, wer er wirklich ist. Als guter Mathematiker untersucht er das Problem so leidenschaftslos wie möglich. Er erinnert sich daran, daß sie ihn am Abend zuvor dreimal ein «Genie» genannt hat. Zur Belustigung ihrer Freunde erzählte sie, wie schlecht *sie* dagegen immer in Mathematik gewesen sei. Vor kurzem ließ sie sich zu der Äußerung hinreißen: «Du findest für alles eine Lösung, es gibt nichts, was du mit deiner Mathematik nicht berechnen kannst.»

Aber Bill betrachtet sich ganz und gar nicht als Genie. Er kommt sich vor wie ein Außenstehender, der mal kurz vorbeischaut und erlebt, wie Susan ein übergroßes Bild bewundert, das sie selbst geschaffen hat. *Er*, Bill, möchte Susans Freund und Partner sein, doch dem steht ihre Projektion auf ihn als «Genie» im Wege. Viele seiner Eigenschaften und Vorlieben bemerkt sie nicht einmal.

Häufig besteht eines der ersten von uns wahrgenommenen Lichtzeichen in diesem «Das bin nicht ich»-Gefühl, wie es der Psychologe Hank Schenker nannte. Wir spüren, daß der Partner etwas an uns mag, *was wir eigentlich nicht sind*, sondern eine idealisierte Form oder die Übertreibung eines Teils von uns. Es mag unser bester Teil sein – Kompetenz, Weltoffenheit –, doch sieht es so aus, als würde der andere uns nicht akzeptieren, wenn wir in dieser Hinsicht nicht ideal wären. Unterläuft uns ein Schnitzer oder zeigen wir Unkenntnis und bitten den anderen um Hilfe oder auch Mitgefühl, wird er plötzlich blind uns gegenüber. Es ist, als würden wir nur als Ideal existieren.

Betrachten wir die Beziehung näher, wird allmählich klar, daß wir auf eine bestimmte Rolle programmiert worden sind. Zunächst fassen wir es vielleicht als Kompliment auf, vor allem, wenn das Ganze neu ist für uns. Der andere sieht uns fälschlicherweise so, als hätten wir alles und brauchten nichts.

2. Festlegung auf eine Rolle

Neben dem «Das bin nicht ich»-Gefühl haben wir oft den Eindruck, daß uns eine bestimmte Rolle zugeschrieben wird. Der andere sieht in uns nicht ein Individuum, sondern den typischen Vertreter eines Menschenschlags, den er entweder mag oder nicht mag.

Tom hat Angst vor dem Älterwerden und verkehrt nur mit jüngeren Frauen. Erika geht mit ihm aus, weil sie ihn interessant findet, aber nach kurzer Zeit erkennt sie, daß er nur einen einzigen Zug an ihr bewundert: ihre Jugend. Tom projiziert auf sie das Bild der «jüngeren Frau, die sich für mich interessiert». Das meiste, was Tom an ihr zu gefallen scheint, würde auf *alle Frauen* in ihrem Alter zutreffen. Er bewundert ihre weiche Haut, er bemerkt anerkennend, daß sie noch keine Brille braucht oder nicht so viel Schlaf wie er. Außerdem redet er von sich ständig als von einem alten Mann, so daß sie weiß, das Alter ist für ihn allgegenwärtig. Sie leidet darunter, daß er sie nicht von zwölf Millionen anderen Menschen ihres Jahrgangs unterscheidet. Erika fragt sich, ob Tom *in sie* verliebt ist oder *in die Tatsache, daß sie neunundzwanzig ist*.

Es kann sein, daß man auf die Rolle festgelegt wird, entweder blond oder groß oder Arzt oder schwarz zu sein. Ganz gleich um welche Eigenschaft es sich im einzelnen handelt, man wird mehr als Besitzer dieser bestimmten «Qualität» betrachtet denn als Persönlichkeit.

3. Bedingtheit

Vermittelt Ihnen ein anderer Mensch jemals das Gefühl, daß er Sie nur unter der Bedingung mag, daß Sie «so bleiben, wie Sie sind», liegt vermutlich eine Projektion vor.

Gleich nach Abschluß des Colleges wurde Melissa bei einer Zeitschrift angestellt, um dort den Veranstaltungskalender für jede Woche zusammenzustellen. Wendy, die Herausgeberin, mochte Melissa sehr, und auch Melissa brachte Wendy aufrichtige Gefühle entgegen. Wendy war auf ihrem Gebiet Spitze und übermittelte Melissa gern viele Kenntnisse. Unter Wendys Leitung begann Melissa, auch wichtigere Artikel zu schreiben. Schließlich wurde eine Konkurrenz-Zeitschrift auf Melissa aufmerksam und bot ihr die Stelle einer leitenden Feuilletonistin mit einem wesentlich höheren Gehalt an. Wendy machte kein Gegenangebot, wünschte Melissa aber von Herzen alles Gute.

Melissa arbeitet inzwischen seit drei Monaten an ihrer neuen

Stelle und geht heute abend zu einem offiziellen Essen für eine Gruppe führender Zeitschriften-Journalisten ins Waldorf Astoria in New York. Auch Wendy wird dort sein.

Melissa hat sich auf das Wiedersehen mit Wendy gefreut, und ihre Freunde haben immer wieder gesagt: «Die wird aber stolz sein auf dich!» Doch Melissa wird das dumpfe Gefühl nicht los, daß dem nicht so ist. Sie spürt, daß Wendy sie nicht akzeptieren kann: Sie wird sie als eine völlig neue Persönlichkeit ansehen, sie vielleicht sogar als Konkurrenz empfinden. Sie mochte Melissa so, wie sie war, nicht so, wie sie ist.

Sollte Melissa recht behalten, hat Wendy ihre Projektionen auf sie als «abhängige Anfängerin» aufrechterhalten und ist nicht bereit, sie auf andere Weise anzuerkennen.

Die Bedingtheit, mit der andere Menschen uns sehen, ist etwas, dessen wir uns alle bewußt werden können, wenn wir es zulassen. In der Regel sitzen natürlich unsere Eltern auf der Anklagebank. Sie halten uns möglicherweise für unfähig, bedürftig, ungebildet, naiv, und es fällt ihnen schwer, jemals über dieses Bild hinauszukommen.

Bedingtheit ist eine der schmerzhaftesten Erscheinungsformen einer Projektion, da uns plötzlicher Verlust droht, den wir durch nichts verdient haben. Es mag sein, daß der andere uns gegenüber tatsächlich immer wieder den Wunsch geäußert hat, daß wir uns zu einem selbstsicheren, unabhängigen und erfolgreichen Erwachsenen entwickeln – genau zu dem, was wir geworden sind und was er uns jetzt vorwirft.

4. Gekünsteltes Auftreten

Das ist ein Verhalten, das wirklich «unter die Gürtellinie geht» und unbedingt erwähnt werden muß.

Betty hat gerade Janet kennengelernt, die achtundzwanzigjährige neue Freundin ihres Sohnes. Sie haben sich ganz nett unterhalten; Janet war höflich und informierte Betty sogar von sich aus über ihre Familie und ihre Ausbildung – wonach Betty von sich aus niemals gefragt hätte. Janet erzählte Betty, wie sehr sie ihren Sohn liebe – auch das wollte Betty eigentlich gar nicht so genau wissen. Dann fragte sie nach Bettys Beruf und hörte aufmerksam zu. Sie zeigte Mitgefühl, als Betty über Ärger am Arbeitsplatz berichtete, und gratulierte Betty zu ihren Erfolgen. Jetzt ist Betty wieder zu Hause und denkt über das Gespräch nach. Sie mag Janet nicht, obwohl ihr diese Reaktion selbst unsinnig erscheint. Sollte sie am Ende eifersüchtig sein auf jede Frau, die ihr Sohn ernsthaft in Erwägung zieht? Nein, so war es wirklich nicht.

Sie läßt den Abend noch einmal Revue passieren und erinnert sich an Janets gekünsteltes Lächeln und ihr förmliches Verhalten. Jetzt fällt ihr auf, was ihr während des Gesprächs noch nicht so klar war: Janet erhob sie auf ein Podest!

Es gab Themen, über die nicht gesprochen werden durfte, die Janet von ihr nicht *erwartet hatte*: Betty fühlte sich zensiert. Janet wich aus, als Betty erwähnte, daß sie seit zwei Jahren mit einem Mann befreundet war. Es ging Janet gar nicht darum, Betty als *Persönlichkeit* kennenzulernen. Sie sprach nur mit ihrer Projektion auf Betty als «Michaels Mutter», so einer Mittelklassenmatrone, die sie kennenlernen und für sich gewinnen mußte.

Hat man in der Gesellschaft eines anderen Menschen den Eindruck, daß er sich gekünstelt verhält, ist dies ein deutliches Zeichen dafür, daß eine Projektion vorliegt, ein Warnzeichen aber auch, das wir oft nur zu gern herunterspielen. Die spontane Reaktion auf das gekünstelte Verhalten eines anderen ist oft, daß man sich sagt: «Es hat wohl an *mir* gelegen.» Viele Frauen an Bettys Stelle hätten den Fehler für die wenig gelungene Kommunikation bei sich gesucht, hätten sich die Schuld daran gegeben, daß sie mit jüngeren Menschen nun mal nicht können, und hätten beschlossen, sich beim nächstenmal mehr Mühe zu geben.

5. Sich unterschätzt fühlen

Mary und Arthur kommen gut miteinander aus und beschließen zusammenzuziehen. Sobald dies geschehen ist, ändert sich die Situation. Arthur akzeptierte Mary nur zu gern als jemanden, mit dem er sich verabreden und schlafen konnte. Nun aber, da sie eine Wohnung teilen, liegt die Sache anders. Sie darf den Videorecorder erst benutzen, nachdem er ihn ihr erklärt und sie ihm dann gezeigt hat, daß sie auch wirklich damit umgehen kann; er legt ihr nahe, ihren schon etwas betagten Hund in eine Hundeschule zu geben, denn «niemand, der was von Hunden versteht, läßt sie auf dem Sofa schlafen».

Mary hält Arthur für überempfindlich; im übrigen denkt sie, dies sei noch eine Zeit der Anpassung und der Kompromisse. Über viele seiner Äußerungen ärgert sie sich, beschließt aber, daß es sich nicht lohnt, über Bagatellen zu diskutieren; also zögert sie in den meisten Fällen und hofft, daß er zur Vernunft kommen wird. Kritisch wird es jedoch, als Arthur sie beschuldigt, den neuen Anrufbeantworter kaputtgemacht zu haben. Mary hat einen Traum, in dem Arthur sie in aller Öffentlichkeit, mitten auf einer Einkaufsstraße, beschimpft und allen Passanten mitteilt, wie tölpelhaft sie ist.

Sie wacht auf und weiß, daß sie zu lange stillgehalten hat. Mary hat angenommen, es sei einzig und allein Arthurs Problem: weil er nämlich verwöhnt und mäkelig ist. Er ist zwar verwöhnt und mäkelig, aber das eigentliche Problem liegt in seiner Projektion auf Mary als «linkisch und unfähig». Aufgrund ihrer Erkenntnis, daß er sie systematisch unterschätzt hat, kann sie diese Projektion feststellen.

Für gewöhnlich merkt man, wenn man regelmäßig unterschätzt wird, weil man ständig versucht ist zu sagen: «Warum, meinst du, mußt du mir das alles erklären?» – «Warum vertraust du mir nicht?» – «Warum hast du Joan um einen Vorschlag gebeten, nachdem ich dir doch gerade die Lösung gesagt hatte?» – «Wie oft willst du mich noch fragen, ob ich das verstanden habe?»

Die meisten werden keine Schwierigkeiten haben, dieses Signal zu erkennen.

6. Verletzender Humor

Myra, unverheiratet, Mitte Zwanzig, arbeitet als Maniküre in einem Herrensalon. Als sie dort anfing, gab sie sich große Mühe, mit den männlichen Friseuren und Vorgesetzten zurechtzukommen, und ließ sich auf ihre «Frotzeleien» ein.

«Das ist aber ein hübsches Kleid. Hast du das gestern nicht auch angehabt? War wohl ein schöner Abend, was?»

«Sag, Myra, warum ist ein hübsches Mädchen wie du nicht verheiratet? Läßt es dir wohl zu gut gehen?»

Sie hoffte, daß diese Scherze nachlassen würden und daß man sie als «einen der Jungs» akzeptieren würde, aber das Lästern fand kein Ende; es nahm eher noch zu, wurde derb und beleidigend. Eines Tages, als Myra den Tränen nahe war, fiel ihr auf, daß Alice, die andere Maniküre, diesen Frotzeleien nicht ausgesetzt war. Alice galt als «schwierig», und die Männer respektierten das.

Myra vertraute sich Alice an, die ihr sagte, daß die Männer ihren «Witz» zunächst auch an ihr ausprobiert hätten. Sie hatte sie aber in ihre Schranken verwiesen und mit Kündigung gedroht, falls sie nicht damit aufhörten.

«Ich möchte lieber für überempfindlich als für unsolide gehalten werden», meinte Alice.

Myra war schockiert, als sie erkannte, daß die Männer gar nicht daran dachten, sie als «Kumpel» anzuerkennen, sondern Myras Toleranz vielmehr als Eingeständnis ihrer «Leichtlebigkeit» betrachteten und geradezu als eine *Einladung*, mit den Anzüglichkeiten fortzufahren. Myra hatte unwissentlich die Projektion der Männer auf sie als eine «Schlampe» genährt.

Wenn Sie wiederholt Opfer des verletzenden «Humors» eines anderen sind, stimmt etwas nicht. Der andere hat einen falschen Eindruck von Ihnen und wird Sie auch weiterhin ärgern, was wiederum seine Projektion verstärkt und Sie in seinen Augen herabsetzt, solange Sie sein Verhalten akzeptieren.

7. *Überraschung*

Eine Frau erzählt ihrem älteren Bruder, daß sie einen Studienplatz für Medizin bekommen hat, und er ist überrascht. Ein Mann weint in Gegenwart seiner Frau, nachdem er erfahren hat, daß sein bester Freund einen Herzinfarkt erlitten hat, an dem er beinahe gestorben wäre, und seine Frau ist verblüfft und irgendwie unangenehm berührt angesichts seiner Reaktion. Eine

Zwanzigjährige ist schockiert, als ihre geschiedene Mutter ihr mitteilt, daß sie mit einem Mann in Urlaub fährt.

In allen diesen Fällen *verbirgt die Überraschung eine Projektion*. Was ist so verwunderlich daran, wenn eine junge Frau Medizin studiert? Vieles, wenn man der Meinung ist, daß sie nicht intelligent genug ist, oder wenn die eigene Projektion von Frauen im allgemeinen die ist, daß sie auf geistigem Gebiet nicht viel erreichen können. Und warum sollte eine Frau überrascht sein, wenn ihr Mann seine Gefühle für einen guten Freund zum Ausdruck bringt? In gewisser Weise kennt sie ihren eigenen Mann nicht: Sie hat auf ihn nur Kraft und Stärke projiziert und sich nie darum bemüht, die Tiefen seines Gefühlslebens, seine Zärtlichkeit zu ergründen. Und die Projektion der jungen Frau auf ihre Mutter war ohne Zweifel die einer asexuellen, selbstlosen Erwachsenen – vielleicht einer Frau, die nur für ihre Kinder lebt.

An der Überraschung anderer können wir feststellen, was sie tatsächlich von uns halten. Ihre Überraschung zeigt, daß sie uns beharrlich auf ganz bestimmte Weise betrachten und daß das, was sie jetzt erfahren oder sehen, eine radikale Abweichung von ihrem Bild bedeutet – daß wir ihrer Projektion nicht entsprechen.

Halten Sie bitte fest, daß Überraschung eine Reaktion *in einem frühen Stadium ist*. Hat sich eine Projektion bereits zu ihrer endgültigen Form entwickelt, kann es sein, daß den Projizierenden in unserem Verhalten nichts mehr überraschen kann. Dann hat er sich schon so weit gebracht, daß er alles, was er erfährt, als eine Tatsache hinnehmen kann, die mit dem, was er bereits glaubt, in Einklang steht oder seine Meinung sogar noch unterstützt.

Ein Mann projiziert auf seine Tochter Jill, sie sei «flatterhaft und nicht sehr intelligent». Nachdem sie ihm ihre Verlobung mit einem fähigen und gebildeten jungen Mann mitgeteilt hat, sagt ihr Vater später unter vier Augen zu seiner Frau: «Wahrscheinlich will er nur mit ihr ins Bett.»

Jill ist Kunsthistorikerin. Ein Verleger will eine Arbeit von ihr groß herausbringen. Sogleich vermutet Jills Vater, sie habe sicher jemanden dafür bezahlt, das Buch für sie zu schreiben. Nachdem seine Tochter wiederholt Erfolg gehabt hat, zieht er den Schluß:

«Mein lieber Mann, die haben ihre Ansprüche heutzutage ganz schön runtergeschraubt! Ich glaube, diese Generation ist nicht sehr urteilsfähig!»

Kurzum, ein Gegenbeweis wird immer weniger akzeptiert, je weiter eine Projektion herangereift ist. Daher taucht Überraschung zunehmend seltener auf.

8. Die Äußerungen eines Menschen

Die Äußerungen anderer informieren uns darüber, zu welcher Art von Projektionen sie neigen. Möglicherweise enthalten sie auch einen Hinweis auf Projektionen, die sie im Hinblick auf uns bereits gebildet haben. Die Schlüsse, die wir aus den Worten eines anderen ziehen, können die Bedeutung anderer Signale erhärten.

Der Art, wie jemand über andere oder über sich selbst spricht, können wir viel entnehmen.

Ein Mann beschreibt einen Nachbarn als labil, weil er sich hat scheiden lassen. *Sie* sind auch geschieden, und er weiß es. Er hat Sie nie direkt kritisiert, aber solche Bemerkungen sollten Sie aufhorchen lassen, da sie ein Hinweis darauf sind, was er von Ihnen hält. Wahrscheinlich betrachtet er alle Geschiedenen als «wankelmütig».

Eine Frau, die gerade vierzig geworden ist, bemerkt seufzend, wie alt und unattraktiv sie nun wird. «Vierzig ist eben nicht mehr jung.» Ihre beste Freundin, zweiundvierzig Jahre alt, verwitwet und gerade bemüht, ihr Leben neu zu organisieren, fühlt sich daraufhin deprimiert, bis sie einmal genauer über das Gesagte nachdenkt. Vielleicht projiziert die Freundin «das Alter» auf ihre Altersgruppe; das hat aber nichts mit *ihr* oder mit der Realität zu tun. Da sie die Behauptung als Projektion erkennt, kann sie getrost mit ihrem Segelkurs fortfahren und sich ihrer neuen Beziehung freuen.

Eine andere Möglichkeit, eine Projektion an den Äußerungen anderer festzumachen, besteht darin, die Lebensgeschichte dieser Menschen genauer zu betrachten. Vergangenes ist Vorspiel.

Arnolds Freundin beschreibt ihren Exmann und zwei frühere Partner als «unwahrscheinlich enttäuschend». Sie erzählt ihm ein wenig über ihre Vergangenheit; immer noch leidet sie unter der Unreife ihres früheren Mannes, der offenbar nicht in der Lage war, jemanden zu lieben. Und auch der Typ, mit dem sie auf der Party war, auf der sie Arnold kennenlernte, war nicht viel anders – er hatte zu viele Fehler, hing zu sehr an seiner Mutter und war nicht im entferntesten der Mann, den sie in ihm gesehen hatte.

Arnold freut sich, daß er die Konkurrenz gewonnen hat. Er küßt sie zum Abschied und ist glücklich, daß sie ihn anscheinend mag; sie ist recht attraktiv, und er ist stolz auf seine Errungenschaft. Er fühlt sich in seiner Männlichkeit bestärkt.

Statt stolz darauf zu sein, daß er für sie eine Ausnahme bedeutet, sollte Arnold sich lieber davor hüten, das nächste Opfer dieser ständig Enttäuschten zu werden. Es sieht so aus, als ob sie jeden Mann im Laufe einer Beziehung als immer enttäuschender empfindet. Warum? Nun, vielleicht sucht sie sich die falschen Männer aus, aber ihre Worte lassen vermuten, daß sie andere Menschen durch eine falsche Brille betrachtet. Es könnte sein, daß sie in Männern «geborene Beschützer» sieht und daß sie sich durch jeden Fehler, den sie begehen, vernachlässigt fühlt. Arnold wäre gut beraten, alles, was er bisher mit ihr erlebt hat, daraufhin zu überprüfen, ob es noch andere Signale dafür gibt, daß eine Projektion vorliegt.

Es gibt auch Menschen, die ihre Erwartungen an andere verbal bereits so hoch ansetzen, daß eine Projektion naheliegt:

«Meiner Meinung nach dürfte eine Frau nie mehr als zweiundfünfzig Kilo wiegen, ganz gleich wie alt oder wie groß sie ist.»

«Warum muß ein Teenager unbedingt ein Auto haben?»

«Stellen Sie nur jemanden ein, der mindestens drei Jahre auf seinem letzten Arbeitsplatz war; will sich einer schon nach kürzerer Zeit verändern, stimmt etwas nicht mit ihm.»

Wenn einer Ihrer Bekannten seine Meinung so entschieden äußert, projiziert er wahrscheinlich ein hohes Maß an Konformität. Er erwartet von seinen Mitmenschen, daß sie ihre Rollen, so wie er sie ihnen «zuteilt», ohne Abweichung spielen. Dogmatische Feststellungen darüber, was man tun oder lassen sollte, sind ein deutliches Zeichen für eine Projektion.

9. *Die Äußerungen anderer*

Manchmal können die Äußerungen von Freunden des Partners eine Ahnung über das Vorliegen einer Projektion erhärten.

Jackie ist gerade bei ihrem Freund, als zwei seiner Freunde zu einem späten Frühstück vorbeischauen. Sie beachten Jackie kaum. Einer von beiden kommt auf die frühere Freundin von Jackies Freund zu sprechen. «Sie war echt gut. Die macht ihren Weg.» Am späten Nachmittag vergessen die beiden Gäste, sich von Jackie zu verabschieden. Vielleicht gehen sie davon aus, daß sie Jackie ohnehin nie wiedersehen und es daher nichts ausmacht. Hat ihr Freund sie auch von oben herab behandelt, kann das gedankenlose Verhalten der Gäste ihr gegenüber bedeuten, daß er ihnen zu verstehen gegeben hat, sie sei für ihn «nur eine Lückenbüßerin».

Männer, die um eine führende Position in der Wirtschaft kämpfen, gehen schon lange auf eine Weise miteinander um, die Frauen auch lernen sollten: Sie begegnen dem beruflichen Konkurrenten, dem sie in den Rücken fallen wollen, freundlich – möglicherweise ein Versuch, den anderen zu entwaffnen. Wenn man allerdings beobachtet, *wie seine Frau den anderen behandelt*, kann man erraten, was er vor dem Konkurrenten verbirgt, ihr aber gesagt hat. Sie ist in der Tarnung weniger erfahren als er.

Es ist, als ob man das Mienenspiel eines Menschen beobachtet, der beim Pokern Einsicht in die Karten eines anderen Spielers hat. Der Ausdruck dieses Zuschauers kann verraten, was der Spieler unbedingt verbergen will.

Seien Sie aber auf der Hut vor voreiligen Schlüssen, die allein auf dieser Beweisführung beruhen. Der Dritte kann eigene Motive für sein Verhalten haben. (Vielleicht neiden die Frühstücksgäste ihrem Freund, daß er wieder mal Glück in der Liebe hatte; die Frau eines Geschäftspartners mag verbittert sein, weil sie denkt, der andere würde ihren Mann ausstechen.) Verwenden Sie dieses Signal *nur* in Verbindung mit anderen.

10. Mißdeutungen unterliegen

Die letzten drei Signale, die wir hier erwähnen wollen, sind auf jeden Fall todsichere Anzeichen für eine Projektion, allerdings für eine sehr fortgeschrittene und nahezu unausrottbare Projektion.

Nicht nur einmal, sondern ständig falsch interpretiert zu werden kann darauf hindeuten, daß ein anderer sich sein eigenes Bild von Ihnen gemacht hat. Was Sie auch unternehmen, es scheint seine Theorie zu untermauern. Er hat Ihnen einen Charakterzug zugeschrieben, ganz gleich, ob Sie ihn haben oder nicht, und bezieht Ihr gesamtes Verhalten darauf, wobei er alles so falsch auslegt, daß es dazu paßt.

Lindas Chef Dick zum Beispiel hält sie für «so ungeheuer ehrgeizig, daß sie über Leichen geht, um meine Position zu bekommen». Dick ist etwas jünger als Linda, die Stelle bedeutet ihm sehr viel – er geht am Wochenende ins Büro und sitzt nächtelang an der Vorbereitung von Besprechungen. Linda schafft viel mehr mit wesentlich geringerem Aufwand. Ihr wacher Geist motiviert die Arbeitskollegen und läßt Kunden nach ihr fragen.

Dick ist nur deshalb Lindas Chef, weil er ein Mann und sie eine Frau ist. Aber das ist natürlich nicht *Dicks* Fehler; das Vorurteil herrscht in den oberen Etagen der Firma. Linda hat beschlossen, mit Dick zusammenzuarbeiten, bis sie woanders eine Stelle findet, was ihr nicht schwerfallen dürfte.

Inzwischen wird alles, was Linda unternimmt, von Dick herabgesetzt. Hält sie eine gute Rede vor den Außendienstmitarbeitern, versucht sie angeblich, die Leute zu betören. Bleibt sie länger im Büro, um Dick bei der Fertigstellung eines Projekts zu helfen, tut sie es seiner Meinung nach nur, um vor dem Geschäftsführer als aufopfernd dazustehen. Gibt sie Geld für Geburtstagsgeschenke an Kollegen aus, will sie diese damit nur bestechen, Lügen über Dick zu verbreiten. Dick ist nicht in der Lage zu sehen, daß Lindas Verhalten ihrem guten Willen und dem Wunsch entspringt, aus einer verfahrenen Situation das Beste zu machen.

Diese Art falscher Auslegung ist ein deutliches Zeichen für eine tiefsitzende Projektion.

Jede Projektion umfaßt ein gewisses Maß an Mißdeutung –

darüber, wer der andere ist, welche besonderen Eigenschaften er hat. Wollen Sie die Mißdeutung als Anzeichen für eine Projektion nehmen, müssen Sie achtgeben, daß Sie Ihre Motive nicht falsch auslegen. Sie bekommen den Eindruck, schwarz ist weiß und weiß ist schwarz, und je stärker Sie versuchen, Ihre Position zu klären, desto größer sind die Mißdeutungen.

11. Druck empfinden

Die Erkenntnis, daß Sie sich abstrampeln, daß Sie sich unnatürlich benehmen oder versucht haben, sich zu beweisen, kann ein Hinweis für Sie sein, daß Sie einer starken Projektion ausgesetzt sind.

So seltsam es klingen mag, aber Reaktionen gehen oft einer Erkenntnis voran. Es ist durchaus möglich, daß wir ganz automatisch den Versuch unternehmen, eine Gefahr zu neutralisieren, bevor wir sie richtig beim Namen nennen können. Wir spüren einen unbestimmten Druck, eine Art Erregung. Betrachten wir unser eigenes Verhalten, dann können wir herausfinden, was wir gegen die Gefahr unternommen haben, und damit die eigentliche Gefahr identifizieren.

«Warum sah ich mich gezwungen, Eindruck zu schinden? Das mache ich doch sonst nie. Ich komme mir völlig wertlos vor. Offensichtlich *vermittelt* mir dieser Mann das Gefühl, wenn er zum Beispiel sagt, ein solches Landhaus hätte ich noch nie gesehen, ich sollte mir lieber ein paar neue Kleider zulegen, bevor ich seinen Freunden gegenübertrete. Er hält mich für eine ‹ungehobelte Person, ein gesellschaftliches Nichts›.»

«Warum zahle eigentlich immer *ich* das Essen, wenn ich mit Jack ausgehe? Er hat noch nie angeboten, daß wir uns die Rechnung teilen. Und ich habe ihm meinen Rasenmäher geliehen, obwohl ich *wußte*, daß es immer eine Ewigkeit dauert, bis er etwas wieder zurückgibt, und dabei brauche ich den Rasenmäher doch am nächsten Wochenende. Ich reiße mir, verdammt noch mal, ein Bein für diesen Kerl aus, und er kommt offensichtlich nicht einmal auf die Idee, daß das nicht normal ist. Ich glaube, er wäre mir ernsthaft böse, wenn ich mal nicht hinter ihm zurückstehen würde.

Es ist, als schuldete ich ihm ohnehin die Hälfte von dem, was ich habe. Nur weil ich ein gutgehendes Geschäft habe und er aus seinen beiden letzten Stellen rausgeflogen ist, denkt er wohl, ich sei ein Glückspilz und daher sein natürlicher Wohltäter.»

Die Reihenfolge liegt auf der Hand. Sie erkennen, daß Sie zuviel tun, oder versuchen, in einem Gespräch oder in einer Situation etwas zu erreichen, was Sie eigentlich nicht nötig haben. Durch Ihre Analyse stellen Sie fest, daß der andere eine Art Druck auf Sie ausgeübt hat – daß er Sie dazu gezwungen hat, sich zu verteidigen oder zu beweisen. Sie haben noch Wasser auf seine Mühlen gelenkt, indem Sie versuchten, ihn von seiner Projektion zu befreien: Die Frau im ersten Beispiel versuchte Eindruck zu schinden, um zu beweisen, daß sie nicht das dumme Gänschen ist, für das ihr Partner sie hielt.

Jack, dem Schnorrer, gegenüber hatte der Freund entweder nachgegeben oder Entschuldigungen für dessen Verhalten gefunden. Er hat erkannt, daß er mit Jack nicht zurechtkommt, und sieht jetzt, daß Jack ihn als Teil seines Sparprogramms betrachtet hat.

Das Gefühl, unter Druck zu stehen, kann Ihnen klarmachen, was der andere Ihnen zufügt und was er auf Sie projiziert.

Der große Vorteil dieser Entdeckung besteht darin, daß Sie, auch wenn Sie die Sicht des anderen nicht korrigieren können, doch in der Lage sind, Ihre Versuche einzustellen, sich zu beweisen. Der Druck läßt nach.

12. Gefühl der Hoffnungslosigkeit

Hoffnungslosigkeit ist ein Gefühl, das man bis zu einem gewissen Grad allen Projektionen gegenüber empfindet. Es ist aber grundlegend, wenn eine Projektion fest zementiert ist.

Kates beste Freundin Anna ist unglücklich in ihrer Ehe. Täglich kann sie über eine neue Abscheulichkeit ihres Mannes berichten. Er hat sie von ihrem gemeinsamen Bankkonto ausgeschlossen, er besteht darauf, daß ihre Tochter ein College besucht, das sie sich nicht ausgesucht hat, er ist unhöflich zu Annas Freundinnen, und er erlaubt ihr nicht, Geschäftsreisen zu unternehmen, die für ihre

Arbeit wichtig sind. Anna *hat* es nicht leicht, aber es ist *Kate*, die sich nach diesen Gesprächen völlig hoffnungslos fühlt.

Bei näherem Hinsehen erkennt Kate, daß Anna ihre Äußerungen – auch wenn Kate ihr Mitgefühl deutlich zum Ausdruck gebracht hat – immer wieder zurücknimmt und sie vor den Kopf stößt. Anna hat ihr sogar unterstellt, sie sei herzlos, und ihr deutlich zu verstehen gegeben, daß sie, Anna, nicht um alles in der Welt so sein wollte.

Anna hat Kate gefragt: «Was soll ich tun?», und Kate hat bereitwillig Vorschläge gemacht: «Du kannst nicht zulassen, daß dein Mann deine Tochter bevormundet. Du mußt ihr beistehen.»

Aber Anna gab zurück: «Sieh mal, er ist doch ihr Vater, und ich will nicht so mit meinem Mann streiten wie *du* mit deinem. Ich habe euch beide erlebt.»

Bei einer anderen Gelegenheit gab Kate ihr den Rat: «Du mußt auf deine Geschäftsreisen gehen, sonst wirst du nicht befördert.»

Anna entgegnete ihr daraufhin, sie könne nicht so grausam sein zu ihrem Mann und ihn in dieser Form überfahren. «Du, *du* könntest es, das weiß ich. Aber ich nicht.»

Bei Überprüfung ihrer Verzweiflung kam Kate zu dem Schluß, daß Anna auf sie das Bild einer «kalten, berechnenden Person, die durch nichts zu erweichen ist» projiziert. Anna sieht sich im Gegensatz dazu wahrscheinlich als «zarten Engel, der so leidet, wie es sich gehört, wenn man will, daß alles funktioniert».

Anna hat bereits eine tiefsitzende, weit fortgeschrittene Projektion entwickelt. Kate konnte tun, was sie wollte – Anna würde in ihr immer die Böse sehen. Obwohl Kate ihre Zeit für Anna geopfert und sich redlich bemüht hatte: Anna hielte genausowenig von Kate, wie wenn diese von vornherein jede Hilfe abgelehnt hätte. Kein Wunder, daß Kate alle Hoffnung verlor.

In den Anfangsphasen einer Projektion tauchen Gefühle der Hoffnungslosigkeit vielleicht nur für Augenblicke auf. Man läuft Gefahr, sie zu unterdrücken. «Vielleicht bin ich nur deprimiert.» Aber diese Schimmer der Hoffnungslosigkeit können, wenn man sie näher untersucht, viel darüber aussagen, wie der andere einen sieht.

Projektionen, in denen ein Körnchen Wahrheit steckt

Besonders schwer fällt die Entdeckung einer Projektion, wenn der andere eine Eigenschaft sieht, die *wirklich vorhanden* ist.

Vivien ist eine vielbeschäftigte Frau; sie hat zahlreiche Freunde und nimmt an vielen Projekten teil. Sie ist leidenschaftlich, vielleicht ein wenig nervös, und kommt in der Regel spätabends völlig aufgelöst nach Hause. Viele Menschen hängen an ihr, denn sie versteht ihre Probleme, sie kennt den richtigen Fachmann für jede Art von Notfällen, sie kann gut organisieren und auflisten, was zu tun ist und in welcher Reihenfolge. All das erledigt Vivien zusätzlich zu ihren beachtlichen beruflichen Verpflichtungen, und oft berichtet sie abends lautstark von ihren neuesten Sorgen, noch bevor sie das Haus richtig betreten hat. Erholung in den eigenen vier Wänden war nie ihre Sache.

Ihr Mann Eric ist verständlicherweise durch ihre Geschäftigkeit genervt. Er wäre glücklicher, wenn sie sich weniger oft um andere kümmern und sich mehr auf ihn konzentrieren würde. Obwohl sie ihn liebt und ihm treu ist, war sie kaum je längere Zeit ohne Unterbrechung mit ihm zusammen.

Vor kurzem warf Eric ihr vor, sie mache ihn noch verrückt – beinahe so, als stecke eine Absicht dahinter. Er unterstellte ihr, sie zerstreue sich absichtlich, weil sie nie mit der Heirat einverstanden gewesen sei. Er beschuldigte sie sogar, sie wolle ihn verlassen. Gestern abend schrie er sie an, sie wisse gar nicht, was es bedeute, einen Mann zu lieben. Seine Projektion auf sie besteht darin, daß sie «Männer auf die leichte Schulter nimmt und dann fallenläßt».

Seine Worte und das Bild, das er offensichtlich von ihr hatte, versetzten Vivien einen Schock. Jetzt fragt sie sich: «Wer von uns ist eigentlich verrückt?» Sie zwingt sich zu einer ehrlichen Einschätzung der Situation und muß zugeben, daß sie sehr viele Dinge zwischen sich und ihren Mann geschoben hat. Nur zu Recht beklagt er sich darüber, daß sie ihn vernachlässigt. Einerseits freut sie sich sogar darüber, *daß* er so starke Gefühle zeigt, andererseits fühlt sie sich entsetzlich, denn seine Worte enthalten sicher viel Wahres.

Dennoch sieht er auch vieles völlig falsch. Es ist ja nicht so, daß sie ihn wegschieben *wollte*. Außerdem ahnt er nicht, wie sehr sie ihn liebt und wie gern sie sich ändern möchte. Er scheint anzunehmen, daß sie schon immer so war und nie anders sein will. Seine Projektion besteht darin, daß er ihrem Verhalten Kälte und Absichtlichkeit *unterstellt*. Seine Beobachtungen sind zwar richtig, aber die Projektion, wie alle Projektionen, ist eine Unwahrheit. Sie ist eine Wahrnehmung der Motive Viviens, die Eric selbst eingebracht hat.

Am schwierigsten zu handhaben sind jene Projektionen, die sich mit der Realität vermischen. In dem, was der andere sieht, steckt ein Körnchen Wahrheit. Aber er hat diese «Wahrheit» aufgebauscht oder betrachtet sie isoliert von den anderen Eigenschaften, die er gar nicht sieht.

GRUNDSATZ XI: Eine Projektion, die mit der Realität vermischt ist, enthält zwei Elemente: Der andere unterstellt Ihnen zum einen Beweggründe, die Sie in Wirklichkeit *nicht* haben. Zum anderen macht er sich keine Hoffnung darauf, daß Sie sich ändern können oder wollen, was *nicht* gerechtfertigt ist.

Historische Schichten

Anderen Motive zuzuschreiben, die sie nicht haben, oder sich keine Hoffnungen machen, daß der andere sich ändern kann oder will – diese beiden Projektionen haben ihre Wurzeln in der Vorgeschichte des Projizierenden.

Erics Eltern haben ihn *tatsächlich* vernachlässigt. Sie zogen seinen älteren Bruder vor, einen guten Sportler und ausgezeichneten Schüler. Eric war noch klein, als er seine einzige Brille zerbrach. Dennoch dauerte es lange, bis seine Eltern sie ersetzten. Er wuchs auf in dem Glauben, daß seine Mitmenschen ihn nicht mögen oder schätzen. Er war bereit, auch in Vivien einen Menschen zu sehen, der sich einen Dreck um ihn scherte, und stürzte sich auf jeden «Beweis», der diese Vermutung untermauerte.

Schon früh hatte er gelernt, daß alle Versuche seinerseits, andere Menschen dahin zu bringen, ihn zu schätzen, so aussichtslos waren, daß es die Mühe nicht lohnte. Da er von seinen Eltern völlig abhängig war, was Liebe, Aufmerksamkeit, Nahrung, ein Zuhause und Ausbildung betraf, und er keine annehmbare Alternative hatte, war der Gedanke, daß sie ihn *nicht* liebten, um so verheerender.

Für Eric waren die Folgen daraus, daß er unerwünscht – vernachlässigt – war, überwältigend. Als Kind hatte er sich keine andere Familie aussuchen können, sondern war auf Gedeih und Verderb Menschen ausgeliefert, an die er nicht herankam. Als Erwachsener reagierte er immer noch auf jede Art von Vernachlässigung durch einen ihm nahestehenden Menschen mit einem Gefühl der Hoffnungslosigkeit und Panik. Die Tatsache, daß Vivien ihn links liegen ließ – zum Beispiel während des Essens ans Telefon ging –, ärgerte ihn mehr als notwendig. Die Vorstellung, Vivien könnte den Wunsch haben, sich zu ändern, weil sie ihn liebt, war in seinem psychischen Lexikon einfach nicht vorhanden. Die Erkenntnis einer Vernachlässigung war für ihn gleichbedeutend mit einem Todesurteil.

Ein Teil der Vernachlässigung, die Eric entdeckt hatte, war sicher real, aber vieles von dem, was diese Vernachlässigung seiner Meinung nach mit sich brachte, war falsch – eben projiziert.

Es gibt Menschen, die ihren schärfsten Kritikern noch gute Absichten unterstellen, weil ihre Eltern ihnen nur dann Beachtung schenkten, wenn es Grund zum Kritisieren gab. Aufgrund dieser Projektion suchen diese Menschen sich Freunde, vielleicht sogar einen Partner, die an ihnen herumkritteln, und verachten jene, die ihre guten Seiten sehen.

Die Frau eines friedfertigen Mannes, der nur ab und zu die Geduld verliert, kann auf ihn die körperliche Gewalt projizieren, die ihr Vater in ihrer Kindheit ausübte. Ein Mann kann Eleganz und Geselligkeit auf eine Frau projizieren, die sich nur krankhaft danach richtet, «was die Leute denken», wie seine Mutter es zu tun pflegte.

Alle Projektionen haben lebensgeschichtliche Vor-Bilder. Aber bei einer Projektion, die mit der Realität vermischt ist, sind diese Vor-Bilder die beste Möglichkeit, eine Projektion zu erkennen.

GRUNDSATZ XII: Betrachten Sie die Vorgeschichte eines Menschen, der offensichtlich so sehr auf eine Ihrer Eigenschaften fixiert ist, daß er die anderen ausschließt. Wahrscheinlich handelt es sich dabei um eine Eigenschaft, die er in seiner Kindheit bei einem Elternteil erlebt hat, eine Eigenschaft, mit der er glaubte, leben zu müssen, die ihm Schwierigkeiten bereitete oder die für sein Leben von zentraler Bedeutung war.

Wenn Beweise für eine Projektion vorliegen

Haben Sie genügend Beweise dafür, daß ein anderer auf Sie projiziert, könnte ihr erster Impuls sein, abzuwarten und nichts zu unternehmen, weil Sie den Dingen ihren Lauf lassen und Zeit gewinnen wollen. Sie hoffen vielleicht, daß der andere seine falsche Meinung über Sie von sich aus korrigieren wird. Über kurz oder lang *muß* die Wahrheit ihm doch ins Auge springen. Wie kann ein Mensch auf Dauer Tatsachen ignorieren?

«Es kann einfach nicht sein, daß meine Mutter mich noch immer wie ein kleines Kind behandelt, wo ich doch selbst schon ein Kind habe.»

«Ich leite die Abteilung jetzt bereits drei Monate seit der Erkrankung meines Vorgesetzten, und alles läuft bestens. Der Chef *muß* einfach sehen, daß ich für die Führungsseminare geeignet und mehr bin als nur ein kleiner Angestellter.»

Ein anderer früher Impuls besteht darin, Entschuldigungen zu suchen. «Vielleicht ist das, was mein Geschäftspartner heute gemacht hat, nur eine Ausnahme. Morgen wird er einsehen, daß ich nicht ‹sein Kuli› bin.»

«Ich bin meinem Partner nur *scheinbar* gleichgültig; er ist zu sehr mit sich selbst beschäftigt, weil er sich auf diese schwierige Aufgabe vorbereitet. Wenn die Sache vorbei ist, wird er sich wieder mehr für mich interessieren. Das Problem wird wie weggebla-

sen sein, und ich werde froh sein, keinen Streit angefangen und
ihm nicht vorgeworfen zu haben, daß er mich nur als ‹Magd› betrachtet.»

Sie denken vielleicht, daß Sie den anderen entschuldigen, aber
teilweise ersparen Sie sich durch Ihr Verhalten auch eine Konfrontation sowie das vorübergehende Unbehagen, sich mit einer
Projektion zu beschäftigen. Zwischen Toleranz und Feigheit existiert nur eine dünne Trennlinie.

Ganz gleich, wie Sie es drehen und wenden: Es reicht nicht, einfach nur so zu sein, wie Sie sind. Sie müssen die Projektion aufspü-
ren und die Initiative ergreifen, um sie aufzulösen.

Zusammenfassung

Die zwölf Anhaltspunkte, die eine Projektion signalisieren können, sind alle bis zu einem gewissen Grad von persönlichem Unbehagen begleitet. So wie physischer Schmerz uns ankündigt, daß
mit unserem Körper etwas nicht stimmt, können diese Gefühle
seelischer «Unstimmigkeit» – das Gefühl, in Gegenwart eines bestimmten Menschen irgendwie «aus dem Gleichgewicht» zu sein
– uns darauf hinweisen, daß der andere konsequent übersieht, wie
wir wirklich sind.

Es ist wichtig, sich auf diese Signale einzustimmen und jeden
Impuls zu unterdrücken, sie am liebsten gar nicht zu beachten. Sie
müssen beim Umgang mit Projektionen vor allem dann wachsam
sein, wenn diese Projektionen ein Körnchen Wahrheit enthalten.
Denken Sie daran: Je früher Sie eine Projektion erkennen, desto
mehr können Sie tun, um sie abzustellen.

Wenn Sie sicher sind, daß eine Projektion vorliegt, können Sie
auch sicher sein, daß der andere sich Ihnen gegenüber entsprechend seiner Projektion *verhält* und sie durch sein Verhalten noch
verstärkt, sich also weiterhin darin bekräftigt, daß seine Meinung
über Sie richtig ist.

*Ein Mensch, der Sie falsch einschätzt, wird Sie mit Sicherheit
auch falsch behandeln. Aber nur mit Hilfe des Projektions-Prin-*

zips können Sie eine tiefere Wahrheit erkennen: Wenn Sie den anderen bewegen können, sich Ihnen gegenüber richtig zu verhalten, wird er Sie daraufhin so einschätzen, wie Sie es wollen.

Im nächsten Kapitel wird die Strategie entwickelt, die Sie befolgen müssen, sobald Sie die Projektion eines anderen erkannt haben.

4 Was kann man gegen eine Projektion tun?

In diesem Kapitel geht es um die Strategie: Was kann ich dagegen unternehmen, wenn ich erkannt habe, daß ein anderer mich falsch beurteilt?

Wenn Sie, wie die meisten Menschen, die offene Auseinandersetzung scheuen, so ist das, was vor Ihnen liegt, nicht leicht. Gehen Sie gegen eine Projektion an, werden Sie sehr wahrscheinlich den Projizierenden verunsichern oder wütend machen und entsprechend zu leiden haben.

Es ist jedoch hilfreich, wenn Sie daran denken, daß es für Sie weniger schmerzhaft ist, wenn Sie die Projektion gleich in Angriff nehmen, als später, nachdem Sie den Dingen zu lange ihren Lauf gelassen haben. Lassen Sie eine Projektion bestehen, dann leben Sie mit einer Lüge. Im günstigsten Fall werden Sie eine distanzierte Beziehung zu dem Betreffenden haben, sich ständig mißverstanden fühlen und sich selbst als eine Art Schwindel betrachten. Schlimmstenfalls werden Sie das Gefühl haben, dem Partner fremd zu sein, oder sogar sich selbst, falls Sie versuchen, sich seiner Projektion anzupassen. Aus anfänglicher Sorge wird ständige Furcht, der andere könnte entdecken, daß Sie nicht so sind, wie er Sie sieht, und Sie aus seinem Leben streichen.

Wenn Sie jemanden lieben oder, wie etwa schwierige Vorgesetzte oder Verwandte, notwendig brauchen, wird die Auseinandersetzung Erschütterungen mit sich bringen. Aber Sie investieren damit in Ihre Zukunft. In nahezu allen Fällen werden Sie Erfolg haben, und die Beziehung wird sich verbessern. In den seltenen Fällen, in denen der Projizierende sich weigert, Sie besser zu behandeln und anders einzuschätzen, werden zumindest *Sie* wissen, mit wem Sie es zu tun haben. Sie werden nichts verloren haben, denn eine Beziehung zu einem Menschen, der sich einfach weigert zu erkennen, wer Sie sind, ist hoffnungslos. Und zu wissen, daß Sie Ihr möglichstes getan haben, schafft Erleichterung – Sie können aufhören, mit dem Kopf gegen eine Wand anzurennen.

Denken Sie an all diese Dinge, vor allem wenn Sie hart werden müssen. Und denken Sie daran, daß Ihnen keine andere Wahl bleibt, als das Wagnis einzugehen.

Üben Sie möglichst wenig Druck aus

Wenn Sie eingreifen, sollten Sie gerade eben den Druck ausüben, der ausreicht, den Projizierenden zu einem anderen Verhalten Ihnen gegenüber zu bewegen – nicht mehr und nicht weniger. Sie wollen einfach, daß er jene Verhaltensweise ändert, die seine Meinung über Sie vergiftet. Wenn er Sie nicht gerade offen beleidigt hat, ahnt er vielleicht nicht einmal, daß er etwas Falsches getan hat. Seine Witzeleien, seine Nachlässigkeit oder die Art, wie er über Sie redet, mögen ihm vielleicht ganz harmlos erscheinen, und vielleicht wird er Ihrer Bitte nur zu gern nachkommen. Wenn er Ihnen bessere Eigenschaften zugestehen soll, muß er sein Verhalten ändern, warum also sollte man Wut oder Angst in ihm erzeugen, wenn er es nicht böse gemeint hat?

Nur wenn der andere sich weigert, Sie anders zu beurteilen, oder es wiederholt «vergißt», müssen Sie deutlicher werden. Vielleicht genügt es, das Problem klar zu umreißen, doch wenn der andere einfach nicht hören will, auch nachdem Sie betont haben, wie wichtig sein Verständnis für Sie ist, müssen Sie Härte zeigen.

Im Extremfall werden Sie sogar mit der Beendigung der Beziehung drohen müssen. Dann ist allerdings wichtig, daß Sie nicht bluffen. Es ist entschieden besser, eine Stelle zu kündigen oder eine Freundschaft zu beenden, manchmal sogar eine Ehe, als sich auf Dauer immer wieder herabsetzen zu lassen.

Denken Sie aber daran, den Bogen nicht zu überspannen, nachdem Sie eine Reaktion erhalten haben. Sie sind nicht darauf aus, dem Gegenüber ein Glaubensbekenntnis zu entlocken. In dieser Phase bitten Sie den anderen nicht einmal darum, die Folgen seines Verhaltens zu *erkennen*; Sie bitten ihn lediglich darum, sich Ihnen gegenüber so zu benehmen, daß Sie beide gut miteinander auskommen. Bei Anwendung des Projektions-Prinzips ist zu erwarten, daß sich der Rest, wenn Ihnen erst mal die richtige Behandlung zuteil wird, von selbst erledigt.

GRUNDSATZ XIII: Greifen Sie ein, um einer Projektion Einhalt zu gebieten, üben Sie gerade so viel Druck aus, wie zur Verhinderung schädlicher Verhaltensweisen notwendig ist – nicht mehr und nicht weniger. Sobald der andere Ihren Bitten entspricht, *sollten Sie den Druck verringern*.

Am besten ist es, wenn wir das Bild, das sich der andere von uns macht, immer wieder überprüfen. Wir greifen nur von Fall zu Fall ein, und wenn, dann ruhig und unaufdringlich. Zeigen wir gleich zu Beginn Gelassenheit und Bestimmtheit, können wir es uns meist ersparen, später heftiger reagieren zu müssen.

Wir werden Ihnen im folgenden ein Sieben-Punkte-Programm detailliert erläutern, mit dem Sie eine Projektion anhalten können. In den meisten Fällen werden Sie nicht über den dritten oder vierten Schritt hinausgehen müssen. Gelegentlich werden Sie, wenn Sie einer Projektion schon zu lange ihren Lauf gelassen haben, bevor Sie versuchen, sie abzuwehren, bis zu Schritt fünf oder sechs kommen. Nur im äußersten Fall werden Sie bis zum bitteren Ende gehen müssen.

Die Strategie: Unterbrechen

1. Die schädliche Verhaltensweise klar herausstellen
Sie sind sich bewußt, daß ein anderer auf Sie projiziert. Sie haben es festgestellt, indem Sie ein oder mehrere der im vorigen Kapitel erwähnten Signale bemerkten. Jetzt sollten Sie sich genau *die Warnzeichen ansehen, an denen Sie die Projektion zuerst er-*

kannt haben, und sich fragen: «Was macht der andere, daß ich mich so fühle?»

Zum Beispiel: «Wie komme ich darauf, daß John mich unterschätzt? Bestimmt sieht er in mir nicht den künftigen Verkaufsleiter.»

Sofort fallen Ihnen Antworten ein: «Er fragt mich nicht um Rat.» – «Er fällt einsame Entscheidungen und unterrichtet mich erst hinterher.» Dies sind unter anderem die Verhaltensweisen, die er ändern muß, wenn er seine jetzige Projektion «nicht förderungswürdig» revidieren soll. Wenn Sie die Wechselbeziehung weiterhin beobachten, werden Sie auch andere schädigende Verhaltensweisen bei John feststellen – er übergeht Sie, *unterschätzt* Sie. Suchen Sie auf jeden Fall sowohl nach Dingen, die er Ihnen gegenüber *unterläßt*, aber tun sollte, als auch nach Dingen, die er Ihnen *zufügt*.

Ihr eigenes Unbehagen – die bereits erwähnten Alarmzeichen – sollte Sie dazu aufrufen, nach Verhaltensweisen Ihnen gegenüber zu suchen, die dieses Unbehagen begründen.

In einem anderen Fall wird eine Frau, Julia, von einer unbestimmten Besorgnis erfaßt – dem Gefühl, «das bin nicht ich» –, hat aber Schwierigkeiten, sie dingfest zu machen. Der Abend ist zu Ende, Julia hatte ein ausgezeichnetes Essen vorbereitet für ihren Freund und zwei Ehepaare, die er gut kennt, die sie aber heute abend zum ersten Mal gesehen hat. Alle hatten ihren Spaß, und die Gäste priesen überschwenglich Julias Kochkünste und ihre Wohnung. Darüber hat sie sich gefreut, denn sie ist eine leidenschaftliche Köchin und hat gerade ihre Wohnung selbst renoviert. Jetzt, da sie allein ist mit ihrem Freund, fühlt sie sich jedoch unsagbar verzagt. Irgend etwas scheint absolut nicht in Ordnung zu sein. Ein Gedanke schießt ihr durch den Kopf: «Er kennt mich nicht.»

Er hat im Laufe des Abends nichts offensichtlich Falsches getan, obwohl es sie ein wenig verletzte, als er in das Lob ihrer Kochkünste nicht einstimmte. «Eigentlich», denkt Julia, «sah es beinahe so aus, als könnte er gar nicht verstehen, wieso sie das überhaupt erwähnten. Und offensichtlich langweilte es ihn, als sie sich über meine Wohnung unterhielten.»

Dann geht ihr ein Licht auf.

Sie überdenkt den Tag und erkennt, daß eine Bemerkung sie beschäftigte, die er am frühen Nachmittag fallenließ, während sie kochte: «Ich kann es kaum erwarten, daß meine Freunde dich kennenlernen und herausbekommen, daß du Neurologin bist. Das habe ich ihnen nämlich noch nicht erzählt.» In der vergangenen Woche hatte er ähnliche Äußerungen gemacht. Das Verhalten ihres Freundes, das Julia Unbehagen einflößte, bestand darin, daß er sie wegen ihrer medizinischen Kompetenz und des damit verbundenen Ansehens schätzte, wobei er ihre vielen anderen Eigenschaften übersah, von denen sie hoffte, daß sie liebenswert waren. Jetzt wußte sie, worauf sie zu achten hatte, und beschloß, ähnliche Verhaltensweisen in Zukunft zu erkennen, damit sie seine Projektion auf sie als «angesehene Neurologin» statt als «Frau» beenden konnte.

Häufig werden Sie erst allmählich auf projektive Behandlung reagieren, vor allem wenn Sie dazu neigen, unfreundliche Dinge lieber zu «übersehen». Wirkt die Behandlung oberflächlich schmeichelhaft, ist es besonders schwer, sie als jene Bedrohung zu verstehen, die sie in Wirklichkeit ist.

Wenn Sie einmal auf eine Projektion gestoßen sind und einige Verhaltensweisen erkannt haben, die diese unterstützen, fällt es zunehmend leichter, weitere zu finden. Je mehr Sie über das Wesen von Projektionen wissen, desto eher wissen Sie, wonach Sie zu suchen haben.

2. Das Verhalten ausleuchten

Der zweite Schritt besteht darin, dem anderen zu zeigen, was er tut, um ihm die Verhaltensweise bewußtzumachen, die Sie nicht mögen. In dieser Phase sollten Sie nett, aber deutlich mit ihm reden, als würden Sie die zerstörerische Verhaltensweise einfach mit einem Scheinwerfer ausleuchten.

Ihn dies wissen zu lassen mag leicht sein; schwierig ist jedoch, sich darauf zu beschränken und nicht weiterzugehen. Es könnte sein, daß Sie versucht sind, Ihren ganzen Kummer auf ihn abzuladen, ihm zu sagen, wie sehr Sie gelitten haben und wie unfair er

Ihnen gegenüber war. Zunächst müssen Sie ihm aber eine Chance lassen, auch wenn er sich Ihnen gegenüber mies verhalten hat. Wenn Sie nicht die Ruhe bewahren, werden *Sie* sich als hysterisch empfinden und denken, der Irrtum läge bei Ihnen.

Ein Beispiel: Gary ist Fotoredakteur für eine Einrichtungszeitschrift. Sein Chef bittet ihn neuerdings, bei Besprechungen Protokoll für ihn zu führen, auch wenn er selbst daran teilnimmt. Dadurch wirkt Gary für die anderen Redakteure wie der Sekretär seines Chefs; er kann nicht aktiv an der Besprechung teilnehmen und eigene Ideen beitragen. Der Vorgesetzte hat Gary eine irgendwie untergeordnete Rolle zugedacht und setzt voraus, daß es ihm nichts ausmacht. Seitdem er diese neue, ehrgeizige Designerin eingestellt hat, wird es immer schlimmer. Der Chef wendet sich nun an sie mit Fragen, für die sonst immer Gary zuständig gewesen war. Vielleicht hat Gary es schon zu weit kommen lassen; daher ist es so schmerzhaft, und darum ist er so wütend.

Gary möchte seinem Chef zu gern sagen, daß er nach den drei Jahren bei der Firma wohl eine bessere Behandlung verdiente. Er stellt sich vor, wie er den Chef daran erinnert, daß er immer da war, wenn dieser ihn brauchte, daß er Abend für Abend länger blieb und sogar seinen Urlaub verschob. Wichtig ist allerdings, daß er nicht jammert oder sich beschwert. Da es das erste Mal ist, daß Gary sich mit seinem Chef auseinandersetzt, muß er ihm die Möglichkeit geben, sein Projektion auf Gary als «Lakai» zu ändern.

Das Verhalten eines anderen ausleuchten heißt einfach, es ihm bewußtzumachen. Gary könnte zu seinem Chef sagen: «Im Ernst, Harvey, in der letzten Zeit erledige ich nur die Arbeit einer Schreibkraft. Ich kann mich nicht auf das Layout unserer nächsten Ausgabe konzentrieren oder wirklich kreative Geistesblitze produzieren, wenn ich bei den Redaktionskonferenzen auf diese Weise ausgeschaltet bin. Vielleicht könnten Sie jemanden vom Innendienst bitten, Protokoll zu führen.»

In einem anderen Fall haben wir erlebt, wie eine Beziehung gerettet wurde, als ein Angestellter freundlich, aber bestimmt das beleidigende Verhalten seines Vorgesetzten mit den Worten kommentierte: «Oje, haben Sie aber 'ne miese Laune heute!» Sein Chef antwortete: «Ach, ja? Na ja, ich glaube auch. Entschuldigung.» Von diesem Zeitpunkt an behandelte er den Angestellten anders und ließ allmählich seine Projektion auf ihn als «ein Roboter, der mir zu dienen hat» fallen. Er war sogar dankbar dafür, daß ihm dies deutlich gemacht wurde. Der Untergebene hatte dazu beigetragen, daß sich die Projektion nicht einnisten konnte, weil er sie zur Sprache brachte.

Ein Angestellter, der entweder zu ängstlich oder zu wütend ist, um sich Gehör zu verschaffen, könnte dadurch der falschen Behandlung so lange Vorschub leisten, bis sein Vorgesetzter zu der Überzeugung gelangt, daß der Betreffende wirklich nichts Besseres verdient, weil er so unbedeutend ist.

Die Verhaltensweisen eines anderen hebt man in der Regel am besten dadurch hervor, daß man ihm schlicht und einfach mitteilt, was er tut.

Der Projektion Ihres Partners, daß Sie «eher Stütze und Therapeut(in) sind als Geliebte(r)», könnten Sie entgegenhalten: «Schatz, du hast mir jetzt hintereinander bestimmt neunzehn Fragen gestellt. Was ist mit mir? Wo bleibe ich?»

Um die Projektion «ewiger Protegé» zu bekämpfen, können Sie bei Gelegenheit erwähnen: «Ich gebe ja zu, daß ich es ohne dich nicht geschafft hätte. Aber deine ständige Erinnerung daran stärkt mein Selbstbewußtsein nicht gerade.»

Zu einem Mitarbeiter, dessen Projektion auf Sie darin besteht, daß er Sie für «unkollegial» hält, könnten Sie sagen: «Ich kann Ihnen versichern, daß ich mir wirklich die größte Mühe gebe, mit allen gut auszukommen. Ich muß nicht alle zehn Minuten daran erinnert werden.»

Vor kurzem beleuchtete einer meiner Freunde, Geschichtslehrer von Beruf, offensichtlich belustigt das Verhalten eines Kollegen, der ihn elfmal beschworen hatte, niemandem auch nur ein Sterbenswörtchen über die neue Stelle zu verraten, die ihm angeboten worden war. Der Kollege projizierte «Geschwätzigkeit» auf meinen Freund.

Schließlich hatte mein Freund erwidert: «Ich werde mich von

der Welt zurückziehen, bis alles offiziell ist. Ich werde heute nicht einmal nach Hause zu meiner Frau gehen – ich könnte ja im Schlaf reden.»

Der andere begriff sofort und entgegnete: «Entschuldige, Marty. Ich weiß ja, daß du nichts sagst. Du würdest niemandes Vertrauen mißbrauchen. Ich glaube, ich bin einfach kribbelig.»

Damit war die Sache erledigt.

3. Man bittet den anderen aufzuhören

Wenn die bloße Erwähnung eines bestimmten Verhaltens nicht weiterhilft, *bitten* Sie den anderen, es einzustellen, wobei Sie ihm nicht unbedingt eine Begründung liefern müssen:

«Liebling, bitte frag mich jetzt erst mal nichts mehr.»

«Hör bitte auf, mich an die verschiedenen Gelegenheiten zu erinnern, bei denen du mir geholfen hast. Dadurch bekomme ich das Gefühl, allein nicht zurechtzukommen.»

Auch hierbei ist es wichtig, daß Ihre Forderung keine zusätzliche Belastung birgt. Insbesondere Sarkasmus verleitet den anderen dazu, sich Ihren Wünschen zu widersetzen.

Vermeiden Sie Andeutungen, daß Ihr Partner Sie *willentlich* verletzt: «Du redest mit mir wie mit einer Sekretärin. *Ich weiß sehr wohl, du glaubst, Frauen seien zu nichts anderem in der Lage.*»

Erwähnen Sie auch nicht, wie sehr Sie unter dem Verhalten des anderen leiden: «Ich habe die ganze Nacht wach gelegen und darüber nachgedacht, wie schlecht du mich behandelst. Ständig hast du Angst, ich könnte mir bei deinen Eltern einen Fauxpas erlauben, das macht mich ganz fertig.» Selbst wenn es so ist, werden Sie durch Ihre Selbstdarstellung als derart verletzlich beim Partner nicht gerade an Ansehen gewinnen.

Es ist nicht leicht, das Thema ohne Erbitterung oder Selbstmitleid anzusprechen, doch beides belastet eine Beziehung nur. Erbitterung vertreibt die anderen, und jene, deren Mitleid Sie erregen, werden Sie verachten.

4. Man stellt klar, welches veränderte Verhalten man sich wünscht

Es kann sein, daß Sie dem Projizierenden Wort für Wort erklären müssen, was Sie von ihm wollen. Manchmal werden Sie klipp und klar um eine andere Behandlung bitten:

«Liebling, statt mir dauernd Fragen zu stellen, was du tun sollst – könnten wir uns nicht einfach zusammensetzen und uns ein wenig wie immer unterhalten?»

«Da keiner von uns beim anderen angestellt ist, hör bitte auf, mir Anweisungen zu erteilen. Laß uns den Haushalt gemeinsam erledigen.»

«Warum vertraust du mir nicht einfach, wenn wir irgendwo eingeladen sind? Ich bin sicher, daß ich mich auch ohne deine Instruktionen benehmen kann.»

In anderen Fällen wünschen Sie vielleicht ein *anderes* Verhalten, das der Betreffende gar nicht besser findet.

Jennys Mann zum Beispiel ist viel zu rücksichtsvoll. Er projiziert auf sie, daß sie «stürmisch ist und unfair und anderen gern die Schuld gibt», was ganz und gar nicht ihre Art ist. Er sagt etwa zu ihr: «Bitte, sei mir nicht böse, aber ich sehe die Dinge anders als du.»

Oder ein andermal: «Jetzt werd nicht gleich wütend, aber ich habe beschlossen, es ein wenig anders zu machen, als ich dort war.»

Es ist, als erwarte er, von ihr geschlagen zu werden, oder daß sie seine von der ihren abweichenden Meinung äußerst mißbilligend aufnehmen wird. Mit ziemlicher Sicherheit baut sich in ihm, bewußt oder unbewußt, die Ansicht auf, daß man mit ihr einfach nicht auskommen kann. Wenn er dieses Verhalten ihr gegenüber nicht aufgibt, wird er bald eine enorme Angst vor ihrem Mißfallen entwickeln – sehr wahrscheinlich der Angst verwandt, die er vor dem Mißfallen eines Elternteils empfunden hat. Schließlich wird er, ohne daß Jenny etwas dazu getan hätte, das Zusammensein mit ihr als erdrückend empfinden: Er wird ebenso wie sie der Verlierer sein.

Wenn Jenny ihn bittet, sein Verhalten zu ändern, kann sie erläuternd hinzufügen: «Du mußt nicht denken, daß ich immer gleich wütend werde, wenn wir in irgendeinem Punkt mal nicht übereinstimmen. So unvernünftig bin ich nicht; du mußt nicht so mit mir reden.»

Noch schwieriger wird es, wenn Sie den anderen bitten müssen, ein Verhalten zu unterlassen, von dem er dachte, es sei zu Ihrem Besten. Für ihn mag es sogar so aussehen, als würden Sie um *schlechtere* Behandlung bitten.

Fred, dem das Älterwerden zu schaffen macht, betrachtet seine junge Frau Sybil als eine «leicht zu erzürnende Göttin». Er kauft ihr Geschenke, die er sich eigentlich gar nicht leisten kann, er vernachlässigt seine Freunde und sieht nur noch ihre, er kürzt Geschäftsreisen ab, um ihr Arbeit abzunehmen. Sie liebt ihn von Herzen und spürt daher, wie ihre Beziehung an Kraft verliert. Sie fühlt eine Distanz – eine, die *er* schafft.

Sybil wird ihm unbedingt sagen müssen, daß sie solche Opfer nicht wünscht: «Fred, bitte, es besteht keine Veranlassung, soviel Geld auszugeben.» Oder: «Fred, bleib doch den einen Tag länger in Kalifornien und geh zu dieser Besprechung. Ich kann den Hund auch ohne dich zum Trimmen bringen.»

Nur wenn Sybil sich mit ihrem Mann auseinandersetzt und ihn bittet, keine unnötigen Opfer zu bringen, kann sie ihn von dem Gefühl befreien, sie würde ihn verlassen, wenn er versäumt, etwas für sie zu erledigen. Lassen wir es zu, daß sich ein anderer Mensch zu unseren Gunsten zu sehr einschränkt, wird sich seine Lebensqualität unweigerlich verschlechtern und er wird auf uns die negative Projektion entwickeln, daß wir nur existieren, um seine Kräfte zu erschöpfen. Diese Projektion kann Liebe und Freundschaft zerstören und den anderen schließlich dazu bringen, uns abzulehnen, vielleicht sogar dazu, sich an uns zu rächen.

Vor allem bei einem Menschen, der es gut gemeint hat, wie im letzten Fall, müssen wir unsere Bitte unter Anwendung des Projektions-Prinzips begründen. «Ich weiß, du tust so viel für mich, weil du für mich sorgen willst. Aber ich kann es nicht mit ansehen, daß du so viele Opfer bringst. Das ist nicht nötig. Außerdem machst du dir eine falsche Vorstellung von dem, was ich vom Leben erwarte.

Ich möchte dich vor allem glücklich sehen, ich will gar nicht, daß du für mich auf etwas verzichtest.»

Oder angenommen, ein Freund beginnt, unangenehme Tatsachen zu verbergen – Ihnen zuliebe. Vielleicht betrachtet er Sie als «leicht zu verängstigen». Er war ernsthaft krank und glaubt nun, daß es Sie zu sehr mitnehmen würde, wenn er Ihnen Einzelheiten über die damit verbundenen Risiken mitteilen würde.

Sie können ihm erklären, daß Ihre Beziehung nur dann eine gute ist, wenn er Ihnen vertraut und sich davon überzeugt, daß Sie ein echter Verbündeter für ihn sind. Mit der Bitte, Ihnen zu *vertrauen*, beenden Sie seine negative Projektion «neigt zu Überängstlichkeit».

5. Widerstände überwinden

So diplomatisch wir auch vorgehen, unsere Mitmenschen reagieren nicht immer positiv auf unsere Bitte, sich zu ändern. Es gibt Menschen, die sich gegen alles sträuben, was auch nur im leisesten nach Kritik klingt. Auch wenn eine Bitte sich auf anscheinend Nichtiges bezieht, kann es für den anderen schwierig sein, ihr nachzukommen. Häufig wird man auch auf tiefsitzenden, irrationalen Widerstand stoßen. Damit muß man einfach rechnen.

Es ist ganz hilfreich, wenn Sie einige der häufigsten Widerstandsformen kennen, damit Sie sie einschätzen und mit ihnen umgehen können. Fünf Formen des Widerstands wollen wir hier behandeln: *Realitätssinn, Humor, Überempfindlichkeit, Unwissenheit und seelischer Zusammenbruch.*

Sehen wir uns zunächst den *Realitätssinn* an – das Argument, daß man alles sagen kann, weil es wahr ist. Eine Ihrer Freundinnen macht zum Beispiel ständig in Gegenwart anderer Bemerkungen darüber, daß Sie gern ausschlafen, daß Sie sich vor Verabredungen mit dem Zurechtmachen Zeit lassen und daß Sie grundsätzlich zu spät kommen. Sie projiziert auf Sie die Eigenschaften «faul und gedankenlos». Ebenso ist sie der Meinung, sie könne Sie in aller Öffentlichkeit herunterputzen. Sie bitten die «Freundin», solche Dinge nicht zu sagen, vor allem nicht vor anderen Leuten. Zu Ihrer Verblüffung antwortet sie: «Warum denn nicht? Es stimmt doch.»

Versuchen Sie nicht, die belastenden Aussagen zu widerlegen; es geht nicht um deren Wahrheitsgehalt. Stellen Sie nur eins klar: «Ich bitte dich, diese Punkte nicht zu erwähnen, wenn du wirklich meine Freundin *bist*. Es gefällt mir nicht, und wozu soll es gut sein?»

Mehr können Sie nicht tun. Schlagen Sie nicht zurück – etwa mit einer bissigen Bemerkung: «Und du solltest mehr auf deine Figur achten und nicht alles in dich reinstopfen, was dir zwischen die Finger kommt.» Rechtfertigen Sie nie die unfaire Taktik eines anderen, indem Sie selbst darauf zurückgreifen.

Jeder, der negative Tatsachen verbreitet, nur weil sie wahr sind, befindet sich mit Sicherheit auf einem aggressiven Trip.

Eine andere Form des Widerstands, auf den Sie treffen werden, ist *Humor* – häufig signalisiert durch die Behauptung: «Ich hab doch nur Spaß gemacht!»

«Warum trifft es dich so, wenn man dich als flatterhaft bezeichnet? Das war doch nur ein Scherz.»

«Kannst du keinen Spaß vertragen? Du *weißt* doch, daß du nicht unordentlich bist.»

«Du *weißt* schließlich, daß du keine Schlampe bist, warum regst du dich so auf?»

«Hast du denn überhaupt keinen Sinn für Humor? Hast du gedacht, ich meine *im Ernst,* du bist dumm?»

Der Witzbold wird sich sodann begierig auf jeden Zweifel stürzen, den Sie an Ihrem Sinn für Humor und allem, was damit zusammenhängt, hegen: «Vielleicht bin ich nicht locker genug, ich weiß nicht, wie man sich richtig amüsiert; ich bin wahrscheinlich zu ernst.» Der Spaßvogel will Ihnen einreden, aus einer Mücke einen Elefanten gemacht zu haben, und daß Sie bei näherem Hinsehen erkennen würden, daß er es doch gar nicht böse gemeint hat. Gerade das macht den Humor als Verschleierungsmechanismus so wirkungsvoll: Natürlich sind Sie angespannt, sobald Sie spüren, daß irgend etwas nicht stimmt, so daß der Vorwurf, Sie seien nicht flexibel und hätten Ihren Sinn für Humor verloren, durchaus etwas Wahres enthält. Und selbst wenn man gut in Form ist, fällt es einem manchmal schwer zu erkennen, daß andere uns nur necken wollen.

Na und? Wehren Sie sich trotzdem. Sie müssen dann nur bereit sein, mit dem «Urteil» zu leben, Sie seien humorlos. Letzten Endes ist es lediglich die Meinung *des anderen.*

Angenommen, Sie haben gerade jemanden darum gebeten, ein bestimmtes Verhalten einzustellen, und er antwortet: «Es war doch nur ein Scherz. Kannst du keinen Spaß vertragen?»

Sie könnten entgegnen: «So einen nicht. Hör bitte auf damit.»

Er hänselt weiter:« Komm schon, nimm's nicht so tragisch.«

«Du sagst es vielleicht im Spaß, aber das ist nicht meine Art von Humor.»

Einige dieser Typen sind wirklich der Meinung, sie seien witzig. Es gibt aber auch Fälle, in denen nicht einmal beabsichtigt war zu spaßen. Erst wenn ihm sein Verhalten vorgeworfen wird, versucht der andere, die böse Absicht mit der Behauptung zu vertuschen, es sei doch nur ein Scherz gewesen. Er versucht, Sie zu überrumpeln. Jetzt müssen Sie Härte zeigen – drohen Sie zum Beispiel damit, sich an einen Vorgesetzten zu wenden, falls Ihr Gegenüber nicht aufhört, Sie mit Ihrer schlechten Aussprache aufzuziehen. Dann wird er behaupten, Sie hätten seinen Witz nicht mitbekommen.

«Reg dich nicht so auf. Es war doch nicht ernst gemeint.»

«Okay. Vergiß es. Ich hab's auch nicht ernst gemeint.»

Sie wissen, daß er nicht gescherzt hat, und er weiß, daß Sie keinen Witz gemacht haben – das mag genügen. Es kann in Ihrem Interesse liegen, wenn Sie ihm die Möglichkeit einräumen, sein Gesicht zu wahren, indem er vorgeben kann, Spaß gemacht zu haben.

Natürlich wirkt Humor in beiden Richtungen. So wie der Projizierende seine Kränkung «verpackt», können auch Sie durch eine witzige Bemerkung Ihrem Vorwurf die Schärfe nehmen.

Dazu ein Beispiel: Man teilt Rhonda mit, daß am Sonntag eine geschlossene Sitzung nur für den Verkauf stattfindet. Sie ist Art-director, und man bittet sie sowie die anderen Firmenangehörigen, nicht vor neunzehn Uhr zu Cocktails und Essen zu erscheinen. Rhonda kommt pünktlich, aber der Verkaufsdirektor, ein starker Konkurrent Rhondas, begrüßt sie mit der sarkastischen Bemerkung: «*Wir* arbeiten schon seit halb neun heute morgen. Was haben Sie denn den ganzen Tag getrieben?»

Rhonda entgegnet: «Ich habe die Plakette für Ihren Verdienstorden entworfen.»

Die Umstehenden lachen, und der Verkaufsdirektor ist danach vorsichtiger mit giftigen Bemerkungen.

Ein anderer Fall: Terry läßt seinen Freund Sven grundsätzlich warten. Einmal, nachdem Sven auf dem Tennisplatz ewig gewartet hatte, kam Terry und fragte so ganz nebenbei: «Schon lange da?»

Sven antwortete leichthin: «Als ich herkam, war ich ein kleines Kind, inzwischen bin ich erwachsen und habe eine Glatze.»

Viele erfolgreiche Menschen setzen den Humor als Mittel ein, mit dem sie die Tür vor möglichem Ärger leise schließen, wo immer sie können. Ihre Philosophie besteht darin, daß sie sich sagen: «Ich muß einen anderen nicht beleidigen, um mein Ziel zu erreichen.»

Die dritte Form des Widerstands bei Menschen, deren Verhalten Sie kritisieren, besteht darin, daß sie Ihnen *Überempfindlichkeit* unterstellen. Ganz typisch dafür sind Bemerkungen wie: «Bist du aber empfindlich!» – «Das siehst du zu eng.» – «Deine Reaktion ist übertrieben.»

Auf diese Weise versucht der andere, Sie zu entwaffnen, indem er Ihnen die Schuld zuschiebt. Nehmen wir an, Sie kennen jemanden, der dauernd von sich redet, den Hörer aber auflegt, sobald Sie etwas erzählen wollen. Sie haben dieses Verhalten lange Zeit über sich ergehen lassen. Da Sie sich damit abgefunden haben, wurde der andere nur in seiner Überzeugung bestärkt, daß Sie selbst nichts mitzuteilen haben. Sie haben seine Projektion auf Sie als «geduldige Zuhörerin» bestätigt.

Wenn Sie ihn schließlich bitten, sich doch einmal zu überlegen, was er da tut, wird er sich verärgert fragen, warum Sie auf einmal so übertrieben reagieren, und sagen: «Was hat dich denn auf einmal gebissen?», als seien Sie diejenige, bei der etwas nicht stimmt.

Eigentlich meint er damit: «Ich will von deinen Angelegenheiten nichts wissen, geschweige denn, mich damit beschäftigen.» Kann er sich oder Ihnen einreden, es sei *Ihr* Problem, hat er jeden möglichen Einwand ihrerseits entkräftet. Wenn Sie jetzt nachgeben, kann er Sie auch in Zukunft einfach überfahren. Sie haben nicht nur Ihr Recht auf Beschwerde gegen sein jetziges Verhalten verspielt, sondern auch Ihr Einspruchsrecht gegen alles, was er in Zukunft unternimmt.

Aber selbst unter der Voraussetzung, daß Sie überempfindlich sind, sollte dem anderen, wenn er es wirklich gut mit Ihnen meint, Ihr Wohl am Herzen liegen. Wir alle respektieren die Animosität unserer Mitmenschen, wo wir können, und das, worum Sie bitten, ist von dem anderen nicht zuviel verlangt.

Reagieren Sie auf seinen Vorwurf «überempfindlich» *nicht* mit Aufgabe Ihrer Forderung. Werden Sie nicht weich, als wollten Sie beweisen, daß Sie ein Sportsfreund sind und alles einstecken können, was der Projizierende austeilt. Geben Sie nicht auf, als wollten Sie andeuten, daß Sie stark sind und daß sein Verhalten Ihnen wirklich nicht soviel ausmacht. Sie werden seine Gunst nicht durch stoische Ruhe erlangen. Empfindsamkeit ist kein Zeichen von Schwäche. Lassen Sie sich von ihm nicht so verwirren, daß Ihre Position ins Wanken gerät.

Bedenken Sie, daß wahre Kraft auf Sensibilität beruht. Auch ein Maler könnte nicht kreativ sein, wenn er kein Gefühl dafür hätte, welche Farben harmonieren. Sie müssen sich nicht unbedingt dauernd beklagen, Sie sollten aber wissen, was vor sich geht und es zur Sprache bringen, wenn Sie Klarheit haben. Gefühl ist ein Zeichen von Stärke.

In den Stücken von Shakespeare gibt es übrigens eine ganze Reihe von Charakteren, die stolz sind auf ihre Sensibilität und sie als eine Tugend betrachteten. Viola, die Heldin in *Was ihr wollt*, weist warnend darauf hin: «Ich bin erstaunlich empfindlich, selbst gegen die geringste üble Begegnung.» Und MacDuff, dem Macbeth so schreckliches Leid zufügt, wird geraten: «Ertragt es wie ein Mann», worauf er antwortet: «Das will ich auch. Doch ebenso muß wie ein Mann ich's fühlen.»

Jeder Mensch besitzt eine klare Vorstellung von seinem Recht auf Verletzlichkeit – das Recht, verletzlich zu sein und darüber zu reden. Jene, die als Kind geliebt und deren Gefühle im Elternhaus respektiert wurden, haben sich wahrscheinlich den Zugang zu diesen Gefühlen bewahrt. Seltsamerweise lehrt uns aber auch grobe

Vernachlässigung während der Kindheit, auf unsere Gefühle zu hören. Das Gute an der Tatsache, keine Beachtung zu finden, ist, daß einem auch niemand die Gefühle verbietet, die man empfindet.

Eine Art Kindheit gibt es jedoch, in der Kinder häufig eine Entfremdung von ihren Gefühlen erfahren. Sie werden zu Erwachsenen, die sich ihrer Gefühle nicht sicher sind oder ihres *Rechts*, beleidigt zu sein, wenn man sie verletzt; diese Menschen, die darauf eingestellt sind, ihren Gefühlen zu mißtrauen, werden später leicht zum Opfer vieler nicht wünschenswerter Projektionen.

Das Zuhause dieser Menschen wurde von Eltern bestimmt, die von Kindern erwarten, daß sie funktionieren, vorwärtskommen, nur tun, was richtig ist, ansonsten aber nicht weiter auffallen. Sie wollen, daß man das Kind mag, aber nicht beachtet.

Würde ein solches Kind fragen «Mammi, hast du mich lieb?», wäre die flüchtige Antwort: «Natürlich hab ich dich lieb» – mit der unterschwelligen Botschaft: «Belästige mich nicht; sei nicht so empfindlich.»

In diesem Elternhaus ist Innenleben nicht gefragt. Das Kind wächst auf wie eine Wanderameise, mit einer wesentlich größeren Verantwortung für das Funktionieren der Kolonie als für das eigene Glück. Oberflächlich betrachtet scheint alles in Ordnung, und es kann sogar sein, daß das Kind von sich behauptet, es sei glücklich. Aber da ist so ein vages Gefühl, daß gar nichts in Ordnung ist. Für einen Menschen mit diesem Hintergrund bedeutet Sensibilität, sein Glück zu mißbrauchen.

Kinder aus solchen Elternhäusern – und davon gibt es Millionen – haben als Erwachsene schon vom Charakter her Angst davor, «sensibel» zu sein. Gehören Sie zu diesen Menschen, müssen Sie lernen, daß die Fähigkeit, zu fühlen und Forderungen zu stellen, ein natürliches Recht ist, dessen Gebrauch lebensnotwendig für Sie ist, wenn Sie jemals die Projektionen anderer auf Sie beeinflussen wollen.

Die beiden anderen Formen des Widerstands, auf die Sie treffen können, sind *Unwissenheit* und *seelischer Zusammenbruch*.

Bei der Unwissenheit kann es sein, daß der andere erstaunt reagiert. «Ich habe mir nichts dabei gedacht! Ich konnte ja nicht ahnen, daß ich dich damit verletzen würde!» Das kann durchaus stimmen; Sie können dessen sicher sein, wenn der andere, da er es jetzt ja weiß, sein Verhalten ändert. Es kann sein, daß Sie nicht weiter gehen müssen, nachdem Sie Ihren Standpunkt einmal dargelegt haben.

Eine primitivere Form vorsätzlicher Unwissenheit ist die Versicherung: «Das mach ich doch bei allen so.» Damit läßt sich natürlich nichts rechtfertigen. Sie müssen nun nicht darauf bestehen, daß der andere dieses Verhalten gegenüber *niemandem* mehr anwenden sollte. Die einfache Antwort auf «Das mache ich doch bei allen so» ist: «Aber nicht mit mir.»

Beim seelischen Zusammenbruch macht derjenige, dem Ihre Gefühle offenbar völlig gleichgültig waren oder der sie zumindest nicht zu beachten schien, einen betroffenen Eindruck und ist anscheinend dem Zusammenbruch nahe, obwohl Sie ihn doch nur – wie Sie glauben – gebeten haben, sein Verhalten ein wenig zu ändern. Eltern sagen dann vielleicht zu ihrem Kind: «Ich krieg noch einen Herzanfall wegen dir» oder «Du liebst mich nicht mehr».

Dennoch müssen Sie Ihren Kurs beibehalten: Der zerbrechliche Tyrann sollte nicht mehr Anspruch auf Ihre Nachsicht erheben dürfen als der aggressive.

Es gibt Menschen, die auf die gesamte Palette der Widerstandsmechanismen zurückgreifen, sobald Sie sich mit ihnen auseinandersetzen wollen. Sie erheben zunächst zum Beispiel Anspruch auf Unwissenheit – angeblich wußten sie nicht, was sie taten; dann, wenn Sie Druck ausüben und sie an Einzelheiten erinnern, fragen sie: «Verstehst du denn keinen Spaß?» Wenn Sie sagen, daß Sie solche Witze nicht mögen, wird Ihr Sinn für Humor in Zweifel gezogen oder Sie werden als überempfindlich hingestellt; wenn schließlich deutlich wird, daß Sie von Ihrer Forderung nicht abrücken, brechen diese Menschen zusammen oder werden wütend.

Dieser rasche Übergang von einer Einstellung zur nächsten ist fast immer ein Anzeichen dafür, daß sie ihre Verantwortlichkeit spüren und sich unbehaglich fühlen, weil sie ertappt wurden. Wicviel leichter wäre es doch für sie, wenn sie einfach ihr Verhalten überdenken und es einstellen würden!

Gelingt es Ihnen jedoch, den Projizierenden zu überzeugen, dann löscht er nicht nur die Projektion eines unerwünschten Bildes auf Sie – sehr wahrscheinlich wird er auch all seine belastenden Aussagen vergessen.

Sehr starker Widerstand hat seine Wurzeln immer in einem tiefen persönlichen Problem des anderen.

Ein Beispiel: Rosalind bittet ihre Mutter höflich darum, sie nicht weiter herunterzuputzen, weil sie eine sichere Stelle gekündigt hat, um eine riskantere mit besseren Aussichten anzunehmen. Ihre Mutter nennt sie «verantwortungslos».

»Bitte sag das nicht mehr!»

«Wenn es aber doch so ist!»

In diesem Fall stellt sich heraus, daß die Mutter selbst unzufrieden ist und bedauert, in ihrem Leben nie eine Chance ergriffen zu haben. Der Erfolg von Rosalind hat ihren Selbstzweifeln Tür und Tor geöffnet. Mit ihrer Herabsetzung der Tochter als «verantwortungslos» wehrt sie sich dagegen, das eigene Versagen erkennen zu müssen.

Rosalind weiß nicht, daß das, was für sie eine einfache Bitte ist, für ihre Mutter eine echte Herausforderung bedeutet, ihre «Vernunftgründe» aufzugeben, mit denen sie ihr Leben lang ihren Mangel an Risikobereitschaft gerechtfertigt hat. Solange die Mutter ihre Tochter verurteilt, kann sie ihren Glauben aufrechterhalten, daß in dieser Welt nur Opportunisten Erfolg haben, was wiederum ihr eigenes Versagen erklärt (oder genauer: zu erklären scheint).

Das Opfer dieser unfairen Projektion erkennt nur selten, warum es dem anderen so schwerfällt, sein Verhalten zu ändern: Die Projektion ist für dessen psychisches Gleichgewicht lebensnotwendig. Diese Projektionen sind die hartnäckigsten, so daß Sie gerade hierbei oft zu den extremsten Maßnahmen greifen müssen.

6. Eskalation: Man schafft eine Krisensituation

Bis auf die schweren Geschütze haben Sie alles abgefeuert – jetzt müssen Sie diese einsetzen. Der andere besteht darauf, daß Sie eine bestimmte Rolle spielen, und mißachtet Ihre Einwände. Sie weigern sich mit Nachdruck. Es kann sein, daß Ihre Beziehung diese Auseinandersetzung nicht überlebt, aber wenn das Spielen einer falschen Rolle für ihre Aufrechterhaltung notwendig ist, lohnt es sich nicht, sie zu retten. Sie haben nichts zu verlieren.

Eine Krisensituation zu schaffen ist eine dramatische Art, die Aufmerksamkeit auf den Unterschied zwischen Projektion und Wirklichkeit zu lenken. Es ist eine Methode, die Sie vielleicht vermeiden wollten – eine Methode, die nur dann angewandt werden sollte, wenn alles andere fehlgeschlagen ist. Der Projizierende hat entweder überhaupt nicht zugehört, oder er hat Sie gehört, Ihre Beschwerde aber als albern oder krankhaft zurückgewiesen. Beide Male können Sie zusehen, wie schnell Sie an Boden verlieren. Die Krisensituation ist Ihre letzte Rettung, wenn Sie noch irgendeine Hoffnung haben, dem anderen Ihren Standpunkt klarmachen zu können.

Sehen wir uns dazu einmal den Fall von Celeste an. Ihr erwachsener Sohn und seine Frau sind zu der Überzeugung gelangt, daß sie kein Eigenleben mehr hat – sie ist alt und gerade noch gut genug, ihnen zu dienen. Natürlich haben sie sie recht gern, aber seitdem sie selbst Eltern geworden sind, haben sie die Projektion entwickelt, daß «Celestes Leben keine echte Bedeutung mehr hat».

Typisch für ihre Herabsetzung von Celeste ist die Art und Weise, wie sie mit ihr als Babysitter umgegangen sind. Zunächst haben sie sie so behandelt, als würde sie ihnen einen Gefallen tun, haben ihr viel Beachtung geschenkt und sich überschwenglich für ihre Hilfe bedankt. Ganz allmählich begannen sie jedoch, ihren Einsatz als selbstverständlich zu betrachten und Celeste immer erst in letzter Minute anzurufen, obwohl sie schon lange im voraus geplant hatten. Dann bedankten sie sich überhaupt nicht mehr bei ihr. Durch diese gleichgültige Behandlung bestätigten sie ihr Gefühl, daß Celeste kein Eigenleben habe und ihnen zur Verfügung stehe, und nutzten sie auch auf anderen Gebieten aus.

Vergeblich protestierte Celeste und wies darauf hin, daß sie auch noch andere Dinge zu erledigen habe; warum hatten sie es ihr nicht früher gesagt? Aber sie schien auf taube Ohren zu stoßen. Sie bemerkten sogar selbstgefällig, daß es schließlich der Höhepunkt in Celestes Leben sei, ihre Enkel sehen zu können. Weil darin ein Körnchen Wahrheit steckte, fühlte sie sich blockiert. Aber sie befürchtete, daß auch ihre Enkel sie angesichts dieser Behandlung früher oder später als Familienmitglied zweiter Klasse betrachten würden.

Es ist an der Zeit, die Krisensituation herbeizuführen – nichts Hochdramatisches, aber so, daß es der andere spürt. Bedenken Sie, daß Menschen, die Sie falsch behandeln, durch ihr Verhalten in ihren Projektionen bestärkt werden und nicht mehr in der Lage sind, ihre Einstellung von allein zu ändern. Sie müssen gegen deren Verhalten angehen.

Celeste macht in aller Ruhe Pläne für den kommenden Freitag, an dem sie einen Anruf in letzter Minute mit der Bitte um Babysitting erwartet. Als der Anruf kommt, sagt sie: «Tut mir leid, Virginia, ich kann nicht; ich muß zu ... Sicher möchte ich mit Jim sprechen, gib ihn mir bitte ... Jimmie, wie geht es dir? Ich habe die schöne Anzeige deiner Firma in der gestrigen Zeitung gesehen. Wirklich gelungen. Wie hat Bonnie bei dem Schultest abgeschnitten? ... Ist ja toll! ... Heute abend? ... Ach, nein, ich kann nicht. Tut mir leid ... Aber ich habe ja nichts davon gewußt. Ich habe schon am Mittwoch zugesagt ... Oh, Jimmie, nein. Ich kann nicht einfach absagen, es sind gute Freunde. Tschüß.»

Diesmal mußte Celeste nicht hinzufügen: «Hättet ihr mir doch früher Bescheid gesagt.» Eine solche Bemerkung war angebracht, als sie ihre Pläne noch aufgegeben und ihre Freunde hängengelassen hatte, um ihrem Sohn und seiner Frau einen Gefallen zu tun – als hätten sie den Kontakt mit ihr abgebrochen, wenn sie nicht gekommen wäre. Aber jetzt ist die Sache klar: Celeste hätte ihnen, wenn sie ihr rechtzeitig Bescheid gegeben hätten, sicher zur Verfügung gestanden.

So führt man eine Krise herbei – eine Situation, in der *der Projizierende* in der Klemme steckt. Manchmal werden Sie diese Methode wiederholt anwenden müssen, um ihn dahin zu bringen, Sie anders zu behandeln und infolgedessen zu lernen, Sie anders wahrzunehmen. Es ist nicht Ihr Verhalten, sondern *sein neues Verhalten Ihnen gegenüber*, das seine Ansicht über Sie verändert. In dem gerade besprochenen Fall wird eine bessere Behandlung Celestes durch ihren Sohn ihn dahin führen, ihren wahren Stellenwert wieder anzuerkennen.

Wenn Sie den anderen in eine Krise bringen – wenn Sie ihn dazu veranlassen, seine Projektion auf Sie zu überdenken –, schaffen Sie möglicherweise auch eine Krise in Ihrem eigenen Leben. Es kann durchaus sein, daß Sie eine Zeit durchmachen, in der Sie sich fragen, ob Sie es überhaupt wert sind, dem anderen so viel Ungemach zu bereiten, ob er – in Celestes Fall ihr eigener Sohn – Sie wirklich genug liebt, um Ihnen allen Ärger, den er Ihnen vielleicht zur Last legt, zu vergeben.

Diese und ähnliche Gedanken werden Ihnen durch den Kopf gehen. Revidieren Sie Ihren Stil in einer Beziehung erst so spät, werden Sie Ihre Umgebung natürlich überraschen. Es wird zu heftigen Reaktionen kommen. Celestes Sohn könnte auf seiner Forderung bestehen, sich lauthals beklagen, sie vielleicht sogar beschuldigen, ihm das Wochenende zu verderben. Wird er aber zum Umdenken gezwungen, findet er sicher einen Weg, seine Probleme mit anderen Mitteln zu lösen. Natürlich hat auch seine Mutter das Recht, sich etwas vorzunehmen.

Auf jeden Fall wird er sich bestimmt davon erholen, daß Celeste für Freitagabend eigene Pläne hatte, und ihr nicht auf Dauer böse sein – es sei denn, er entschließt sich, sie damit zu strafen, daß er es ihr nachträgt.

Der Beginn einer Krise ist immer die Erkenntnis, daß ein anderer das Verhaltensmuster unangemessener Erwartungen an Sie verfolgt, sowie Ihre Entscheidung, sich das nicht mehr gefallen zu lassen. Bisher haben Sie immer getan, was der andere von Ihnen erwartet hat, und damit unwissentlich eine Zeitlang seiner Projektion in die Hände gespielt. Vor kurzem haben Sie jedoch dagegen protestiert. Sie haben argumentiert, so gut Sie konnten, aber ohne Erfolg. Jetzt beziehen Sie Stellung; Sie haben Gründe für Ihre

Entscheidung gefunden, die unangreifbar sind. Sicherzustellen, daß Sie auf festem Boden stehen, ist wichtig, wenn der andere wirklich erkennen soll, wo er sich irrt.

Außerdem ist es während der unvermeidlichen Zeit der Selbstzweifel wichtig für Sie zu wissen, daß die von Ihnen gewählte Position fair ist. Das setzt voraus, daß Sie nicht gerade einen kritischen Augenblick im Leben des anderen wählen, um sein Verhaltensmuster zu durchbrechen. Nehmen wir an, ein Arbeitskollege von Ihnen denkt, Sie seien leicht zu manipulieren, beantwortet Fragen, die an Sie gerichtet wurden, schreibt Ihnen vor, was Sie sagen sollen und zu wem. Waren Sie bisher mit all dem einverstanden, ist es nicht fair, einen für seine Karriere kritischen Moment auszuwählen, um ihn aus dem Gleichgewicht zu bringen. Ihr Ziel ist es, Ihren Standpunkt klarzumachen, nicht, sich zu rächen. Konzentrieren Sie sich auch in diesem Fall ganz auf ihre eigentliche Absicht. Diesmal werden Sie Erfolg haben. Das genügt. Keine Anklagen oder Gegenbeschuldigungen; tun Sie einfach, was Sie tun müssen.

7. Man ändert oder beendet eine Beziehung

Wenn alle Stricke reißen, werden Sie schließlich damit drohen müssen, die Beziehung zu beenden oder zumindest ihre Voraussetzungen nachhaltig zu ändern. Tatsächlich hat *der Partner* sie bereits beendet, als er sich weigerte, Ihnen zuzuhören.

Es gibt Menschen, die Sie durchaus mögen oder sogar lieben, Sie aber so wahrnehmen und behandeln, daß es völlig untragbar ist. Sie müssen diese Menschen warnen: «Wenn du dein Verhalten mir gegenüber nicht änderst, haben wir keine gemeinsame Basis mehr.» Und es mag sein, daß Trennung dann wirklich die einzige Lösung ist.

Stehen Sie dem anderen sehr nah, wäre Trennung natürlich nur ein letzter, verzweifelter Schritt. In den meisten Fällen werden Sie mit einem Sohn, einer Tochter oder einem Elternteil nicht brechen wollen, weil deren Projektion auf Sie völlig falsch ist. Aber wenn die Kränkung so extrem ist und Sie das Gefühl haben, die Wahrnehmung des anderen ist unveränderbar, werden Sie es auch in diesen Fällen tun müssen. Am besten lassen Sie durchblicken, daß Sie jederzeit ansprechbar sind, falls der andere zur Vernunft kommen sollte.

Leider haben wir alle schon die Erfahrung gemacht, daß wir eine Beziehung beenden mußten, die uns einmal sehr viel bedeutet hat, weil wir in den Augen des Partners absolut keine Anerkennung mehr fanden.

In den meisten Fällen wird Ihnen jedoch dieser letzte, schwere Schritt erspart bleiben, wenn Sie früh genug und entschieden handeln.

Wie das Gesetz des Einklangs zu Ihren Gunsten wirkt

Von unschätzbarem Wert bei der Anwendung des Projektions-Prinzips ist die Tatsache, daß der Projizierende, sobald Sie *ein paar* seiner schädlichen Verhaltensweisen gekappt und eine Revision veranlaßt haben, *von sich aus sein neues, besseres Verhalten Ihnen gegenüber ausbaut. Er wird der neuen Behandlung, die Sie gefordert haben, Verhaltensweisen hinzufügen, die er von sich aus entwickelt. Er wird an seinem nunmehr richtigen Bild von Ihnen weiterarbeiten.*

GRUNDSATZ XIV: Das Prinzip des Einklangs besagt, daß ein anderer, wenn er *einige* Verhaltensweisen Ihnen gegenüber auf Ihr Drängen hin korrigiert hat, von sich aus weitere Verhaltensweisen ändert, so daß sie mit seiner neuen Sichtweise in Einklang stehen. Er wird sich an dem neuen, richtigeren Bild von Ihnen orientieren und dementsprechend handeln.

Zusammenfassung

Jetzt liegt Ihnen eine Sieben-Punkte-Strategie zur Ausschaltung von Projektionen vor, die sich in Beziehungen als schädlich oder tödlich erweisen könnten. Bedenken Sie: Je weniger Schritte Sie benötigen, desto besser. Sobald Sie die Behandlung erfahren, die Sie sich wünschen, *halten Sie an.* Ihr Ziel ist nicht, Rache zu üben oder den anderen zu analysieren; Ihr Ziel ist vielmehr, bessere Behandlung zu erfahren und auf diese Weise so gesehen zu werden, wie Sie es verdienen.

Gehen Sie so feinfühlig wie möglich an die Sache heran, denn auch ein nur leichter Eingriff kann die gewünschte Wirkung haben, wenn er früh genug unternommen wird. Niemand wird je erfahren, was Sie getan haben, aber Sie werden eine Lawine von falschen Verhaltensweisen Ihnen gegenüber daran gehindert haben, eine Beziehung zu zerstören, indem Sie einen einzigen Stein an den richtigen Platz gerückt haben, bevor es zu spät war.

Manchmal werden Sie das «bessere» oder auch scheinbar «schlechtere» Verhalten, das Sie sich wünschen, beschreiben müssen. Sie werden Gründe dafür angeben wollen, vor allem, wenn es sich um jemanden handelt, der Ihnen nahesteht. Häufig werden Sie sich mit einer der fünf möglichen Formen von Widerstand auseinanderzusetzen haben: *Realitätssinn, Humor, Überempfindlichkeit, Unwissenheit* oder *seelischer Zusammenbruch.*

Im schlimmsten denkbaren Fall will sich der andere nicht ändern. Vielleicht haben Sie mit Ihrer Forderung eine sensible Saite angeschlagen – ein tiefsitzendes psychisches Bedürfnis –, so daß der andere irrational reagiert. Dann werden Sie gezwungen sein, eine Krisensituation herbeizuführen, um die Aufmerksamkeit des anderen zu erlangen. Sollte sich das auch als unzureichend erweisen, werden Sie ein Ultimatum stellen oder sogar in Erwägung ziehen müssen, die Beziehung zu unterbrechen oder vollständig zu beenden.

Diese extremen Maßnahmen werden aber nur selten notwendig sein. Wenn Sie auch nur ein wenig Erfolg dabei haben, den anderen zu einem besseren Verhalten Ihnen gegenüber zu bringen, wird er entsprechend dem Gesetz des Einklangs dahin kommen, auf diesem Weg fortzufahren und Sie so zu sehen, wie Sie es wollen.

5 Wie erreichen wir, auf Dauer in einem günstigen Licht zu erscheinen?

In einem französischen Stück aus dem 19. Jahrhundert, *Le voyage de Monsieur Perrichon*, wollen zwei junge Männer dieselbe Frau, Henriette, heiraten. Nach alter Sitte müssen sie nicht um ihre Liebe buhlen, sondern um die Heiratserlaubnis des Vaters, Monsieur Perrichon – eines aufgeblasenen, neureichen Bourgeois, der seinen ganzen Ehrgeiz daransetzt, kultiviert und welterfahren zu wirken.

Zu Beginn des Stückes treffen sich die beiden Freier, Daniel und Armand, zufällig am Bahnhof. Beide haben erfahren, daß Perrichon mit seiner Frau und Henriette für eine Woche in einen Wintersportort fährt. Beide haben es daraufhin so eingerichtet, daß sie mit demselben Zug ebenfalls dorthin fahren, und jeder hofft, daß er Perrichon für sich einnehmen kann, damit er ihn zum Schwiegersohn wählt.

Wie alle ernsthaften Rivalen um einen Preis sind Daniel und Armand durch ihr gemeinsames Ziel in einer Art Kumpanei geeint. Bereitwillig weihen sie sich gegenseitig in ihre Pläne ein. Es stellt sich heraus, daß die Strategien der beiden diametral verschieden sind. Armand will sich Perrichon unentbehrlich machen, ihm jeden Wunsch erfüllen – er will alles tun, damit Perrichon ihm wohlgesonnen ist und zu seinem Freund wird. Daniel hat vor, bedürftig zu erscheinen und Perrichon *etwas für sich tun* zu lassen.

Daniel ist mit seiner Strategie im Vorteil. In dem Maße, wie Perrichon dem jungen Mann Gutes tut, genießt er seine eigene Kraft und findet sich in der Gegenwart dieses gerissenen Ränkeschmieds zunehmend großartiger. Daniel versteht es ausgezeichnet, Bedürfnisse zu schaffen, die Perrichon befriedigen kann, Lücken, die Perrichon ausfüllen kann. Und je mehr Perrichon für den jungen Mann tut, desto stärker bevorzugt er ihn.

Das Spiel ist fast gewonnen. Als letzten Trumpf inszeniert Daniel seinen raffiniertesten Coup, der eine machiavellistische Auffassung von der Natur des Menschen offenbart. Perrichon, der sich auch nach einem Skikurs kaum auf den Brettern halten kann, hat dennoch einen Ausflug auf den Montblanc angesetzt. Daniel bringt sich dabei in eine Lage, die vortäuschen soll, daß er in eine Gletscherspalte geraten ist und unweigerlich sterben muß, wenn ihn der noble Monsieur Perrichon nicht rettet.

Es funktioniert. Perrichon rettet den jungen Mann. Beflügelt durch seinen Erfolg und sich selbst als Held fühlend, wählt er Daniel auf der Stelle zu seinem Schwiegersohn. Wie hätte er auch der Versuchung widerstehen sollen, einen potentiellen lebenslangen Zeugen für seine Tapferkeit in die Familie einzuführen! Da hört er zufällig, wie Daniel sich mit seinem schlauen Plan brüstet, und ändert seine Meinung. Die Zuschauer gehen in dem Gefühl nach Hause, daß der bessere Mann Henriettes Hand bekommen hat.

Dieses Stück gilt als das beste von Eugène Labiche, der über hundert Komödien und Possen schrieb. 1860 wurde es zum Kassenschlager, und auch heute wird es immer noch gern in den Schulen gelesen.

Labiche war ein ausgezeichneter Psychologe. In diesem Stück knüpft er an eine wichtige Wahrheit an: *Die Botschaft des Stückes besteht darin, daß Menschen uns entsprechend ihrem Verhalten uns gegenüber einschätzen und bestimmte Eigenschaften auf uns projizieren. Wenn wir den bestmöglichen Eindruck erwecken wollen, genügt es nicht, ihn einfach zu verdienen: Wir müssen anderen erlauben, sie sogar dazu anhalten, uns so zu behandeln, daß sie sich selbst dabei gefallen.*

Der Autor des Stückes setzte voraus, daß sein Publikum Daniels Sieg nicht akzeptieren würde, weil Daniels Strategie – im Gegensatz zum direkten Versuch Armands – voller Tricks und Finten steckte. Doch Armands Vorgehen war nicht viel besser; er verfolgte mit seiner Liebedienerei das Ziel, sich Perrichon zu *verpflichten* oder, noch schlimmer, ihn zu bestechen, damit er ihm seine Tochter zur Frau gab. Wäre Ehrlichkeit der Maßstab, müßte Armand ebenso disqualifiziert werden wie Daniel. Die einzige

Sünde Daniels bestand darin, daß sein Plan auf einem besseren Verständnis des menschlichen Wesens beruhte. Er wußte, was Menschen tatsächlich motiviert, eine Wahl zu treffen und danach zu handeln. Aus diesem Grunde war er zwingender.

Wie wir andere dahin bringen, in unserer Gegenwart aufzublühen

GRUNDSATZ XV: Menschen müssen sich in unserer Gesellschaft mögen, wenn sie uns auf Dauer in einem günstigen Licht sehen sollen.

Wir können zwar andere Menschen mit einer Menge wünschenswerter Eigenschaften beeindrucken. Letztendlich wird aber die Tatsache, ob sie gern mit uns zusammen sind, davon bestimmt, wie sie sich in unserer Gesellschaft fühlen.

Sie haben sicher auch schon die Erfahrung gemacht, daß Sie mit einem potentiellen Partner ausgegangen sind, der anscheinend alles hatte. Der – oder die – andere war charmant, intelligent, reich und schien von einer Aura der Vortrefflichkeit umgeben. Zunächst waren Sie aufgeregt. Es kam Ihnen so vor, als würde sich die Menschenmenge vor dem Partner teilen, und wenn sie das Glück hatten, an seiner Seite zu gehen, teilte sie sich vor Ihnen beiden. Bei der ersten Verabredung fühlten Sie sich irgendwie wertlos und hofften, der andere würde Sie wiedersehen wollen. Sie waren begeistert, als ein weiteres Treffen vereinbart wurde, und hofften nun, Ihr Lampenfieber zu verlieren. Bei der dritten Verabredung war die Sache aber eher noch schlimmer. Immer noch hatten Sie den Eindruck, falsch angezogen zu sein und Freunde zu haben, mit denen kein Staat zu machen war; Sie wünschten, mehr gereist zu sein und gewandter auftreten zu können. Vielleicht haben Sie sogar mit dem anderen geschlafen, um die Kluft zu überbrücken, fühlten sich aber ungeschickt und nicht fähig, ihn zu befriedigen. Bei der sechsten Verabredung begannen Sie einzusehen, daß Sie sich in Gegenwart dieses Menschen immer irgendwie unsicher fühlen würden. Es kommt nicht darauf an, wie *der andere ist*, sondern wie *Sie* sich in seiner Gegenwart *fühlen*. Und es ist ganz einfach so, daß Sie sich nicht ein bißchen leiden konnten.

Sie mögen sich fragen, warum das so ist. Was habe ich falsch gemacht? Wahrscheinlich gar nichts. Dann fällt Ihnen auf, daß seine Geschichten zwar gut sind, er Sie aber nie auffordert, von sich zu erzählen. Irgendwie spüren Sie, daß Sie nicht sein Typ sind, daß er sich lediglich mit Ihnen begnügt. Mutig kommen Sie zu dem Schluß, daß Sie mit diesem Menschen nicht glücklich sind. Sie beenden die Beziehung. Es war ganz einfach so, daß Sie sich in Gegenwart des anderen nicht leiden konnten.

Wieviel besser wäre es, mit jemandem auszugehen, der weniger attraktiv oder vollkommen ist, in dessen Gesellschaft man sich aber wohl fühlt. Es gibt Menschen, die ihren ganzen Ehrgeiz daransetzen, nach außen hin perfekt zu wirken, und nicht darüber nachdenken, ob *andere sich* in ihrer Gesellschaft mögen. Sie haben nur wenige Freunde, wenn überhaupt.

Von Ihrem Standpunkt aus gesehen, sollten Sie immer darauf achten, daß die anderen sich in Ihrer Gesellschaft leiden können. Einer der beliebtesten Charaktere Shakespeares, und offensichtlich ein Favorit von Königin Elizabeth I., war Sir John Falstaff, der damit prahlte: «Ich bin nicht nur ein Mann mit Geist, sondern auch der Grund dafür, daß andere geistreich sind.»

Falstaff war lange Zeit der engste Freund des Prinzen, des späteren Königs Heinrich V., und das aus gutem Grund: Die ideale Voraussetzung zur Erhaltung einer Freundschaft ist, das Beste des anderen zum Vorschein zu bringen. Wer sich selbst in Ihrer Gegenwart mag, wird auch Sie im besten Licht sehen. Er mag nicht einmal selber wissen, warum er gerade Sie den anderen im Büro vorzieht oder warum er Sie fürs Wochenende in sein Landhaus einlädt oder warum er Sie bittet, ihn zu heiraten.

Zur Kunst, gut angesehen zu sein und geliebt zu werden, gehört das Talent, andere sich in unserer Gesellschaft wohl fühlen zu lassen.

GRUNDSATZ XVI: Es ist wichtig, daß Sie anderen Menschen

die Möglichkeit geben, *etwas für Sie zu tun,* wenn diese Sie schätzen sollen.

Viele von uns vergessen das jedoch immer wieder und tun statt dessen Dinge für andere, ohne ihnen die Möglichkeit einzuräumen, sich zu revanchieren! Verfestigt sich eine Unausgewogenheit dieser Art, sorgen wir unabsichtlich dafür, daß sich die Fähigkeit anderer, für uns zu sorgen, nicht weiterentwickeln kann.

Eine Schlüsselfunktion hierbei hat der Mut, Verletzlichkeit zu zeigen. Wie oft braucht man die Hilfe eines anderen Menschen oder einfach jemanden, mit dem man reden kann. Es mag sein, daß Sie einen anderen nicht gern mit Ihren Problemen behelligen wollen. Oder Sie wollen nicht den Eindruck der Unfähigkeit oder Bedürftigkeit erwecken. Es geht aber nicht nur darum, daß Ihnen die Hilfe, die Sie in dem Augenblick so dringend benötigen, zuteil wird: Sie ermutigen durch Ihre Bitte auch Ihre Mitmenschen, zu Ihrem Wohlbefinden beizutragen. Jede Handlung anderer zu Ihren Gunsten bestärkt diese darin, daß Sie wichtig für sie und ganz allgemein der Mühe wert sind. Vergessen Sie nicht, daß jeder durch sein Verhalten laufend seine Ansichten programmiert.

Vor allem als Eltern, aber auch als Partner oder als Freund müssen wir daran denken, andere etwas für uns tun zu lassen und sich somit von ihrer besten Seite zeigen zu können, um positive Projektionen zu fördern. Menschen stärken ihre Überzeugung, daß wir wertvoll für sie sind, zum größten Teil dadurch, daß sie etwas für uns tun.

Daraus folgt, daß wir niemals eingreifen sollten, wenn ein anderer ein gesundes Verhaltensmuster entwickelt hat, das sich in bestimmten Handlungen der Fürsorge für uns ausdrückt.

GRUNDSATZ XVII: Hindern Sie einen anderen nicht daran, sich Ihnen gegenüber hilfsbereit zu erweisen. Durch dieses Verhalten entwickelt und erhält er seine gute Meinung über Sie.

Wir wollen damit nicht etwa sagen, daß Sie andere ausnutzen oder dazu veranlassen sollten, unvernünftige Opfer zu bringen. Aber

Sie *sollten* durchaus vernünftige Unterstützung, die Ihnen freimütig angeboten wird, annehmen.

Harold, ein nicht gerade gutaussehender Mann, zweifelt daran, daß Allegra, eine ausgezeichnete Tänzerin, ihn nur um seiner selbst willen zum Freund haben möchte. Bei dem Versuch, ihr Interesse zu erwecken, setzt er unbewußt Geld ein in einer Weise, die jede Chance für die Entwicklung einer gesunden Beziehung im Keim erstickt. Harold führt Allegra in großem Stil aus: zu einem kostspieligen Abendessen in seinem Club und in die Oper. In der darauffolgenden Woche ist es ein Abendessen mit anschließendem Besuch mehrerer Jazzlokale. Nach seiner Rückkehr von einer Geschäftsreise nimmt er sie zu einer noblen Wohltätigkeitsveranstaltung und -auktion mit. Seine Großzügigkeit ist bestechend, aber Allegra fühlt sich allmählich ein wenig überwältigt.

Sie beschließt, bei ihrem nächsten Treffen etwas *für ihn* zu tun. Sie verdient nicht viel, läßt sich aber immer wieder neue und interessante Rezepte einfallen. Also lädt sie ihn zu sich zum Essen ein – eine Geste, die sie sich durchaus leisten kann.

Aber Harold zögert. Er fürchtet, daß es ihm bei Allegra schaden könnte, wenn er zuviel annimmt. Er lehnt nicht rundheraus ab, bringt ihr aber teure Blumen und Champagner mit. Nach dem Essen schlägt er vor, daß sie sich noch einem Schlummertrunk in einem kleinen exklusiven Lokal leisten sollten, das er gut kennt. Damit schwächt er den Wert des Abends, den sie geplant hat. Er nimmt ihr die Chance, ihm etwas Gutes zu tun, und macht ihre Großzügigkeit zunichte.

Allegra willigt ein, erkennt aber später, daß Harold ihren Beitrag zum Gelingen des Abends zu einer Nebensächlichkeit degradiert hat. Hätte sie die Regisseurin eines perfekten Abends für ihn sein können, wäre die Beziehung vielleicht zu retten gewesen. Diese Chance ist nun vertan.

Als Allegra ihm in der darauffolgenden Woche den Laufpaß gibt, ist Harold erstaunt. Er hält sie für undankbar, nährt aber gleichzeitig den Gedanken, daß er trotz all seiner Bemühungen einfach nicht gut genug aussah, um ihre Zuneigung zu erringen.

Im nächsten Monat erfährt er, daß sie jetzt mit jemandem geht, der recht arm ist, und daß sie sich sogar die Ausgaben für einen gemeinsamen Urlaub mit diesem Mann geteilt hat. Nun überlegt Harold, daß Allegra ja selbst kaum die Butter aufs Brot verdient. Aber sie gibt dem anderen Mann noch davon ab und projiziert so auf ihn viele wünschenswerte Eigenschaften – er ist menschlich, er ist ihr ähnlich, er ist sogar verwundbar. Auf diese Weise gewinnt sie in dieser Beziehung ein Gefühl der eigenen Bedeutung, das ihr bei Harold, dem Alleskönner, gefehlt hat.

Die Ablehnung dessen, was andere geben wollen, so wie Harold es bei Allegra gemacht hat, ist nicht die einzige Möglichkeit, die günstige Meinung eines anderen über uns zu stören. Im nachfolgend beschriebenen Fall wurde das Angebot durchaus akzeptiert, aber *nicht* so freimütig, wie es offeriert wurde. Dadurch wurde am Ende eine gute Beziehung zerstört.

Faye, Inhaberin einer Werbeagentur, stand mit ihrem Sekretär Roger auf gutem Fuß; sie hatte ihm auch schon des öfteren einen Gefallen getan – zum Beispiel seinen Schwager vorübergehend eingestellt und ihm selbst eine ordentliche Summe vorgestreckt, als er Geld brauchte.

Weil sie so anständig war, mochte Roger sie gut leiden, nicht zuletzt aber auch, weil er die Möglichkeit hatte, nicht unbeträchtlich zu Fayes geschäftlichen Erfolgen beizutragen. Roger stürzte sich in die Arbeit und tat weit mehr als nur seine Pflicht. Gerade das war entscheidend dafür, daß er die Projektion entwickelte «sie hat verdient, daß ich mein Bestes gebe».

Dann änderte sich die Sachlage. Es war Freitagabend, und Roger wollte am nächsten Tag für einen zweiwöchigen Urlaub in die Karibik reisen. Eine dringende Sendung für einen Kunden mußte jedoch unbedingt noch am Samstag erledigt werden, und gleich zwei Angestellte der entsprechenden Abteilung waren erkrankt. Roger wollte freiwillig am Samstag noch den ganzen Tag mit Faye arbeiten, damit die Sendung rechtzeitig rausgehen konnte. Er versicherte ihr, daß er sein Flugzeug noch schaffen würde, wenn er gegen sechs Uhr abends fahren würde.

Normalerweise hätte Faye einfach dankbar angenommen, da sie – was Roger wußte – es sich nicht leisten konnte, Überstunden zu bezahlen. Aber die Firma hatte gerade mehrere Aufträge reinbekommen, und das Geschäft blühte, so daß Faye Roger diesmal eine Entschädigung anbot.

«Danke, Faye, aber das ist nicht nötig», erwiderte Roger. «Du hast schon so viel für mich getan.»

Aber Faye bestand auf ihrem Angebot und drängte Roger das Geld förmlich auf, so daß er es am Ende widerwillig akzeptierte.

Das nächste Mal, als Not am Mann war, mußte er zwangsläufig daran denken, daß sie, wenn er sich bereit erklärte zu helfen, wieder darauf bestehen würde, ihn dafür zu bezahlen. Er zögerte, half ihr dann aber doch. Und obwohl es ihm irgendwie nicht recht war, nahm er das Geld, das sie ihm anbot, weil er sich überlegt hatte, daß er immerhin eine Familie ernähren mußte.

Natürlich hatte Faye damit nicht sein früheres Verhalten geändert. Aber durch die Bezahlung veränderte sie sein *Motiv* für die Hilfeleistung. Früher hatte er es aus Idealismus getan, und sie war in seiner Achtung gestiegen. Heute bot er seine Hilfe zumindest teilweise des Geldes wegen an. Faye hatte eine sie adelnde Projektion zerstört und somit Rogers Ansicht über sie als einen besonders wertvollen Menschen abgeschwächt.

Schließlich kam es soweit, daß Roger sie nicht mehr so gut leiden konnte und ihr immer weniger Respekt entgegenbrachte. Er dachte: «Wenn sie schon so viel Geld hat, warum gibt sie mir dann nicht mehr?» Ihre Beziehung hatte sich verändert.

Hinter einer solchen Weigerung, Geld anzunehmen, steckt außer verletzten Gefühlen häufig auch die unausgesprochene, aber zutreffende Erkenntnis, daß «sich etwas Grundlegendes in unserer Beziehung ändern wird, wenn ich hierfür bezahlt werde».

In diesem Fall sabotierte Faye Rogers freiwillige Hilfsbereitschaft nicht, indem sie ihr Einhalt gebot, sondern indem sie seine Motive dafür veränderte.

Es ist sehr riskant, andere Menschen gänzlich davon *abzuhalten*, etwas für uns zu tun. Aber in dem Beispiel von Faye und Roger begegnen wir einem weiteren Risiko: die *Bedeutung* der «Hilfsbereitschaft» herabzusetzen.

Es genügt nicht, ein Verhalten zu fördern, das andere veranlaßt, uns in einem günstigen Licht zu sehen; wir müssen auch achtgeben, daß wir nicht *neue Motive* für ein *altes Verhalten* einführen – Motive, die die dem Verhalten zugrundeliegende Projektion verändern würden.

GRUNDSATZ XVIII: Wenn jemand schon gut zu Ihnen ist, bestechen Sie ihn nicht auf neue Art und Weise. Lassen Sie das Rad laufen, wenn es sich dreht.

Wer von vornherein eine hohe Selbstachtung besitzt, wird am ehesten eine günstige Meinung über sich hervorrufen und eine unliebsame verhindern. Er kann Komplimente entgegennehmen und Beschimpfungen erkennen.

Auf der anderen Seite neigen Menschen, die sich wertlos *fühlen* und sich nicht vorstellen können, daß andere sie mögen oder ohne Hintergedanken etwas für sie tun würden, dazu, das Entgegenkommen anderer abzublocken.

Verachtung abwehren

Wenn man nur das Beste von Ihnen denken soll, müssen Sie zwei Verhaltensweisen vermeiden, die andere geradezu einladen, *gar nichts* von Ihnen zu halten. Vielleicht haben Sie bereits instinktiv eine Aversion dagegen, oder sind aufgrund eigener Erfahrungen davon abgerückt. Aber wie auch andere schlechte Gewohnheiten kann man diese beiden Verhaltensweisen von Zeit zu Zeit als nützlich empfinden, was sie gefährlich und verlockend macht. Wenn man weiß, wie eine Projektion funktioniert, wird man verstehen, *warum* man durch diese Verhaltensweisen zugrunde gerichtet werden kann.

Als erstes sollten Sie versuchen, keine Forderungen zu stellen, denen ein anderer mit Sicherheit nicht nachkommen kann. Es gibt Menschen, die ständig unverschämte Bitten aussprechen, da sie der Meinung sind, daß sie ohnehin «nichts zu verlieren» haben. Sie sind davon überzeugt, daß ständige Wiederholung am

Ende doch zum Ziel führt. Mit jeder Weigerung des anderen glauben sie, dem ersehnten Ja näher zu kommen.

Was sie nicht beachten, ist die Wirkung, die die Ablehnung des Wunsches auf den anderen hat: Mit jedem Nein bestätigt er sein Bild von seinem Gegenüber als «jemand, der abgelehnt werden muß». Der Bittsteller hat durch seine unerfüllbaren Forderungen so viel an Ansehen verloren, daß es dann völlig natürlich ist, wenn er auch weiterhin abgewiesen wird. Er hat sich selbst in die Lage gebracht, herabgesetzt zu werden.

Barbara fing im Januar als Einkäuferin in einem Warenhaus an. Sofort bat sie um «Gleitzeit», was jedoch mit der Begründung abgelehnt wurde, daß *niemand* Gleitzeit habe. Einen Monat später fragte sie noch einmal und erhielt erneut abschlägigen Bescheid. Es machte ihr Mühe, das Rechnungswesen des Warenhauses zu verstehen, also fragte sie ihre Chefin, ob sie nicht eine Zeitlang von den damit verbundenen Pflichten entbunden werden könnte. Die Chefin lehnte ab. Dann erhob Barbara Anspruch auf ein größeres, helleres Büro, obwohl nur zwei von zwölf Mitarbeitern des Warenhauses solche Büros hatten, eins davon die Chefin selbst.

Letztere antwortete Barbara, daß die Büros nach Dauer der Firmenzugehörigkeit zugeteilt würden, und wies sie erneut ab. Dann teilte Barbara mit, sie sei schwanger, und bat darum, am Mittwoch schon mittags gehen zu dürfen, da sie mit ihrem Mann einen Elternkurs belegt habe. Auch das genehmigte die Chefin nicht.

Im Juli nahm Barbara einen Mutterschaftsurlaub von vier Monaten. Etwa einen Monat vor Weihnachten begann sie wieder zu arbeiten. Ihre Weihnachtsgratifikation, die in dieser Firma vom persönlichen Einsatz abhing, war gering. Barbara beschloß, sich noch einmal bei ihrer Chefin zu beschweren und um eine Erhöhung zu bitten. Sie ging davon aus, das Schlimmste, was ihr passieren könnte, wäre eine Ablehnung. Aber da irrte sie sich. Einen Monat später wurde sie entlassen.

Es lag nicht nur daran, daß Barbara schlechte Arbeit leistete. Andere Angestellte, die auch nicht erfolgreicher waren, erhielten im Januar sogar kleine Gehaltsaufbesserungen und blieben bei der Firma. Und es lag sicher nicht an dem Mutterschaftsurlaub, daß sie ihre Stelle verlor. Was sie zu Fall brachte, war die herabsetzende Meinung ihrer Chefin von ihr – die Projektion, die Barbara selbst genährt hatte, daß sie nämlich «jemand war, den man ablehnen mußte: eine Nervensäge».

Die Chefin hatte diese Projektion ganz allmählich gebildet, als sie Barbara immer und immer wieder abwies. Ihre Erkenntnis, daß Barbaras Leistungen unbefriedigend waren, führten sie im Zusammenhang mit der Notwendigkeit, so oft nein sagen zu müssen, zu dem Schluß, daß man auf Barbara verzichten sollte.

GRUNDSATZ XIX: Vermeiden Sie, andere in die Lage zu bringen, nein sagen oder Sie abweisen zu müssen. Dieses Verhalten bringt die Betreffenden dann zu der Überzeugung, daß Sie ein Mensch sind, den man ablehnen muß.

Natürlich stoßen wir alle *in der einen oder anderen Form* auf Ablehnung; es gibt immer Menschen, die uns etwas abschlagen müssen. Die Mutigsten sind in der Tat jene, die gegen die Grenzen des angeblich «Üblichen» oder «Erlaubten» angehen – wer nicht wagt, der nicht gewinnt. Der Grundsatz ist dennoch richtig. Es ist eine Frage des gesunden Menschenverstands und der Einschätzung der jeweiligen Situation, ob eine Abweisung wahrscheinlich ist. Wichtig ist, daß man lernt, die Möglichkeit einer Ablehnung mit einzubeziehen, daß man die eigenen Forderungen sorgfältig abwägt und vermeidet, ein Verhaltensmuster zu schaffen.

Sensible Menschen wissen, daß dies auch dann gilt, wenn man irgendwo eingeladen ist. Die besten Gäste gehen, bevor der Gastgeber das Ende des Abends herbeisehnt, anfängt zu gähnen oder zu erwähnen, wie früh er morgen aufstehen muß, oder gar im Extremfall den Gast darum bittet, nach Hause zu gehen. Der sollte sich freiwillig rechtzeitig erheben und den Gastgeber sich auf ein erneutes Treffen freuen lassen. Wer sich ein wenig «rar» macht, dessen Gesellschaft wird immer erwünscht sein.

Die andere Verhaltensweise, die wir unbedingt vermeiden müssen, besteht darin, Mitleid erwecken zu wollen. Mitleid in anderen zu erregen zielt in der Regel darauf ab, daß der Betreffende einsehen soll, wie tief er Sie verletzt hat; er soll sich schämen und sich ändern und Ihnen sogar *noch mehr* geben, als Ihnen zusteht – als rückwirkende Wiedergutmachung sozusagen.

Aber dieses Ansinnen rächt sich. Ein *echtes* Ekel wird sich nicht rühren lassen; es wird nicht einmal verstehen, worüber Sie reden. Selbst *wenn* der Angesprochene die Wahrheit ahnt, wird er sich eher von Ihnen abwenden als die Mühe einer Veränderung auf sich nehmen. Der Durchschnittsmensch will sich nicht als Ungeheuer sehen. Er ist zwar in der Lage, Mitleid zu empfinden, und wird verstehen, daß Sie gelitten haben. Aber er will vor sich selbst nicht als unvernünftig oder im Irrtum dastehen und vielleicht auch Ihren Schmerz nicht fühlen, so daß er versuchen wird, Gründe für sein Verhalten zu finden, die *Sie* als den Schuldigen dastehen lassen. Er wird sein Verhalten Ihnen gegenüber auf jede nur mögliche Weise rechtfertigen.

«Ich verstehe nicht, wieso Sie sich darüber beklagen, daß Sie noch im Lager arbeiten. Bis heute haben Sie keinerlei Ambitionen gezeigt!»

«Natürlich schreie ich die ganze Zeit mit dir rum. Du verstehst doch sonst nichts!»

In beiden Fällen hat die Mitleid heischende Art, in der die Forderung gestellt wurde, den anderen dazu veranlaßt, seine Haltung dem Bittenden gegenüber zu festigen. Hätte dieser sich in weniger dramatischer Weise an ihn gewandt, das heißt weniger anklagend, wäre dem Angesprochenen ein «Ausweg» geblieben – er hätte ein Einsehen gehabt oder zumindest über die Forderung nachgedacht.

Es liegt in der Natur des Menschen, daß man jene mag, die man bereits gut behandelt, und andere verachtet, die man schon schlecht behandelt. Henry Ford hat einmal gesagt: «Ein Mensch wird Ihnen die Fehler, die er an Ihnen begangen hat, niemals verzeihen.»

Sobald Sie sich als bemitleidenswert hinstellen, sehen Sie aus wie ein Verlierer. Da der Mensch sich lieber eine gerechte Welt als eine ungerechte vorstellt, fühlt er sich sofort dazu aufgerufen, bei einem Verlierer nach Gründen zu suchen, die erklären, warum er sich so schlecht fühlt. Um seine Projektion einer «gerechten Welt» aufrechtzuerhalten, wird er den Verlierer im stillen anklagen.

Haben Sie angedeutet, daß *der andere* die Schuld für Ihr Versagen trägt, wird er um so mehr versuchen, sein Verhalten Ihnen gegenüber als gerechtfertigt zu erklären und sich davon zu überzeugen, daß Sie es verdient haben.

Versuchen Sie, sich zurückzuhalten und Ihre Forderung so sachlich wie möglich zu stellen. Bitten Sie um das, was Sie brauchen, aber achten Sie darauf, alles Überflüssige wegzulassen: wie Sie sich fühlen, weil Sie das Verlangte nicht haben, was es Sie gekostet hat, daß Sie es nicht haben, warum Sie es brauchen, oder Bemerkungen darüber, wieviel besser es doch anderen geht, die es haben.

Donna sagt zum Beispiel zu ihrem Mann: «Vinnie, du gibst mir nicht genug Haushaltsgeld, wir legen zuviel auf die hohe Kante. Nur weil ich mich für ein Kind entschieden und ein Jahr lang nicht gearbeitet habe, heißt das noch nicht, daß ich mich nicht mehr hübsch anziehen darf. Du wolltest das Kind genauso wie ich. Und warum muß ich im Supermarkt hinter Sonderangeboten herrennen? Edith muß das auch nicht, und die hat zwei Kinder und arbeitet schon seit zehn Jahren nicht mehr.»

Auch wenn die Forderung als solche gerechtfertigt ist und Vinnie dies unter normalen Umständen einsehen würde, ist er wahrscheinlich durch die Vergleiche so beleidigt und durch die Beschwerden so verletzt, daß er auf stur schaltet. Donnas Bitte wird zur Anklage, daß Vinnie ihr das Leben unerträglich macht, weil er sich ihr gegenüber gleichgültig und schäbig verhält. Das kann Vinnie nicht auf sich sitzen lassen, wenn er seine Selbstachtung bewahren will.

Donna hat sich selbst geschadet, indem sie ihre Forderung überladen hat. Vinnie sollte sie bemitleiden und ihr dann geben, was sie wollte. Dabei hat sie eine Methode angewandt, die vielleicht schon seit ihrer Kindheit funktioniert hat, wenn sonst nichts mehr half. Sie wäre sich selbst und ihrem Anliegen viel eher gerecht geworden, wenn sie etwa gesagt hätte: «Liebling, laß uns nach dem Essen mal unsere Finanzen überprüfen. Ich möchte mir ein paar Sachen kaufen und würde gern sehen, was wir uns leisten können.»

Am Arbeitsplatz wird Mitleid gern als Mittel zum Zweck eingesetzt, doch meistens wird der Betreffende später den kürzeren ziehen.

Nathan sagt, er braucht ein größeres Büro, weil er inzwischen schon fünfzehn Jahre bei der Firma ist und die anderen über seinen winzigen Verschlag lachen. Estelle sagt, sie muß befördert werden, da ihr Mann sie verlassen hat. Gene sagt, er braucht mehr Geld, weil seine Kinder das College besuchen wollen und sein Gehalt nicht ausreicht.

Wenn andere über Sie lachen, wenn Ihr Mann Sie verlassen hat, und auch wenn Sie nicht rechtzeitig genug dafür gesorgt haben, Geld für die Ausbildung Ihrer Kinder beiseite zu legen, sind Sie zwar zu bemitleiden, ein Argument für die genannten Forderungen ist jedoch nichts davon. All diese Menschen haben ihre Forderungen sicher zu Recht erhoben, sie hätten sich allerdings nicht als tragische Figur hinstellen sollen. In jedem Fall wird der Chef geradezu provoziert, den Betreffenden als «unter dem Durchschnitt» einzuschätzen.

Nathan hätte seine Forderung etwa so begründen sollen: «Ich bin inzwischen der Dienstälteste in meiner Abteilung, und dieser Raum ist einfach ungeeignet für den Besucherstrom, den ich tagtäglich bewältigen muß.»

Estelle hätte eine Beförderung aufgrund ihrer Verdienste beanspruchen sollen. Sie hätte ihre Leistungen im vergangenen Jahr herausstreichen können oder einfach ihre Vorstellungen über ihren zukünftigen Beitrag für die Firma mit dem Vorgesetzten erörtern sollen, ohne ihr Privatleben mit einzubeziehen.

Entweder hatte Gene einen Anspruch auf Gehaltserhöhung aufgrund seiner Leistungen oder nicht. War seine Forderung berechtigt, hätte er sie dem Chef entsprechend vortragen sollen. War sie es nicht, hätte er nach anderen Möglichkeiten suchen sollen; er hätte zum Beispiel seine Leistungen verbessern und zunächst einen Kredit aufnehmen können.

An das Mitleid anderer zu appellieren ist immer ein Rückfall in die Eltern-Kind-Beziehung – und daher auch völlig unromantisch. Stan bittet Madeleine, die er liebt: «Kann ich heute abend nicht zu dir kommen? Ich weiß, du willst arbeiten, aber ich bin so allein.»

Hat er Erfolg und wirkt tatsächlich wie ein liebebedürftiges Kind, wird Madeleine nachgeben, aber für Stan wird es der Anfang vom Ende sein. Madeleine wird ihn jetzt nicht mehr als attraktiven Liebhaber oder als gleichberechtigten Partner betrachten, sondern als eine Last. Es wäre auf lange Sicht viel besser für Stans Beziehung zu Madeleine, wenn sie ihm eine Absage erteilen und somit eigentlich ablehnen würde, ihn als bemitleidenswert zu sehen. Auch wenn er sich an diesem Abend allein zu Hause nicht wohl fühlt, kann es sein, daß Madeleine seinen Anruf und seine wenig rühmliche Selbstdarstellung wieder vergißt.

GRUNDSATZ XX: Vermeiden Sie es, Mitleid bei anderen zu erwecken. Wer Sie bemitleidet, wird Sie immer auch verachten. Er wird die Projektion «Verlierer» auf Sie entwickeln oder nähren und Sie dementsprechend behandeln.

Vom Klischee abweichen

Wer Sie auch sind, irgend etwas kennzeichnet Sie als einen bestimmten «Typ», der einem bestimmten Vorurteil unterliegt. Sie sind jung oder alt oder «Mittelalter»; Sie sind eine Frau oder ein Mann; Sie sind gläubig oder nicht; Sie sind heterosexuell oder homosexuell; Sie sind ungebildet oder überintellektuell ... Sicher werden auch Sie unter Projektionen leiden, die zu einer Klischeevorstellung gehören.

Eine Klischeevorstellung von Frauen ist zum Beispiel, daß sie immer zu spät kommen, eine andere, daß sie zu emotional sind. Jedes falsche Verhalten, das dem Klischee entspricht, ist besonders ärgerlich. *Gegen* eine Klischeevorstellung anzugehen, auch bei einem kleinen Fehler, ist weniger schmerzhaft und vielleicht sogar eine Hilfe. Es ist wichtig zu wissen, welchen stereotypen Projektionen man unterliegt. Man sollte sich besondere Mühe geben, nicht gerade die Fehler zu machen, die erwartet werden, und wenn, sie mehr als wiedergutmachen, wenn eine Projektion bereits existiert.

Als Frau sollten Sie vor allem darauf achten, pünktlich zur Arbeit zu kommen. Warum sollten Sie es darauf ankommen lassen, wegen eines lächerlichen Fehlers zurückgesetzt zu werden, wenn Sie ansonsten in jeder Hinsicht ausgezeichnete Arbeit leisten? Achten Sie darauf, bei hitzigen Diskussionen im Büro gelassen zu bleiben, denn was bei einem Mann «Engagement» heißt, wird bei einer Frau gern als «Hysterie» bezeichnet.

Wenn Sie der älteste Mitarbeiter sind und auf die Pensionierung zugehen, kann es sein, daß die anderen Sie schon für ein bißchen überfordert in jeder Hinsicht halten. Klagen Sie also nicht schon um drei Uhr nachmittags über Müdigkeit. Überlassen Sie das den Jüngeren. Wenden Sie sich nicht prüde ab, wenn jemand einen saftigen Witz erzählt. Wenn Sie Rockmusik nicht ausstehen können und Klassisches bevorzugen, sagen Sie das ruhig. Aber bedenken Sie, daß es Ihnen auch schon mit zweiundzwanzig so ging und Swing damals die einzige Alternative zu Mozart war. Machen Sie also nicht Ihr Alter für Ihren Geschmack verantwortlich.

Das alles heißt nicht, daß Sie Ihre Identität verstecken oder Ihren «Typ» verleugnen sollen, Sie sollten lediglich das *Klischee*, das mit diesem Typ verbunden wird, vermeiden.

GRUNDSATZ XXI: Jeder Mensch unterliegt Klischeevorstellungen. Auch wenn man nicht alle Vorurteile aus der Welt schaffen kann, sollte man vermeiden, diesen stereotypen Projektionen auch noch Nahrung zu geben.

Bestätigung

Da Menschen das Bedürfnis haben, konsequent zu sein, sollten wir die anderen immer wissen lassen, daß sie uns gut behandelt haben, wenn dem so ist.

Die erfolgreichsten Menschen sind oft jene, die ihrer Freude darüber, daß andere zu ihren Leistungen beigetragen haben, am freimütigsten Ausdruck verleihen können. Während Nörgler Aggressionen hervorrufen und andere geradezu einladen, Gründe dafür zu suchen, warum diese «Verlierer» nichts anderes verdient haben, fordern die zu Anerkennung fähigen Menschen andere dazu auf, sich auch weiterhin freundlich und großzügig zu verhalten.

«Sam, ohne dich wäre ich nie Teilhaber der Firma geworden. Du hast mir eine echte erste Chance gegeben, das werde ich nie vergessen.»

Sam wird darauf wahrscheinlich antworten: «Quatsch, Don; du hast es dir selbst verdient. Du hättest auch ohne mich Erfolg gehabt. Und wenn ich irgend etwas für dich tun kann, laß es mich wissen.»

Der Wunsch, die Welt als gerecht wahrzunehmen, spornt die Menschen dazu an, denen Beifall zu zollen, die in der Welt zurechtkommen und ihren Helfern danken. Zeigen Sie Ihre Anerkennung, werden Sie andere dazu bringen, Sie in einem günstigen Licht zu sehen, da jeder, der etwas für einen anderen tut, spüren möchte, daß er es für den *Richtigen* tut – für jemanden, der Beistand verdient.

GRUNDSATZ XXII: Wenn Sie anderen Menschen das Gefühl vermitteln, etwas Gutes für Sie getan zu haben, werden diese zu *weiteren* positiven Verhaltensweisen motiviert.

In Goethes *Maximen und Reflexionen* heißt es einmal: «Die wahre Liberalität ist Anerkennung.» Sie ist auch der Schlüssel dafür, von anderen anerkannt zu werden.

Zusammenfassung

Menschen müssen sich in Ihrer Gegenwart selbst leiden können, wenn sie Sie in einem günstigen Licht sehen sollen. Die Tatsache, daß andere etwas für Sie tun, trägt ganz wesentlich dazu bei, daß sie ein Gefühl für Ihre Bedeutung entwickeln können. Daher soll-

97

ten Sie nicht nur entsprechend Ihren eigenen Prinzipien leben und sich korrekt benehmen, sondern auch die Hilfsbereitschaft anderer Ihnen gegenüber fördern – und damit zugleich etwas für Ihr eigenes gutes Image tun.

Denken Sie daran, daß es wichtig ist, andere nicht zu großzügig für ihre Hilfe zu entschädigen: Damit nehmen Sie ihnen die Chance, Ihnen aus freien Stücken ein Geschenk zu machen und auf diese Weise ein Bild von Ihnen zu schaffen, daß Sie als wertvoll kennzeichnet.

Ebenso wichtig ist es, anderen das Gefühl zu geben, daß auch ihr *bisheriges* positives Verhalten Ihnen gegenüber anerkannt wird. Man wird Sie dann als jemanden betrachten, für den man zu Recht sein Bestes getan hat und auch weiterhin gern tun wird.

Es gibt ein paar schlechte Gewohnheiten, die andere davon abhalten, Sie so zu behandeln, daß sie Sie in einem günstigen Licht sehen können. Vermeiden Sie vor allem um jeden Preis Selbstmitleid. Glauben Sie niemals, daß Sie in der Achtung eines Menschen steigen, wenn Sie ihn dazu veranlaßt haben, Mitleid für Sie zu empfinden. Vermeiden Sie ebenfalls wiederholte Forderungen, die abgelehnt werden müssen. Machen Sie aus sich nicht «jemanden, der herabgesetzt werden muß», sonst zwingen Sie andere dazu, ihre ablehnende Haltung zu rechtfertigen und Sie weniger zu mögen. Vermeiden Sie Klischee-Verhaltensweisen. Geben Sie anderen keine Chance, stereotype Projektionen zu entwickeln.

Wer sich selbst mag, trägt dazu bei, daß auch andere sich in seiner Gegenwart wohl fühlen. Er erscheint in einem günstigen Licht. Menschen mit geringem Selbstwertgefühl tolerieren und praktizieren genau die Verhaltensweisen, die in anderen Menschen Verachtung hervorrufen.

Projektionen anderer zu handhaben, Fehleinschätzungen zu zerstören und positive Urteile zu fördern ist auch ein Weg zu lernen, sich selbst mehr zu achten.

6 Woran erkennt man eigene Projektionen?

Wenn Sie mit drei verschiedenen Männern zusammengelebt haben und jede Beziehung zerbrach, weil Sie schockiert entdeckten, daß der Partner Sie betrog, kann man mit ziemlicher Sicherheit davon ausgehen, daß Sie ein Projektions-Problem haben.

Wenn Sie die letzten sieben Vorgesetzten nicht ausstehen konnten, haben Sie ein Projektions-Problem; ebenso, wenn Sie alle sieben *gut leiden mochten,* die Vorgesetzten *Sie* aber wenig schätzten.

Wenn Sie als Frau allen Männern mißtrauen oder als Mann der Meinung sind, alle Frauen seien habgierig, projizieren Sie.

In all diesen Extremfällen waren Sie systematisch blind gegenüber einer Realität.

Ihre Projektion – Ihre selektive Sichtweise – bestimmt, was in Ihrem psychischen Bereich liegt und was nicht.

Menschen, die eine sehr starke Projektion unterhalten, nehmen mit Vorliebe bestimmte Eigenschaften wahr. Der Projizierende kann diese Eigenschaften bei anderen sofort erkennen und wird sie sogar häufig unterstellen, wo sie gar nicht vorhanden sind. Andererseits ist der Projizierende nahezu unfähig, sonstige Eigenschaften zu entdecken, es sei denn, sie sind so augenfällig, daß man sie einfach nicht übersehen kann.

Nehmen wir zum Beispiel einen Mann, der drei verschiedene Partnerinnen hatte, von denen er gleichermaßen enttäuscht war. Ganz offensichtlich unterhält er eine Projektion, für die es zwei Erklärungsmöglichkeiten gibt. Vielleicht *verhält* sich dieser Mann im Laufe einer Beziehung so, daß eine Art Paranoia entsteht: Er redet sich ein, daß seine Partnerinnen ihn betrügen und sich über ihn lustig machen. Er sieht Untreue, *ob sie nun vorhanden ist oder nicht.* Er bildet sich ein, seine Freundin sei untreu, auch wenn es nicht stimmt. Durch seine Projektion des Mißtrauens kann seine Freundin sich dann tatsächlich veranlaßt fühlen, ihm untreu zu werden, was sie bei einem weniger eifersüchtigen oder paranoiden Partner nicht einmal in Erwägung gezogen hätte.

Oder der Mann unterhält die beinahe gegenteilige Projektion. Es kann sein, daß er Frauen nur durch eine rosarote Brille betrachtet: Alle scheinen ihm ehrlich, treu, ja arglos zu sein. Mit dieser Fehleinschätzung kann er sich wohl kaum eine untreue Frau vorstellen, so daß er zu Beginn einer Beziehung alle entsprechenden Anzeichen übersieht, die einem anderen Mann sofort aufgefallen wären. Erst wenn ihm Beweise ins Auge springen, *sieht* er die Untreue und erkennt, daß er die falsche Partnerin gewählt hat.

Bei einer Frau, die ihre letzten sieben Vorgesetzten nicht ausstehen konnte, wäre denkbar, daß sie allen Grund dazu hatte, wahrscheinlicher aber ist, daß deren schlechte Eigenschaften nur in den Augen der Betrachterin existierten. Der Dichter Alexander Pope sagte einmal: «Mit Neid betrachtet, bekommt alles eine gelbe Färbung.» In diesem Fall spricht allein schon die Anzahl der Kandidaten gegen die Frau und läßt vermuten, daß sie nur *schlechte* Eigenschaften *sieht*, sobald sie einer Autoritätsperson gegenübertritt.

Wenn sie die Vorgesetzten *mochte*, von ihnen aber *wenig geschätzt* wurde, ist offensichtlich, daß sie aufgrund ihrer Projektion etwas *übersehen* hat. Die Vorgesetzten hatten vielleicht allen Grund, die Frau nicht zu mögen, einen Grund, den sie selbst geliefert hat, da sie absolut unfähig war, wachsende Verärgerung bei anderen zu erkennen. Vielleicht hat sie sich durch ihre Projektion, ihre Vorgesetzten seien so etwas wie gütige Eltern, die ihr nie etwas vorwerfen würden, einen Spielraum verschafft, der ihr in Wirklichkeit nicht zustand. Jedesmal, wenn sie einen Vorgesetzten wieder enttäuschte, resignierte dieser ihr gegenüber ein wenig mehr. Sie aber erkannte nicht, daß sie an Ansehen einbüßte, sondern setzte ihr Verhalten fort, bis sie schließlich ihre Stellung verlor.

Diese anscheinend günstige Projektion, daß alle auf Ihrer Seite stehen, ganz gleich was Sie auch unternehmen, kann Ihnen ebensoviel Schaden zufügen wie die Projektion, daß alle Welt Ihnen übel mitspielen will. Sie sind dann nicht einmal dazu in der Lage, Haß zu erkennen. Mit dieser Schwäche werden Sie in vielen Beziehungen eine verheerende Wahl treffen.

Im großen und ganzen kann gesagt werden, daß Frauen, die *alle* Männer unter einem bestimmten Blickwinkel sehen, oder Männer, die *allen* Frauen dieselben Eigenschaften unterstellen, einer stark selektiven Sichtweise unterliegen – vieles, was sie «sehen», existiert nur in ihrem eigenen Kopf.

GRUNDSATZ XXIII: Eigene Projektionen halten uns davon ab, Menschen richtig zu beurteilen. Auf diese Weise kann man Charakterzüge und Eigenschaften übersehen, die für eine Beziehung wichtig sind, und man bildet sich Charakterzüge und Eigenschaften des anderen ein, die gar nicht vorhanden sind.

Aufgrund eigener Projektionen wird man möglicherweise um viele schöne Dinge im Leben betrogen. Man kann Ehrlichkeit, Intelligenz oder auch Liebe übersehen, wo sie vorhanden sind. Was man nicht sieht, kann man nicht genießen, und Projektionen – die eigenen blinden Stellen – verleiten zu dem irrigen Gefühl, man stehe allein da, obwohl man von anderen durchaus die Zuwendung bekommen würde, die man sich wünscht.

Wird «Gefahr» auf die Welt projiziert, zwingt man sich vielleicht dazu, allein zu bleiben oder auf Risiken zu verzichten, die einzugehen sich in einer Beziehung oder beruflich lohnen würden.

Andererseits gibt es Projektionen, die zur Verleugnung von möglichem Ärger oder schlechten Absichten führen, die *tatsächlich vorhanden sind.* Menschen mit solchen Projektionen werden immer wieder übervorteilt. Sie vertrauen auf die falsche Geschäftsbeziehung oder heiraten den falschen Partner. Ein Mensch, der überall nur Freundlichkeit und gute Absichten sieht, ist zum Opfer prädestiniert. Ein ausschließlich positiv Projizierender kann einen Freund nicht von einem Feind unterscheiden, und jene, die am meisten für ihn tun, werden sich mißverstanden und unterschätzt fühlen.

GRUNDSATZ XXIV: Projiziert man eine wünschenswerte Eigenschaft auf einen anderen Menschen oder auf die gesamte Umgebung, wird man blind für echte Gefahren. Projiziert man unliebsame Eigenschaften, bildet man sich Gefahren ein, die nicht vorhanden sind, und verliert die wirklichen Möglichkeiten, die eine Beziehung bietet, aus den Augen.

Es mag Ihnen schwierig erscheinen, sich selbst «von außen» zu betrachten, um *Ihre systematischen Verzerrungen zu identifizieren.* Für Sie sind es keine Verzerrungen, sondern Realität, da Sie ja damit leben. Dostojewski hat einmal gesagt: «Ein Mensch ist nicht der Meinung, er *glaube* an einen bestimmten Sachverhalt; er denkt einfach, daß es so *ist.*»

GRUNDSATZ XXV: Einer der Hauptgründe dafür, daß wir unsere Projektionen als so natürlich empfinden, ist, daß wir in der Regel ein Leben lang danach handeln. Mit jedem Verhalten, das in Einklang mit der Projektion steht, bestätigen wir uns, daß das, was wir sehen, wirklich existiert.

Dennoch gibt es Mittel und Wege, mit deren Hilfe man herausfinden kann, ob man nur *glaubt,* daß bestimmte Dinge so und nicht anders sind, oder ob sie es wirklich *sind.*

Sechs Möglichkeiten, eigene Projektionen zu erkennen

1. Der «Universalitäts»-Test

Eine Möglichkeit, eine Projektion zu erkennen, besteht in der Anwendung des *Universalitäts*-Tests. Glaubt man, alle Menschen (bzw. alle Frauen oder alle Männer) sind darauf aus, andere zu übervorteilen, ist man der Meinung, alle Menschen seien geizig oder großzügig, glaubt man, alle Menschen seien ausschließlich am Erfolg orientiert oder alle Menschen seien untreu oder dumm oder materialistisch eingestellt, oder unterstellt man grundsätzlich *jedem Menschen eine ganz bestimmte* Eigenschaft, dann unterhält man eine Projektion.

Projektionen färben das Weltbild eines Menschen. Wahrscheinlich führt man seine Meinung über die wahre Natur des Menschen auf die vielen Schlußfolgerungen zurück, die man bereits gezogen hat und die auf langjährigen Beobachtungen beruhen. Aber andere Menschen, die in derselben Welt leben und dieselben Dinge gesehen haben, denken ganz anders darüber. Daher sagt eine bestimmte Weltsicht mehr über eigene Projektionen aus als über die Welt selbst.

Bob war ein Zyniker. Er war politischer Korrespondent einer in Washington erscheinenden Wochenzeitschrift, der sowohl in seinen Artikeln wie bei den seltenen Gelegenheiten, da er mit Freunden zum Essen ausging oder zu einer Party eingeladen war, sich unaufhörlich über Korruption ausließ, darüber, wie heruntergekommen der politische Apparat sei, daß es keine wirklich engagierten Leute mehr gäbe und heutzutage jeder nur an seine eigenen Interessen dächte. Er liebte die Bemerkung: «Die Wahrheit ist nur ein Bauer, den die Menschen beliebig auf dem Schachbrett verschieben.» Man konnte ihn wahrlich nicht als «amüsanten Typ» bezeichnen.

Bob behauptete gern von der Geschäftsführung seiner Zeitschrift – aber auch von seinen Kollegen –, sie seien allesamt Trottel. Er machte auch den Bruder seiner Frau schlecht, der ein erfolgreicher Anwalt und ein warmherziger Mensch war. Schon bald ging dieser ihm aus dem Weg. Bob äußerte sich zynisch über die Chancen seines eigenen Sohnes, als Wirtschaftsprüfer in Washington Erfolg zu haben. «Wenn du hier irgendwo anfängst, mußt du so ein Gauner sein wie alle anderen auch», sagte er.

Schließlich verärgerte Bob seine Vorgesetzten so, daß sie ihn fallenließen und ihm mit einer kleinen Abfindung den Laufpaß gaben. Im Jahr zuvor hatte seine Frau Nancy ihre Stelle als Verwaltungsangestellte bei der Regierung aufgeben müssen, da er sich ständig in aller Öffentlichkeit darüber lustig machte, daß sie für «einen Haufen unfähiger, korrupter Politiker» arbeite. Als Bob nun ohne Arbeit dastand, nahm Nancy sofort einen Job bei der Reinigung am Ort an, um etwas Geld zu verdienen. Was Bob nur zu der zynischen Bemerkung veranlaßte, wie wenig Frauen doch verdienten.

Als er das vor Freunden sagte, brach Nancy in Tränen aus. «Was zum Teufel *verlangst* du eigentlich von den Menschen?» fragte jemand. «Ich verstehe nicht, wie sie es so lange mit dir bei der Zeitschrift aushalten konnten. *Ich* hätte dich jedenfalls schon vor Jahren rausgeschmissen, so wie du jeden schlechtmachst.»

Bald darauf verließ Nancy ihn.

Schon nach kurzer Zeit vermißte er sie sehr und begann, ein wenig Seelenforschung zu betreiben. «*Bin* ich denn wirklich ein Zyniker, jemand, der unfähig ist, ehrliche Bemühungen anzuerkennen?»

Instinktiv wandte Bob den Universalitäts-Test an. Vielleicht war er durch die vielen Vorwürfe darauf gekommen, die er sein Leben lang darüber zu hören bekommen hatte, daß er mit nichts zufrieden sei, daß sich seiner Meinung nach niemand Mühe gebe. Wenn er weder gute Absichten noch Fähigkeiten zu sehen in der Lage war, mußte das Problem *in der Art und Weise seiner Wahrnehmung* liegen. Durch Anwendung des Universalitäts-Tests identifizierte er bei sich eine Projektion, die beinahe sein Leben zerstört hätte. Er hatte Glück: Nancy kam unter der Bedingung wieder zurück, daß er sich einer Therapie unterzog, um sein Weltbild zu «entzerren», was er dann auch mit Erfolg tat.

Häufig bedarf es einer Krise, um jemanden so zu erschüttern, daß er sich seiner Projektion bewußt wird. Vielleicht denken Sie, daß es keine Verzerrung bedeutet, die Welt – oder alle Mütter oder alle Männer – in einem einheitlichen Grauton zu sehen – es ist aber eine.

Stellen Sie sich die Frage: «Habe ich eine unverrückbare Meinung über Vorgesetzte, Angestellte, ältere Menschen, Ehefrauen, Kinder oder die Natur des Menschen im allgemeinen?» Wenn ja, projizieren Sie, denn es gibt selbst in der kleinsten Kategorie noch unendlich viele Varianten.

2. Die Suche nach einem Gefühl oder einem Beurteilungskriterium, das offensichtlich fehlt

Eleanor, Ende Fünfzig, hat keinen High-school-Abschluß, leitet aber seit mehr als dreißig Jahren die Ausleihabteilung einer angesehenen Bibliothek für medizinische Bücher. Sie reißt sich darum, Überstunden zu machen, findet jedoch selten Anerkennung – die Ärzte nehmen sie kaum wahr, nur wenige wissen ihren Namen. Jeden Abend erzählt Eleanor ihrem Mann Harry Geschichten über unglaubliche Leistungen, die dieser oder jener Arzt bei einer Heilung vollbracht hat. Sie verfolgt die Karriere jedes einzelnen, als sei sie persönlich mit ihm befreundet. Sie genießt die spontanen Äußerungen der Ärzte, wenn sie ihnen die Bücher aushändigt, und fühlt sich durch deren Status geehrt. Von Harry erwartet sie, daß er ihre Ehrerbietung teilt. Aber Harry ist Mechaniker in einer Werkstatt und hat weniger edle Erfahrung mit Ärzten, von denen viele verlangen, daß er alles andere fallen läßt, nur um ihren Wagen zuerst in Ordnung zu bringen. Und dann geben sie nur selten ein Trinkgeld und sagen kaum jemals «Danke».

Durch ihre Projektion von Größe auf Ärzte und gebildete Menschen im allgemeinen stellt Eleanor ihren Mann und sich in den Schatten. Wie kann sie diese Projektion erkennen und zerstören, um sich und Harry als gleichwertig mit jedem anständigen, hart arbeitenden Menschen zu betrachten? Sie könnte nach Gefühlen suchen, die sichtlich *fehlen*, wenn sie mit Ärzten zusammen ist und wenn sie einzelne Ärzte beurteilt. Sie hat einem Arzt gegenüber *nie* die Geduld verloren. Sie war *nie* der Meinung, ein Arzt könnte sich irgendeiner Nachlässigkeit oder schlechten Leistung schuldig gemacht haben. Sie hat sich *nie* bemüßigt gefühlt, irgendeinen Aspekt im Privatleben eines Arztes in Frage zu stellen. Sie hat sich eigentlich *nie* in Gegenwart eines Arztes gelangweilt.

Eleanor ist ganz eindeutig nicht in der Lage, einen Makel oder sogar ein menschliches Versagen bei einem Arzt zu entdecken. Ein solches Ausblenden in der Beurteilung zeugt von einer Projektion.

Ein weiteres Beispiel: Peter ist seit vierundzwanzig Jahren mit einer Alkoholikerin verheiratet, die noch dazu voller Selbstgerechtigkeit ist und andere belehrt, wie man zu leben und sich zu benehmen hat. Er läßt sich auf eine außereheliche Beziehung mit einer vielbeschäftigten, bescheidenen Frau ein. Marianne nimmt seine Geschenke dankbar an und ist sehr um ihn bemüht. Als sein heranwachsender Sohn in der Schule Schwierigkeiten bekommt, zögert Peter, das Problem mit seiner Frau zu erörtern, die ihm und seinem Sohn die Schuld dafür gibt. Bei Marianne findet er jedoch Mitgefühl. Sie hilft ihm sogar, verschiedene Institutionen abzuklappern, die dem Jungen helfen könnten.

Aber Peter sieht in dem Verhalten seiner Frau keinen Fehler. Er hält sie für solide und korrekt – sie ist eben sein ihm angetrautes Weib. Er ist unfähig, Mariannes Beitrag anzuerkennen. Nimmt er einen ihrer Vorschläge an, vergißt er später, daß er von ihr kam, und bringt ihn automatisch mit seiner Frau in Verbindung. Als Marianne an zwei Nachmittagen früher Schluß macht, um zwei Nachhilfelehrer für seinen Sohn zu engagieren, ist Peter kaum in der Lage zu begreifen, was sie da für ihn getan hat.

Peters Projektion auf seine Frau ist die Projektion, die er auf alle Ehefrauen und *rechtmäßig Verheirateten* anwendet. Würde er überprüfen, was in seiner Ansicht über seine Frau und Ehefrauen im allgemeinen deutlich fehlt, müßte er bald seine Unfähigkeit erkennen, Verantwortungslosigkeit, mangelndes Interesse und Schlampigkeit in wichtigen Dingen zu sehen.

Was er auf der anderen Seite bei *Geliebten* nicht erkennen kann, sind Hingabe und Intelligenz. Er kann sich nicht vorstellen, im Leben einer Frau, mit der er nicht verheiratet ist, jemals eine zentrale Stellung einzunehmen oder für sie einmalig und unersetzlich zu sein. Würde er testen, was fehlt, könnte er seine beiden widersprüchlichen Projektionen auf eine «Ehefrau» einerseits und eine «Geliebte» andererseits entdecken.

Um eine Projektion zu erkennen, sollte man sich zwei Fragen stellen. Zunächst einmal: «Welche Eigenschaften sehe ich eigentlich in anderen nie?» Man könnte zum Beispiel feststellen, daß man noch nie jemanden als «falsch» empfunden hat oder daß man noch nie einen Mann für «zärtlich» gehalten hat. Ein extremes Beispiel für eine Projektion ist vielleicht die Bemerkung von Will Rogers: «Ich habe noch nie einen Menschen kennengelernt, den ich nicht mochte.»

Die zweite Frage lautet: «Gibt es ein Gefühl – Wut, Angst, Sympathie –, das ich bestimmten Menschen gegenüber noch nie gespürt habe?» Man hatte zum Beispiel noch nie Angst, von einem Verkäufer übers Ohr gehauen oder von einem Arzt falsch behandelt zu werden. Oder man hat noch nie mit einem Mann Mitleid empfunden, den seine Frau verlassen hatte, weil «Männer stark genug sind, um das verkraften zu können; es war wahrscheinlich ohnehin seine Schuld».

Wenn Sie noch nie jemanden für «falsch» gehalten haben und noch nie Angst davor hatten, betrogen oder mißbraucht zu werden, haben Sie mit ziemlicher Sicherheit eine festgefügte Projektion auf die Welt als freundlich und weniger facettenreich, als sie in Wirklichkeit ist. Die Gefahren liegen auf der Hand. Wenn Sie nie einen Mann als «zärtlich» ansehen oder als fähig, unter dem Verlust des Partners zu leiden, projizieren Sie eine Härte auf Männer, die *ihnen gegenüber* unfair ist und die *Sie* daran hindert, ihre sanftere Seite zu genießen.

Überprüfen Sie sich also auf Projektionen hin, indem Sie sich fragen: «Welche Eigenschaften erkenne ich nur selten oder nie?»

3. Analyse wiederholten Fehlverhaltens

Sobald Sie feststellen, daß Sie sich nach einem bestimmten Muster verhalten, das Ihnen schon oft Unglück beschert hat, ist sicher eine Projektion mit im Spiel.

Fragen Sie sich, warum Sie sich so verhalten. Vielleicht erkennen Sie, daß Sie es tun, weil Sie einen falschen Eindruck von Menschen hegen.

Sie sind gerade an einem Freitag von der Arbeit nach Hause gekommen und freuen sich auf einen ruhigen Abend. Das Telefon läutet, und Sie heben ab in dem Glauben, es sei eine Freundin, deren Anruf Sie erwarten, aber es ist Ihre Nachbarin. Sie sagt, ein Haufen Leute aus der Nachbarschaft käme um halb zehn zu ihr. Ob Sie nicht auch Lust hätten? Bevor Sie recht wissen, was Sie tun, sagen Sie zu. Sie werfen den Hörer auf die Gabel und ärgern sich über sich selbst. Resigniert schalten Sie den Videorecorder ein, um den Spielfilm aufzuzeichnen, den Sie sich an diesem Abend eigentlich anschauen wollten.

Warum handeln Sie immer so? Es ist das vierte Mal innerhalb kürzester Zeit, daß Sie Ihre Zustimmung zu etwas gaben, was Sie im Grunde gar nicht tun wollten. Es kommt so weit, daß Sie Angst davor haben, ans Telefon zu gehen, weil Sie niemandem eine Absage erteilen können, der Sie um etwas bittet.

Was würde denn Ihrer Meinung nach geschehen, wenn Sie nicht mit zu einem Football-Spiel gingen, das Sie nicht interessiert, oder wenn Sie Ihren Samstag nicht opfern würden, um für einen wohltätigen Zweck zu backen? Oder wenn Sie heute abend die Einladung Ihrer Nachbarin nicht angenommen hätten?

Fragen Sie sich, wovor Sie sich denn *eigentlich* fürchten, und Sie stoßen direkt auf Ihre Projektion. Vielleicht haben Sie Angst, die Nachbarin könnte Sie wegen der Absage ablehnen und nicht mehr mit Ihnen sprechen. Außerdem befürchten Sie vielleicht, sie könnte herumerzählen, Sie seien nicht kooperativ und es lohne sich nicht, sich um Sie zu bemühen. Vielleicht gehen Sie sogar so weit und glauben – völlig ohne Grund –, daß es Rückwirkungen auf Ihr Berufsleben, Ihr Liebesleben, Ihre Sicherheit überhaupt haben könnte, wenn Sie irgend jemandem eine Absage erteilen.

Ganz offensichtlich besteht Ihr falscher Eindruck – Ihre Projektion auf Menschen – darin, daß die anderen ungeheuer anspruchsvoll sind und Ihnen keine persönliche Freiheit oder Wahlmöglichkeit zugestehen, keine Abweichung von dem, was sie von Ihnen erwarten. Mehr noch, Sie projizieren, daß andere rachsüchtig sind und Ihnen aus nichtigem Anlaß übel mitspielen werden. Der gesunde Menschenverstand sagt Ihnen zwar, daß dem nicht so ist, und ganz sicher sind *Sie* anders. Aber die Projektion pflegen Sie vielleicht schon seit Jahren; vielleicht hat ein Elternteil Sie vor der Wankelmütigkeit der Menschen gewarnt oder war besonders anspruchsvoll und ungeduldig Ihnen gegenüber.

Ob Sie nun immer die falschen Menschen einstellen oder die

falschen Stellen annehmen, ob Sie feststellen, daß Sie immer Sachen kaufen, die nicht passen, oder überhaupt nicht in der Lage sind, etwas für sich zu kaufen – ganz gleich wie das Verhaltensmuster aussieht, der Test ist stets anwendbar.

Vielleicht sind Sie immer wieder enttäuscht von anderen oder von sich selbst. Mehrere Freunde haben Sie betrogen oder abrupt fallengelassen, nachdem sich deren gesellschaftliche Stellung verbessert hatte. Rückblickend erkennen Sie, daß Sie immer den falschen Menschen vertrauen. Oder Sie sind enttäuscht von sich selbst, weil Sie immer wieder Freunden zuviel versprechen und sie dann im Stich lassen. Sie erkennen, daß Sie den «großen Macker» spielen, und sehen Ihre Projektion: daß nämlich die anderen Sie nur dann mögen, wenn Sie Großartiges zu bieten haben. In Wirklichkeit sind die anderen aber gern bereit, Sie so zu akzeptieren, wie Sie sind.

Wo ein Verhaltensmuster vorliegt, gibt es auch ein Muster der Wahrnehmung. Das eine nährt das andere. Wenn Sie das Verhalten in Frage stellen, werden Sie in der Regel auch bald die Projektion entdecken, die dadurch genährt wird und die ihrerseits zu dem Verhalten beiträgt.

4. Die Methode der Übertreibung

Nehmen wir an, Sie tun ständig etwas, wozu Sie keine Lust haben, nur weil Sie nicht nein sagen können. Aber wenn Sie sich fragen, *warum* Sie es nicht können oder was Sie im Falle einer Absage befürchten, fällt Ihnen keine Antwort ein. Die Untersuchung dieses Fehlers – warum Sie sich ständig durch ein bestimmtes Verhalten selbst schaden – scheint nicht auf eine Projektion hinzudeuten. Sie haben einfach *Angst* davor, nein zu sagen, und wissen nicht, warum.

Es gibt in diesem Fall eine Methode, mit deren Hilfe Sie eine Ahnung von der Projektion bekommen: *Führen Sie aus, was Ihnen so schwerfällt, wenigstens einmal, wenn auch widerwillig. Ihre Reaktion darauf wird die Projektion übertreiben. Sie werden lebhaft vor sich sehen, wovor Sie Angst hatten oder welchen schlechten Ausgang Sie erwarteten.* Weil Ihre wahre Angst oder

Erwartung vergrößert wird, nennen wir diese Praxis die Methode der Übertreibung.

Suchen Sie sich für das Experiment einen Menschen aus, der Ihnen nahesteht, dem Sie wirklich vertrauen können, zum Beispiel Ihre Schwester. Wenn sie dann anruft und Sie bittet, mit ihr in ein Geschäft einkaufen zu gehen, das Sie verabscheuen, atmen Sie einmal kräftig durch und sagen Sie nein, nur dieses eine Mal. Wenn Sie jetzt auflegen, werden Sie sich in einem Zustand der Panik befinden. Wahrscheinlich werden Sie sofort zurückrufen wollen, um ihr mitzuteilen, daß Sie Ihre Meinung geändert haben, oder sogar um sich für die Absage zu entschuldigen.

Tun Sie es nicht! Statt dessen sollten Sie Ihre Panik analysieren und sich fragen: «Was macht es mir aus, wie sie *jetzt gerade* über mich denkt?» Es könnten Gedanken auftauchen wie: «Sie verachtet mich und wird mir nie verzeihen.» Oder: «Sie wird Mutter erzählen, daß ich sie im Stich gelassen habe, daß etwas mit mir nicht in Ordnung ist.»

Sie haben die Projektion entdeckt. Sie denken, daß der andere Sie stehenläßt oder zusammenbricht, wenn Sie ihm eine Absage erteilen, oder daß er nichts sagt, aber von Ihnen behauptet, Sie seien unzuverlässig oder sogar verrückt. Das Bild, das Ihnen einfällt, wenn Sie sich dazu zwingen, auch nur einmal gegen *irgendein* Verhaltensmuster anzugehen, ist eine lebhafte Vergrößerung Ihrer Projektion. Die Methode der Übertreibung besteht darin, ein Verhaltensmuster nur einmal zu durchbrechen und das Bild des anderen zu analysieren, das uns dann vor Augen steht.

5. Überprüfung der Selbsteinschränkungen

Es gibt vielleicht gewisse Dinge, die Sie einfach *nie* tun, obwohl Sie erkennen, daß es Ihnen nützen würde, wenn Sie dies oder jenes täten. Vielleicht haben gute Freunde Ihnen dazu geraten, und Sie wissen, daß sie recht haben. Oder Sie sehen, wie andere Menschen es tun und Lob dafür ernten.

Sie vermeiden es, mit jemandem zu schlafen, obwohl Sie es unbedingt wollen und einfach «wissen», daß es gut für Sie wäre. Oder Sie haben gerade einen kleinen Laden eröffnet, aber die Warenpreise viel zu niedrig angesetzt. Sie wissen sehr wohl, daß die Kunden gewohnt sind, mehr für solche Sachen zu zahlen, aber Sie fürchten sich davor, einen angemessenen Preis zu verlangen. Warum?

Wahrscheinlich, weil Sie eine ganz bestimmte Projektion entwickelt haben. Zum Beispiel: «Was soll denn Richard von mir denken, wenn ich mit ihm ins Bett gehe?»

Sie haben sich diese Gedanken bei anderen Männern, mit denen Sie eine Beziehung hatten, nicht gemacht. Aber Sie sind in Richard verliebt, und Ihre Projektion auf ihn signalisiert: moralisch, hochanständig, sehr sensibel, schnell beleidigt.

Oder Sie sind der Geschäftsinhaber: Wie kommt es, daß Sie nicht den Betrag verlangen, den Sie für Ihre Ware oder Ihre Dienstleistungen beanspruchen können? Bei Untersuchung dieser Einschränkung erkennen Sie, daß Sie sich vorstellen, wie die Kunden indigniert Ihren Laden verlassen und sich sagen: «Er ist einfach noch nicht lange genug im Geschäft. Er kann unmöglich so viel verlangen wie die anderen.» Natürlich ist es eine Projektion, die anderen könnten mit Röntgenaugen Ihre Selbstzweifel und Ihre Unerfahrenheit sehen.

Viele Menschen, die auf die Welt zum Beispiel die Eigenschaft «gefährlich» projizieren, gehen durchs Leben, ohne so großartige Gaben wir Urteilskraft, Intelligenz, Kreativität oder auch Liebe zu nutzen, weil sie sich davor fürchten, Risiken einzugehen. Mit ihrer Projektion schränken sie sich selbst ein und überlassen anderen die besten Chancen. Sie nehmen den ihnen zustehenden Platz in dieser Welt nicht ein. Wenn Freunde ihnen gut zureden, doch mehr aus sich zu machen: «Du kannst viel mehr, als du bisher gezeigt hast», reagieren sie oft ungehalten. Sie scheinen denen gegenüber, die ihnen wohlwollen, jene Aggressionen entwickeln zu können, die sie besser im Beruf oder in der Liebe zu ihrem Vorteil einsetzen sollten.

Wenn dieser durch einen wohlmeinenden Freund angespornte Mensch seine ärgerlichen Worte einmal analysieren müßte, würde er auf direktem Weg zur Ursache für seine Selbsteinschränkung gelangen: zu einer Projektion. «Du spinnst. Ich kann doch nicht so viel für meine Blumen verlangen. Die Leute *wissen* doch, daß ich den Laden gerade erst aufgemacht habe, und werden denken, daß ich habgierig und ehrgeizig bin.» Die Projektion, die in diesem Einwand zutage tritt, besteht darin, daß die anderen ihn «durchschauen» und außerdem jederzeit bereit sind, das Schlechteste von ihm zu denken.

Nachdem Sie eine Selbsteinschränkung erkannt haben, sollten Sie versuchen, dagegen anzukämpfen, wenigstens einmal. Hierbei wird erneut die Methode der Übertreibung angewandt. Die auftauchenden Ängste umreißen Ihre Projektion noch lebhafter. Mit jeder Blockierung, jeder gefühlsmäßigen Einschränkung Ihrer Handlungsfreiheit ist irgendeine Projektion verbunden.

6. Bestandsaufnahme der eigenen Stärken

Die letzte der sechs Möglichkeiten, eine Projektion bei sich festzustellen, besteht darin, eine *Stärke* zu analysieren, auf die man sehr stolz ist.

Das mag zunächst überraschen. Warum sollte man seine *guten* Seiten unter die Lupe nehmen, wenn man nach einer persönlichen Schwäche sucht? Häufig sind jedoch gerade die starken Seiten ein Grund für Projektionen.

Nehmen wir Alex, der seine beiden jüngeren Brüder aufzog, nachdem seine Eltern bei einem Autounfall ums Leben gekommen waren. Er war damals achtzehn Jahre alt. Erfolgreich kämpfte er gegen alle Versuche an, die Familie auseinanderzureißen, und bewies, daß er durch seine Arbeit in einer Metzgerei in der Lage war, den Lebensunterhalt zu verdienen. Da er schon immer sehr geschickt war, nahm er nach Feierabend Nebenjobs bei Nachbarn an – er baute Bücherregale, errichtete Kamine und verlegte sogar Kabel. Mit zwanzig verließ er die Metzgerei und erhielt eine Stelle in einem Eisenwarenladen, den er später übernahm und erfolgreich führte. Seine Kunden hielten ihn für die Verkörperung von Gelassenheit, Vertrauenswürdigkeit und Kompetenz.

Alex bestand fanatisch auf seiner Unabhängigkeit und wies jede finanzielle Unterstützung durch seine Tanten und Onkel zurück. Immer wieder wurden ihm Stellen bei Verwandten angeboten, die er jedoch ablehnte, da er sie als «Wohltätigkeit» ansah. Seine beiden jüngeren Brüder erhielten Stipendien fürs College, aber Alex bat sie, nicht einmal eine Teilzeitbeschäftigung anzunehmen; er würde ihnen die Bücher kaufen und ein Zimmer bezahlen, damit sie sich voll und ganz dem Studium widmen könnten. Seine Brüder kamen mit all ihren Problemen zu ihm und sahen zu ihm auf, aber er «belastete» sie nie mit seinen Schwierigkeiten.

Mit zweiunddreißig lernte Alex Rita kennen, die er heiraten wollte. Sie hielt ihn für einen starken, ruhigen Mann, spürte aber, daß sie ihn kaum kannte. Er tat sehr viel für sie und half sogar ihrer Familie bei der Renovierung des Hauses. Alle waren der Ansicht, Rita habe enormes Glück mit ihm, aber Rita war sich da nicht so sicher.

Aus ihrer Sicht besaß er eine ungeheure Kraft. Dennoch wurde sie das Gefühl nicht los, daß es neben seinen Stärken auch Schwächen geben müsse. Alex drückte nie Wärme, Zuneigung oder Verlangen nach ihr aus. Sein Bedürfnis, alle Situationen unter Kontrolle zu haben, entwickelte sich zu einem Zwangsverhalten. Rita fühlte sich herabgesetzt und war sich nicht sicher, ob sie wirklich einen wichtigen Platz in seinem Leben einnahm.

Seine Unabhängigkeit, die ihm in all den Jahren geholfen hatte, die Wechselfälle des Lebens zu meistern, hatte auch eine furchtbare Schwäche genährt: Alex projizierte auf andere Menschen, daß sie nichts von ihm halten würden, wenn er auch nur die geringste Verletzlichkeit zeigte. Würde er jemals kindlich oder hilflos wirken, würde er auch nur einem Menschen gegenüber seine Verteidigungshaltung aufgeben, dann würde man ihm alles nehmen.

Rita versuchte, Alex zu überreden, sich mehr zu öffnen, traf aber auf Widerstand. Es war für ihn nicht leicht, einen Charakterzug kritisch zu betrachten, den er mit viel Mühe entwickelt hatte und auf den er stolz war.

Denn auch eine starke Seite, auf die man stolz ist, hat eine individuelle Vorgeschichte. Man hat daran gearbeitet, davon geträumt, andere Menschen danach beurteilt. Man ist davon abhängig geworden, vielleicht sogar so weit, daß man andere Eigenschaften unterdrückt hat. Man stellt sich vor, man sei ohne diese Eigenschaft hilflos. Damit hängt unweigerlich das Bild von anderen Menschen zusammen, die einzig und allein diesen Charakterzug an einem schätzen.

Sind Sie stolz auf ihr gutes Aussehen, laufen Sie Gefahr, sich einzubilden, daß darin der Schlüssel zu Ihren Beziehungen liegt. Ihre Projektion besteht darin, daß nur das gute Aussehen für andere zählt. Die Gefahr einer solchen Projektion liegt auf der Hand. Um nur eine zunennen: Das Älterwerden wird Ihnen besonders schwerfallen.

Wenn Sie herausfinden wollen, wo Sie möglicherweise projizieren, fragen Sie sich, auf welche Ihrer Eigenschaften Sie besonders stolz sind.

Eigene Stärken begründen Projektionen, weil man jeden Erfolg gern auf diese Stärken zurückführt, auf deren Entwicklung man so viel Mühe verwandt hat. Sobald man der wertvollen Stärke einen neuen Erfolg zuschreibt, bestärkt man sich weiter in der Projektion, daß andere Menschen ausschließlich auf diese eine Eigenschaft bei einem achten.

Ganz gleich wo Ihre Stärke liegt, es besteht die Tendenz, daß Sie sich ohne sie verloren vorkommen. Kaufen Sie sich ein teures Kleid für ein Einstellungsgespräch, werden Sie wahrscheinlich denken, daß Sie nur deswegen die Stelle bekommen haben. Sind Sie ein anerkannter Experte für Wirtschaftspolitik, bilden Sie sich ein, daß Freunde sich nur wegen Ihres Wissens mit Ihnen abgeben. Wenn Sie stolz sind auf Ihre Mutterqualitäten, werden Sie sich, sobald die Kinder erwachsen sind und für sich selbst sorgen können, einbilden, für Sie wäre kein Platz mehr in ihrem Leben. In jedem Fall begründet die Stärke eine Projektion.

Zusammenfassung

Eigene Projektionen schränken den Horizont ein. Sie lassen einen nur bestimmte Eigenschaften sehen und anderen gegenüber blind werden. Sie verhindern, daß man Mitmenschen richtig beurteilt, wozu man aber in der Lage sein muß, will man Liebe oder Freundschaft nicht übersehen, wenn sie einem angeboten wird, und will man sie nicht dort suchen, wo sie nicht vorhanden ist.

Projektionen verhindern, daß man erkennt, ob Eigenschaften, die man anderen Menschen zuschreibt, gut oder schlecht sind.

Da Sie bisher in Einklang mit Ihren Projektionen gehandelt und sie durch Ihr Verhalten unterstützt und bestärkt haben, empfinden Sie alles, was Sie sehen, als ganz natürlich. Daher ist es schwieriger, die eigenen Projektionen zu erkennen als die anderer. Wenn Sie die Welt durch eine rosarote Brille betrachten, woher sollen Sie wissen, daß Sie eine tragen?

Die schwierige Aufgabe besteht darin, gleichsam neben sich zu treten, um die eigene Form der Wahrnehmung zu beobachten. Wir haben dafür sechs Möglichkeiten angeführt.

Sie können Ihre Projektionen *erkennen durch Anwendung des Universalitäts-Tests, durch die Suche nach Gefühlen, die ganz offensichtlich fehlen, durch die Analyse wiederholten Fehlverhaltens, durch die Methode der Übertreibung, durch Überprüfung der Selbsteinschränkungen und durch eine Bestandsaufnahme der eigenen Stärken und der durch sie begründeten Projektionen.*

Das Erkennen der eigenen Projektionen ist die Voraussetzung für ihre Veränderung. In diesem Kapitel haben wir gesehen, wie sich durch Veränderung auch nur einer Gewohnheit die Schleusen für eine Flut von Entdeckungen darüber öffnen können, was Sie eigentlich denken.

Durch Veränderung einer *ganzen Reihe* von Verhaltensweisen kann man sich selbst zu einer völlig neuen, positiven Lebensauffassung verhelfen. Man kann aus eigener Kraft erreichen, was eine jahrelange Therapie verspricht.

7 Wie kann man die eigenen Projektionen ändern?

Der Gedanke, daß Dinge, die man sieht, nicht wirklich vorhanden sein könnten, ist verblüffend. Seltsamerweise ist es oft verlockender, an einem falschen Bild von einem Menschen festzuhalten, als es zu überdenken. Obwohl die Änderung einer Projektion nie ohne Erschütterung des eigenen inneren Gleichgewichts abgeht, lohnt sie sich auf lange Sicht doch, so wie das Aufgeben einer selbstzerstörerischen Gewohnheit immer der Mühe wert ist.

Eine Projektion ist eine eingeschliffene Denkweise, die in der Regel durch viele Verhaltensweisen unterstützt wird. Haben Sie eine Projektion erkannt und beschlossen, sie zu ändern, müssen Sie auf all jene inneren Rückschläge vorbereitet sein, die immer bei der Abkehr von einer Gewohnheit auftauchen – zumal Sie ja nicht nur mit einer, sondern mit einer ganzen Reihe von miteinander verbundenen Gewohnheiten brechen, um Ihre Auffassung zu ändern.

Russ projiziert absolute Konventionalität. In den letzten zwanzig Jahren herrschte in seiner Ehe kalter Krieg. Aber er ist der Meinung, daß jeder, angefangen von seinen Kindern bis hin zu seinen Kollegen, ihn verachten und ablehnen würde, wenn er sich scheiden lassen wollte. Vielleicht würde seine Frau zusammenbrechen oder gar sterben, und er wäre dafür verantwortlich. Kein Wunder also, daß er mit einer solchen Ansicht all die Jahre pflichtschuldig bei ihr blieb und sogar eine Affäre mit einer anderen Frau beendete, zu der er sich eigentlich hingezogen fühlte.

In Wirklichkeit haben alle Mitleid mit Russ, weil sie wissen, daß er in dieser lieblosen Ehe leidet. Seine Kinder wären hocherfreut, ihn glücklich zu sehen, und seine Frau würde es kaum bemerken, wenn er sie verließe. Aber Russ weigert sich, dies zu sehen.

Müßte er sie verlassen und all das von sich aus feststellen, würde er sich zweifellos vorkommen wie ein Idiot, ein Opfer seiner Projektionen: der Projektion, daß seine Frau zerbrechlich ist und ihn braucht; der Projektion, daß seine Kollegen von ihm verlangen, sich den Konventionen entsprechend zu verhalten; der Projektion, daß seine Kinder im College-Alter es ihm verübeln, wenn er ihre Mutter verläßt; der Projektion, daß die Ehe nun mal ein Gefängnis ist – all das würde ihm blitzartig zum Bewußtsein kommen. Er würde sich angesichts der Erkenntnis, falsch gelebt zu haben, verhöhnt fühlen. Es wäre ein enormer Schock für ihn.

Russ müßte wirklich Mut beweisen, dies auszuhalten.

Die Vermeidung dieses Schocks ist für Russ eine starke Motivation dafür, auf seiner jetzigen Lebensweise zu beharren. So kann er weiterhin glauben, daß die Ehe, selbst wenn beide Partner unglücklich sind, der *einzig* mögliche Weg ist, das kleinere Übel.

Russ hat mit seinem konventionellen Verhalten genau das getan, was von Anfang an von ihm erwartet wurde. Inzwischen hat er beinahe vergessen, was *er* wirklich will.

Dieses Beispiel sieht zwar aus wie ein Extremfall, in dem eine Reihe von Projektionen das Leben eines Menschen vollständig beherrschen. Aber die Barrieren, die Russ durchbrechen müßte, um sein Leben zu ändern, sind in gewisser Weise Hindernisse, denen sich jeder gegenübersieht, der etwas in seinem Leben ändern will.

Wenn man so lange mit einer ganz bestimmten Art der Beurteilung von Menschen gelebt hat, ist es verständlich, daß man sich daran gebunden fühlt. Man *möchte* glauben, daß es unmöglich ist, sie zu ändern.

Aber ein Verhalten entspringt nicht nur dem Wesen eines Menschen, es *prägt* ihn. Sein Verhalten spiegelt nicht nur seinen Standpunkt wider; es *formt* ihn.

GRUNDSATZ XXVI: Durch Ihr Verhalten werden Sie ständig dazu *veranlaßt*, Menschen immer wieder so zu beurteilen, wie Sie es einmal gelernt haben.

GRUNDSATZ XXVII: Jedesmal, wenn Sie in Übereinstimmung

mit einer Projektion handeln – gerade auch einer, die Sie schon seit Ihrer Kindheit haben –, bestärken Sie diese Projektion und erhalten sie am Leben.

Russ' Eltern waren strenge, hart arbeitende Immigranten, und er hatte sich als Kind unbedingt anzupassen. Seine Eltern waren der Meinung, in einem neuen Land könne man nur dann überleben, wenn man sich abrackert und den Rücken gebeugt hält. Russ wurde beigebracht, in der Öffentlichkeit nicht zu diskutieren, eine Autorität niemals in Frage zu stellen und keine bürgerliche Einrichtung wie etwa die Ehe zu mißachten. Man erklärte ihm, er habe mit seinen Fehlern zu leben, und er lernte, keine Risiken einzugehen. Er tat, was ihm gesagt wurde, denn er hatte das Gefühl, keine andere Wahl zu haben.

Für ihn als Kind war das auch ganz in Ordnung, diese Anweisungen zu befolgen. Es ergab einen Sinn, wenn er in der Familie Frieden haben wollte – und das wollte er. Aber es ist keine Erklärung dafür, warum Russ jetzt, mit fünfzig, immer noch Frieden um jeden Preis haben will. Es gibt so vieles, was er in der Kindheit gelernt hat und heute nicht mehr glaubt. Warum hält er gerade daran fest?

Ganz einfach: Weil Russ sein Leben lang die Projektion bestärkt hat, die anderen verlangten Konformität. Er bestätigte seine Projektion, indem er sich konform verhielt.

Russ' Eltern starben, als er dreiundzwanzig war. Sie waren nicht da, um ihm ins Ohr zu flüstern, er solle ein Mädchen aus der Nachbarschaft heiraten und nicht die Frau, die er im Urlaub in Griechenland kennengelernt hatte und die er wirklich liebte. Es waren nicht seine Eltern, die darauf bestanden, daß er Bankangestellter wurde und nicht Immobilienmakler, wovon er immer geträumt hatte. Sie sagten ihm nicht, daß man bei seiner Frau bleiben muß, auch wenn man sie nicht mehr liebt.

Russ hat all diese Dinge von sich aus getan, entsprechend seiner Projektion auf die Welt, seinem Wunsch nach Konformität. *Und all diese Verhaltensweisen haben seine frühe Projektion am Leben erhalten.* Sie haben sie immer wieder erneuert. Sie *kann* aber durchbrochen werden. Man ist dem, was man ist und wie man die Welt sieht, nicht wehrlos ausgeliefert.

GRUNDSATZ XXVIII: Da jede vorstellbare Projektion eine Denkgewohnheit ist, für deren Fixierung bestimmte Verhaltensweisen notwendig sind, kann sie durchbrochen werden, indem man diese Verhaltensweisen einstellt und durch andere ersetzt.

Hätte Russ sich nicht so sehr bemüht, sich konform zu verhalten, wäre er «seinen eigenen Weg gegangen», würde er die Welt als weniger restriktiv und anspruchsvoll erleben.

Eines der Ziele der Psychotherapie ist übrigens zu erreichen, daß ihre Klienten sich selbst auf neue, positive Art sehen und neue Möglichkeiten erkennen, welche die Welt und andere Menschen bieten – und das heißt nichts anderes, als eben seine Projektionen zu verändern.

Verändern der eigenen Projektionen: Die Methode

1. Bestimmung des projektiven Verhaltens
Sie haben Ihr Welt-Bild anhand der sechs Identifizierungsmöglichkeiten im letzten Kapitel analysiert und sind zu einem bemerkenswerten Schluß gekommen: Ihre Beurteilung anderer Menschen ist systematisch falsch!

Der nächste Schritt besteht darin herauszufinden, zu welchem Verhalten diese falsche Weltsicht führt. *Fragen Sie sich, wie Sie sich aufgrund dieser Projektion verhalten. Was tun Sie im Gegensatz zu anderen, die diese Projektion nicht haben?*

Joel war insgeheim davon überzeugt, daß er der klügste Mensch der Welt sei. Seine Projektion auf die Mitmenschen als dumm und unzuverlässig ist ihm heilig. Wie verhält er sich aufgrund dieser Projektion?

In seinem Beruf als Buchhalter hat Joel Erfolg. Aber er bildet sich ein, daß er auch auf jedem anderen Gebiet ein As ist. Er fällt viele Entscheidungen im Alleingang, ohne Experten um Rat zu fragen, und viele dieser Entscheidungen haben ungute Folgen für ihn. Er hört nicht richtig zu und stellt keine Fragen.

Als er beschloß, seinen Hobbyraum neu zu verkabeln, lehnte er die Hilfe seines Schwagers, der Elektriker ist, ab. Er führte die Arbeiten allein aus, nachdem er ein paar Stunden in einem Do-it-yourself-Handbuch herumgeblättert hatte. Die Lampen brannten durch, die Kabel schmorten in der Wand, und es kostete Joel ein halbes Vermögen, seinen Pfusch von Fachleuten reparieren zu lassen. Aber selbst ihnen wollte er noch gute Ratschläge geben, bis einer von ihnen brüllte: «Sie brauchen mir nicht zu sagen, was ich zu tun habe!» Joel versuchte, sein Mißgeschick vor allen zu verheimlichen. Später brüstete er sich sogar damit, ein Fachmann hätte die Arbeit nicht besser machen können als er.

Ein anderer Fall ist Heather. Sie glaubte, ihre Chefin Anne würde ihr nie eine Chance geben, ihr Können unter Beweis zu stellen. Heathers Projektion bestand darin, daß sie Vorgesetzte grundsätzlich für böse, gnadenlose Menschen hielt – sonst wären sie ja nicht so weit gekommen.

Noch bevor sie Anne *kennengelernt* hatte, begann Heather sich schon mit einer «gnadenlosen» Chefin auseinanderzusetzen. In ihrem Lebenslauf täuschte sie bestimmte berufliche Erfahrungen vor. An ihrem ersten Arbeitstag fragte Heather Kollegen über persönliche Gewohnheiten, Vorlieben und Abneigungen von Anne aus, weil sie glaubte, daß man nie genug wissen kann über einen unvernünftigen Menschen, der die Macht hat. In den folgenden Wochen kaschierte Heather systematisch ihre Fehler oder machte andere dafür verantwortlich, nur damit Anne ihr «nichts anhaben» konnte. Sie versuchte, sich bei der Chefin einzuschmeicheln, indem sie ihr Witze erzählte und ihre Geschäftspolitik vor anderen unterstützte, auch wenn sie nicht damit einverstanden war; sie schwärzte Kollegen an, da sie meinte, damit Annes unvermeidlichen Zorn von sich ablenken zu können.

Heathers gesamtes Verhalten bestätigte und intensivierte ihre Furcht vor Anne und verstärkte ihr Gefühl, daß sie sich in ständiger Gefahr befinde. Mit ihrem durch die Projektion bestimmten Verhalten hatte sie sich selbst innerhalb eines Monats davon überzeugt, daß sie nur durch dieses Verhalten eine Kündigung verhindern konnte.

Joel und Heather haben diese und andere Verhaltensweisen, die ihren ganz speziellen Projektionen entsprangen, aufgedeckt, indem sie sich zwei Fragen stellten. Erstens: *«Was mache ich aufgrund meiner Projektion, das ich sonst nicht tun würde?»* Zweitens: *«Was mache ich anders als die Menschen, die diese Projektionen nicht haben?»*

Natürlich hätte Joel, wenn er nicht Dummheit auf andere projiziert hätte, um Rat gefragt und ihn beachtet, er hätte weniger angegeben, besser zugehört, wäre bereit gewesen, seine Fehler zuzugeben wie jeder andere Sterbliche auch.

Wenn Heather nicht alle Vorgesetzten als böswillig betrachtet hätte, wäre sie in ihrem Lebenslauf bei der Wahrheit geblieben, hätte ihre Arbeit so gut wie möglich ausgeführt und ihre Nachforschungen über die «wirkliche» Anne eingestellt. Sie hätte keine Tricks mehr angewandt, um sich einzuschmeicheln, und hätte sich darauf verlassen, daß Anne ihre Arbeit ehrlich anerkennen würde.

Joel hätte sich eine Menge Ärger und Geld gespart, und Heather hätte Freude an ihrer Arbeit haben können.

Bei der Identifizierung der Verhaltensweisen, die man ändern muß, um eine Projektion zu ändern, *schreibt man sich am besten jede Verhaltensweise auf, die durch die Projektion begründet ist.* Man sollte sich andere Menschen, die diese Projektion nicht haben, genau ansehen und darauf achten, was sie anders bzw. gar nicht machen.

2. Die Errichtung einer «Leiter» für die Änderung

Jetzt haben Sie eine Liste der Verhaltensweisen, die mit Ihrer Projektion zusammenhängen. Sie ahnen, was Sie ändern müssen, wenn Sie die Dinge anders sehen wollen, aber Sie können nicht alles gleichzeitig verändern. Das würde zu einem enormen Schock führen, und Sie wären wahrscheinlich entmutigt, noch bevor Sie eine echte Chance gehabt hätten. Auf diese Weise würden Sie sicher nicht sehr viel erreichen.

Statt dessen sollten Sie die Verhaltensweisen nach Schwierigkeitsgraden einteilen. Einige projektive Verhaltensweisen werden Sie relativ leicht unterlassen können; andere, am oberen Ende der Leiter, werden Sie im Moment noch als kaum veränderbar betrachten.

Nehmen wir zum Beispiel Russ, der aus Angst vor der Meinung anderer seine Ehe nicht in Frage stellen will. Sein erster Schritt kann natürlich nicht darin bestehen, daß er seine Frau mit den Worten verläßt: «Es ist mir egal, *was* die anderen denken.» Auch wenn er *weiß*, daß er eine Projektion unterhält, so weiß er doch auch, daß es ihm ganz und gar nicht gleichgültig ist, was andere Leute über ihn denken, so daß diese Änderung im Moment emotional noch zu hoch angesetzt wäre für ihn.

Es gibt jedoch projektive Verhaltensweisen geringfügiger Art, die man in dieser Phase bereits einstellen kann. Diese Verhaltensweisen bilden die erste Stufe auf der Leiter – sie können sofort geändert werden.

Russ kann aufhören, allen zu erzählen, er sei glücklich verheiratet. Er kann aufhören, schockiert zu reagieren, wenn er erfährt, daß jemand sich hat scheiden lassen, und er kann aufhören, über Geschiedene als «arme Teufel» zu reden. Es gibt noch mehr kleine, überkorrekte Verhaltensweisen im Alltag, die er unterlassen kann. Zum Beispiel rasiert er sich, bevor er draußen im Garten arbeitet, oder trägt eine Krawatte, wenn er samstags noch mal rasch ins Büro geht.

Diese Änderungen sind die «leichtesten», da sie am wenigsten mit Angst verbunden sind. Es wird dennoch verblüffend für ihn sein, wie schwer es fällt, selbst diese nebensächlichen Gewohnheiten zu ändern, und wie unangenehm es ihm zu Anfang sein wird.

Auf der zweiten Stufe der Leiter kommen Veränderungen, die im Moment noch außer Reichweite scheinen, von denen Sie sich aber zumindest vorstellen können, daß es Ihnen eines Tages gelingt, sie durchzuführen. Wenn Sie fest auf der ersten Leitersprosse stehen und ohne Mühe das tun können, was Sie sich in diesem Rahmen vorgenommen haben, *werden* die Veränderungen auf der zweiten Sprosse machbar sein.

Russ wird in der Lage sein, mit seiner Frau darüber zu reden, daß sie nicht zueinander passen und vielleicht sogar an der Beziehung arbeiten und sie dadurch retten, daß er das Problem in Angriff genommen hat. Möglicherweise hatte er sich so sehr um konformes Verhalten bemüht, daß er unfähig war auszusprechen, daß da etwas nicht in Ordnung ist.

Wenn die Beziehung *absolut nicht* zu retten ist, müßte auf der zweiten Sprosse der Leiter der Mut vorhanden sein, alte Freundschaften, die ihm einmal viel bedeutet haben und die er auf Wunsch seiner Frau nicht mehr gepflegt hat, wiederaufzunehmen. Er sollte im Beruf zu freieren Entscheidungen fähig sein, Neuem gegenüber Traditionellem den Vorzug geben, sich klarmachen, was er wirklich will, auch wenn damit ein Risiko verbunden ist.

Auf der dritten und höchsten Sprosse der Leiter befinden sich die Veränderungen, die im Moment praktisch unmöglich erscheinen. Man hat sich jedoch beim Erklimmen der Leiter verändert. Man beurteilt die Mitmenschen anders, und wenn man sich auf der mittleren Sprosse sicher fühlt, werden die letzten Veränderungen nicht schwerer sein als die kleinen Verbesserungen, die man bereits erreicht hat. Die Einstellung hat sich gewandelt, und die Projektion ist ein wenig verändert worden, so daß dieser letzte Schritt nicht annähernd so schwer sein wird, wie es zunächst aussieht.

Halten Sie bitte fest, daß einige Änderungen darin bestehen, bestimmte Dinge einfach *nicht* mehr zu tun. In anderen Fällen geht es darum, etwas *anders* zu machen als bisher.

Heather könnte zum Beispiel ihre Versuche, sich einzuschmeicheln, sowie das Anschwärzen und Aushorchen ihrer Kollegen einfach lassen und die so gewonnene Zeit nutzen, um ihre Arbeit besser zu erledigen.

Zweck dieser Leiter ist es, daß man die Festung schließlich aus eigener Kraft erstürmen kann – daß man aus dem selbsterrichteten Gefängnis der eigenen Projektionen ausbrechen kann. Je ehrlicher man bei der Identifizierung ist, je realistischer man erkennt, was man jetzt sofort tun kann und was nicht, desto leichter fällt das Klettern. Nimmt man eine Sache zu hartnäckig und zu früh in Angriff, ist man versucht, ganz aufzugeben. Aber mit jedem Erfolg schwächt man die Projektion ein wenig ab und erleichtert sich den nächsten Schritt.

3. Sich selbst bei den ersten Veränderungen beobachten

Sie haben Ihre Leiter errichtet und nehmen nun die erste Veränderung auf der ersten Sprosse in Angriff. Wie fühlen Sie sich dabei?

Bevor man es nicht selbst erlebt hat, mag die Vorstellung, man könnte Angst davor haben, vor der Gartenarbeit aufs Rasieren zu verzichten, lächerlich wirken: «So spießig bin ich nun auch wieder nicht!»

Ist es dann aber wirklich soweit, empfindet man echten Angstschmerz. Die Gedanken überschlagen sich, wenn man an mögliche Konsequenzen denkt:

«Was ist, wenn mein Nachbar Tom mich sieht und denkt, ich hab die ganze Nacht durchgemacht? Wenn er nun denkt, ich stecke in Schwierigkeiten?»

«Wenn nun ein Makler vorbeikommt und das Anwesen abwertet, weil er mich für heruntergekommen hält?»

Je konstruierter die Befürchtungen, um so deutlicher, daß eine echte Projektion bekämpft wird. Diese Gedanken, die im Vorgefühl kommender Veränderungen auftauchen, kann man als Hinweis darauf sehen, wovor man tatsächlich Angst hat. Das Monster wird seiner Kraft beraubt, wenn man es beim Namen nennen kann.

4. Änderung des Verhaltens

Jetzt sind Sie bereit, die Projektion durch Veränderung Ihres entsprechenden Verhaltens aufzulösen.

Einige der Verhaltensweisen werden Sie völlig aufgeben, andere werden Sie den realen Gegebenheiten anpassen oder durch neue ersetzen.

Sie fangen an.

Ganz gleich wie groß die Angst ist, die Sie spürten, als Sie die Veränderung vorausahnten, sie war auf jeden Fall nichts gegen das, was Sie jetzt fühlen. Mit jeder Veränderung einer gewohnten Verhaltensweise betreten Sie Niemandsland. Sie verspüren den starken Impuls, das Ganze zu lassen, Ihre alten Verhaltensweisen wiederaufzunehmen, die Ihnen jetzt höchst vernünftig erscheinen.

Als Joel, der sich immer für den klügsten Mann der Welt und alle anderen für Dummköpfe hielt, zum ersten Mal einen Fehler zugab, geriet er in Panik. Es kam ihm plötzlich so vor, als sei dies auf gar keinen Fall eine gute Strategie.

Als Heather ihrer Chefin zum ersten Mal widersprach, war sie sicher, ihre Stellung zu verlieren.

Diese panischen Reaktionen sind durchaus real und sehr stark. Sie zeigen uns, daß wir gegen unsere Wahrnehmungsmuster angehen. Sie sind aber kein Grund, das Unternehmen abzubrechen.

Das Wesen eines Menschen wird durch sein Verhalten bestimmt. An diese Wahrheit müssen Sie sich in dieser frühen Phase der Unsicherheit und des Unbehagens halten. Wenn Sie weiterhin gegen den Leidensdruck ankämpfen und bei Ihrer neuen Verhaltensweise bleiben, werden Sie ändern, «wer Sie sind». Die Angst selbst ist ein Signal dafür, daß Sie Land gewinnen, daß Sie sich verändern.

5. Freie Assoziation im Zuge der Veränderungen

Man kann viel über sich lernen und Munition für weitere Attacken gegen die Projektion gewinnen, wenn man in dieser Phase frei assoziiert.

Achten Sie genau auf die innere Stimme, die Ihnen zuruft: «Kehr zu deinem alten Verhalten zurück. Es ist normal. Es ist sicher. Es ist richtig.» Sie wird ihre Forderung mit vielen Argumenten und wohldurchdachten Rechtfertigungen untermauern.

Achtet man auf diese Stimme und hinterfragt sie, wird man nicht nur die eigene Projektion in allen Einzelheiten erkennen, sondern wahrscheinlich auch entdecken, woher sie stammt.

Als Heather ihrer Chefin widersprach und vor Angst zitterte, mußte sie gegen ihre innere Stimme ankämpfen, die sagte: «Halt den Mund! Du tätest besser daran, Anne zuzustimmen. Bist du verrückt?»

Zwei Stunden später, als Heather schon wieder zu Hause war, zitterte sie immer noch. Sie fragte sich: «Wovor habe ich jetzt eigentlich Angst?» Vor ihrem inneren Auge tauchte das flüchtige Bild auf, wie ihre Chefin sie mit heiserer, sich überschlagender Stimme anschrie, auf den Tisch schlug und mit dem Finger auf sie zeigte. Das war aber ganz und gar nicht Annes Art. Anne sprach leise, und selbst wenn sie wütend war, erhob sie nie ihre Stimme. Heather ging noch weiter und fragte sich: «Warum sollte Anne so mit mir umgehen?» Als Antwort fiel ihr ein: «Sie haßt mich, weil ich jung und hübsch bin!» Auch das war lächerlich. Anne war höchstens ein paar Jahre älter als sie, und alle sagten, daß sie gut aussehe. Woher also kam diese bizarre Vorstellung?

Heather brauchte nur einen Augenblick, um es herauszufinden. Sie sah ihre Mutter vor sich, die mit dem Finger auf sie zeigte und schrie. Ihre Mutter machte immer abfällige Bemerkungen über jüngere Frauen und behauptete, die könnten sich alles erlauben. Besonderen Groll hegte sie gegen jede gutaussehende Frau. Sie war anspruchsvoll und nachtragend und schwankte Heather gegenüber immer unentschlossen zwischen überschwenglicher Zuwendung und totaler Ablehnung.

Schon als Kind hatte Heather eine Strategie entwickelt, um ihre Mutter bei Laune zu halten; diese Strategie hatte sie all die Jahre beibehalten und ausgebaut. Sie hatte sie allen Autoritätspersonen gegenüber angewandt – im Ferienlager, auf dem College und an Arbeitsplätzen – und war der Meinung gewesen, daß sie ihr Sicherheit verlieh. Unbewußt hatte Heather durch ihr eigenes Verhalten jedem Vorgesetzten den Stempel «hysterische Mutter» aufgedrückt.

Und als Joel zum ersten Mal seinem Schwager gegenüber offen einen Patzer zugab, tauchte vor seinem inneren Auge dessen Bild auf, wie er enttäuscht und resigniert seine Schultern hob.

Natürlich war es nicht so. Sein Schwager lächelte nur freundlich und sagte: «Wir machen schließlich alle mal einen Fehler.»

Die Reaktion, die Joel imaginiert hatte, war eine Reaktion, die er immer wieder in seiner Kindheit erlebt hatte. Sein Vater erwartete von ihm und seinen Geschwistern sehr viel und war so schnell enttäuscht, daß Joel gelernt hatte, nur ausgezeichnete Leistungen, ob tatsächlich oder vorgetäuscht, würden ihn im Leben weiterbringen.

Die freie Assoziation während der Veränderung projektiven Verhaltens wird häufig Bilder des anderen zutage fördern, die sehr konstruiert wirken. *In gewisser Weise kann man aber um so mehr lernen, je abwegiger die Bilder zu sein scheinen.*

Aus diesen fragmentarischen Vorstellungen kann man ein vollständiges Bild der eigenen Projektion zusammensetzen und sogar in vielen Fällen entdecken, woher sie stammt. Dieses Bild ist unser Ziel. Es ist eine Einbildung, eine Lüge über einen anderen Menschen oder über die Welt, die uns jahrelang beherrscht hat.

Und wenn man die Einbildung und die Kindheitserinnerungen dahinter weiter analysiert, kann man noch mehr erfahren. Nachdem Heather erkannt hatte, daß sie in allen Autoritäten ihre Mutter sah, suchte sie im Geiste nach anderen Taktiken, die sie ihrer Mutter gegenüber angewandt hatte, Taktiken, die jetzt zu ihrem natürlichen Verhalten gegenüber Vorgesetzten gehörten. Sie erkannte, daß sie eine falsche Schüchternheit entwickelt hatte, damit ihre Mutter Mitleid mit ihr haben mußte; daß sie eine Demutshaltung eingenommen hatte, um ihre Mutter nicht mit ihrer äußeren Erscheinung zu bedrohen. Schon früh hatte sie sich ein zuckersüßes Lächeln zugelegt. Sie beschloß, all diese Manierismen, die zu ihrer Projektion gehörten, abzulegen.

Joel erinnerte sich daran, wie er sich vor seinem Vater immer mit irgendwelchen Meisterleistungen gebrüstet hatte, und nahm sich vor, sofort mit Übertreibungen gegenüber anderen aufzuhören.

Dieses Wissen bedeutet Munition. Je mehr projektive Verhaltensweisen man identifizieren kann, desto erfolgreicher kann man sie ablegen oder entsprechend ihrem Schwierigkeitsgrad ersetzen und die Projektion verändern.

6. Wie man beim Erklimmen der Leiter mit der Höhenangst fertig wird.

Bei jeder weiteren Sprosse wird wieder das Gefühl aufkommen, die neue Rolle sei fremd und eigentlich falsch. Je nach Projektion, die man bekämpft, bildet man sich zunächst ein, von aller Welt ausgelacht, verurteilt oder übervorteilt zu werden, oder man glaubt, die Menschen seien empfindlich und schnell beleidigt, und man habe sich übernommen. Angefangen vom Angstschmerz über das Gefühl der Demütigung bis hin zu blankem Entsetzen erlebt man alle emotionalen Nuancen.

Dieser Leidensdruck kann stärker sein als alles, was man im Laufe der Jahre verspürt hat, in denen man seine Projektion immer wieder durch das routinemäßige Verhalten der Selbsttäuschung verstärkt hat. Damals hat man vielleicht Partner, Freunde und Arbeitsplätze verloren, war unzufrieden oder enttäuscht von Beziehungen oder hat sogar mit dem Leben überhaupt gehadert. Man war aber nur selten von einem Augenblick zum nächsten dermaßen verängstigt. Geben Sie nicht auf. Die Angst wird verschwinden, wenn Sie am Ball bleiben.

Auf jeder neuen Sprosse der Leiter taucht die Frage auf: «Warum fühle ich mich jetzt, nachdem ich mich ein wenig verändert habe, schlechter als vorher bei meiner absoluten Fehleinschätzung anderer?» Oder: «Mache ich wirklich das Richtige? Wenn ja, wie kann dann das Richtige so falsch für mich aussehen?»

Die Antwort ist, daß ein Wandel immer schwieriger ist als Gleichförmigkeit. Auch eine Veränderung zum Besseren erscheint, da ungewohnt, seltsamerweise falsch. Aber geben Sie nicht auf.

Man war wie ein Eßsüchtiger, der beim Essen selbst nicht gelitten hat, aber jeden Morgen voller Verachtung im Spiegel seine Figur betrachtete. Oder wie ein Raucher, der jeden Zug genoß, sich aber immer über die warnenden Statistiken ärgerte und sich im stillen um seinen schlimmer werdenden Husten sorgte. Uns gefiel, was wir machten, nicht aber das, was dabei herauskam.

Eßsüchtige und Raucher fühlen sich, sobald sie beginnen, ihre selbstzerstörerischen Gewohnheiten zu durchbrechen, elender denn je. Jetzt heißt es durchhalten!

Denken Sie daran, daß eine Projektion eine dumme Angewohnheit ist, eine üble Denkweise. Sobald Sie dagegen ankämpfen, erwarten Sie Schmerz, Angst und Verwirrung so sicher, als würden Sie sich einer strengen Diät unterziehen oder plötzlich aufhören zu rauchen.

Bedenken Sie auch, daß Sie *viele* Gewohnheiten gleichzeitig bekämpfen. Eine Projektion besteht nicht wie Eßsucht oder Rauchen aus nur einer unerwünschten Verhaltensweise. Das heißt, wenn Sie leiden, sind Sie auf dem richtigen Weg.

Nehmen wir Russ: Sobald er beginnt, Veränderungen auf den unteren Sprossen seiner Leiter durchzuführen, wird er es auch eher wagen, seine Ehe in Frage zu stellen.

Sobald er seine mit der Projektion zusammenhängende Gewohnheit aufgibt, herablassend über jene zu sprechen, die sich haben scheiden lassen, und akzeptiert, daß es für einige sicher das Beste war, *wird es ihm lächerlich vorkommen, daß er bei einer Frau geblieben ist, die er nicht mehr liebt, ohne sich jemals zu fragen, warum.*

Wenn er aufhört, Geschiedene verächtlich zu behandeln, und zu der Einsicht kommt, daß ja eigentlich viele von ihnen neue und bessere Beziehungen genießen und sich einige sogar mit ihren früheren Partnern, die auch ihr Glück gefunden haben, recht gut verstehen, wird Russ auch seine Vorstellung, wie *er* nach einer Scheidung leben müßte, aufgeben. Statt sich einzubilden, er würde von aller Welt geächtet in einem schäbigen kleinen Zimmer leben müssen, ahnt er die Realität: daß er nämlich ebenso gut leben könnte wie jetzt, seinen Kindern so nahestehen könnte wie nie zuvor und jemanden lieben könnte, von dem er auch Gegenliebe erfährt.

Solange er sich nach einer Scheidung als ruinierter Mann sah, war ein Konflikt nicht denkbar. Ergeben tat er das, was er seiner Meinung nach tun mußte, und erstickte jeden Gedanken an eine mögliche Alternative. Als er sich einmal in eine andere Frau verliebte, machte er sie in Gedanken schlecht und redete sich ein, sie sei eine Gefahr für seinen häuslichen Frieden.

Im Anfangsstadium seines Leidens gestattet er sich nun, die Möglichkeit einer Alternative ins Auge zu fassen. Auf diese Weise schwächt er seine Projektion: Projektionen gedeihen nur, wenn Alternativen ausgeschlossen werden.

Wenn man beginnt, ein festgefügtes Verhaltensmuster zu durchbrechen – eine Projektion aufzuweichen –, wird man zu Anfang immer danach «hungern», das abgelegte Verhalten wiederaufzunehmen. Wird dieser Hunger stärker, hat man zunächst das Gefühl, man könnte nicht weiterleben ohne das bisherige Fehlverhalten und ist mit «Rechtfertigungen» schnell bei der Hand.

Wie jemand, der das Rauchen aufgegeben hat, sich einredet: «Ich kann diesen Bericht unmöglich schreiben, wenn ich keine Zigarette bekomme»; oder wie ein Eßsüchtiger, der sich suggeriert: «Ich werde krank und sterbe, wenn ich jetzt nicht sofort etwas esse», so werden auch Sie Gründe finden, warum Ihre angeblich lebensnotwendigen Fixierungen erhalten bleiben müssen.

Vergessen Sie aber nicht, daß dies keine «Hunger-Gefühle» sind, die Sie befriedigen müssen. Sie sind Bestandteil eines Systems von Einbildungen, das Sie selbst geschaffen haben, um die Rückkehr zu Ihrem früheren, selbstzerstörerischen Verhalten zu rechtfertigen.

Sie können diese «Hunger-Illusion» dazu benutzen, mehr darüber zu erfahren, wovor Sie sich fürchten. Und sobald die Angst einen Namen hat, verliert sie an Geheimnis und damit an Macht. Die «Hunger-Illusion» ist auch ein Signal für Fortschritte, dafür, daß ein Verhalten unterlassen wird, das sicher nachteilig war, und daß man auf dieser Sprosse der Leiter fester Fuß faßt.

In einigen Fällen war das Gefühl des Verlusts, das Sie zur Entdeckung Ihrer Projektion hinführte, ein dumpfer, ständiger Schmerz. Sie konnten ihn vielleicht verdrängen – bis Sie den nächsten Arbeitsplatz oder den nächsten Partner verloren. In anderen Fällen war der Kummer möglicherweise chronisch, so daß Sie sich daran gewöhnt hatten, ihn jeden Tag zu spüren. Für Heather war der Gang zur Arbeit ein täglicher Alptraum, aber scheinbar unausweichlich, da sie ja *alle* Vorgesetzten für ungerecht hielt.

Das Leid, das Sie beim Erklimmen der Leiter spüren, sobald Sie eine neue Verhaltensänderung in Angriff nehmen, ist eine völlig andere Art von Schmerz. Er ist viel heftiger, aber *nicht von Dauer.* Es ist der vorübergehende Schmerz, den die Abkehr von *jeder* Gewohnheit nun einmal mit sich bringt.

Sie krempeln Ihr Verhalten total um. Sie erschüttern Ihr Nervensystem, dem Ihre früheren Gewohnheiten eine Sinekure waren. Sobald das neue Verhalten zur Gewohnheit wird, läßt der Leidensdruck nach, und das Nervensystem kann sich beruhigen. Neue, *richtige* Denkweisen werden die alten, falschen ersetzen.

Um die Leiter erfolgreich zu erklimmen, muß man wissen, was einen erwartet: Der Leidensdruck wird auf jeder Sprosse *heftig, aber von kurzer Dauer sein.* Da man jede neue Verhaltensweise wiederholt, wird sie immer leichter fallen und schließlich die alte ersetzen.

Und ist es nicht besser, *vorübergehend* Angst zu ertragen, als sich selbst dabei zu beobachten, wie man andere Menschen falsch behandelt, *chronisch* Angst vor ihnen hat, unfähig wird zu lieben und ganz allgemein immer weniger vom Leben hat?

7. Wie man mit Widerständen anderer fertig wird

Sobald Sie einen «anderen Eindruck» auf ihre Umgebung machen, ist mit verärgerten Reaktionen zu rechnen. Sie verhalten sich so, wie ihre Mitmenschen es normalerweise auch tun und wie es für jeden selbstverständlich ist. Aber zu Ihnen scheint dieses Verhalten nicht zu passen.

Sie bekämpfen zum Beispiel die Projektion, alle Welt sei klüger als Sie. Sie zwingen sich dazu, Ihre Meinung zu äußern, wie andere es auch tun. Zu Ihrer Überraschung sagt Ihnen plötzlich ein Freund, daß Sie seit neuestem über Dinge reden, von denen Sie keine Ahnung haben.

Oder Sie greifen die Projektion an, andere könnten nach Belieben mit Ihnen umspringen. Zum ersten Mal erlauben Sie sich, ärgerlich zu reagieren, als jemand sich auf Ihre Kosten lustig macht. Ein «Freund», der Sie oft beleidigt hat, bemerkt daraufhin: «Du warst immer so lustig. Was ist denn los mit dir? Verstehst du auf einmal keinen Spaß mehr?»

In der Regel wird man voraussagen können, welche Bekannten dem neuen Auftreten Widerstand entgegensetzen werden. Häufig sind es uns nahestehende Menschen, die uns sehr viel bedeuten und die wir schon sehr lange kennen.

Natürlich will man nach all der Mühe, die man sich mit der eigenen Veränderung gegeben hat, nicht aufstecken. Es ist aber auch wichtig, sich klarzumachen, daß man selbst vielleicht seit vielen

Jahren zu dem falschen Eindruck, den andere von einem haben, kräftig beigetragen hat.

Stoßen Sie auf Widerstand und Irritation, können Sie sich gratulieren. Die Tatsache als solche beweist, daß Sie sich ändern! Und je stärker der Widerstand, desto radikaler muß wohl Ihre Veränderung sein.

Lassen Sie uns einen entsprechenden Fall samt seiner Vorgeschichte betrachten.

Jessica sagt zu ihrer Schwester Elaine: «Wir sollten uns nicht schon so früh am Samstag morgen treffen; ich möchte ausschlafen.»

Elaine erwidert: «Nicht vor Mittag? Du meine Güte! Jetzt gibst du aber an!»

Elaine selbst hat oft verlangt, sie an bestimmten Wochenenden nicht vor Mittag anzurufen. Sie ist stolz auf ihr Gesellschaftsleben und hat Jessicas häusliche Art häufig verspottet. Sie ist gewohnt, Jessica als ihre kleine, farblose Schwester ohne Bekanntenkreis zu sehen. Wohin sollte Jessica schon gehen? Wer würde sie dorthin begleiten?

Seit ihrer Kindheit pflegte Jessica die Projektion, daß ihre Schwester eine «Dame der Gesellschaft» ist. Sie hörte immer mit weitaufgerissenen Augen zu, wenn Elaine über ihre vielen Bekanntschaften mit Jungen redete, die sie anbeteten, und über die vielen Clubs in der Schule, die sie überreden wollten, Mitglied zu werden. Damals ging Jessica sogar ans Telefon für Elaine und erfand Notlügen, wenn Jungen anriefen, denen Elaine den Laufpaß geben oder die sie vertrösten wollte.

Als Elaine aufs College kam, stellte Jessica sie sich als die Königin auf dem Campus vor, und Elaine unterstützte diese Sichtweise.

Vor kurzem war Jessica zwar überrascht, als Elaine sich nach nur einem Jahr Ehe scheiden ließ. Aber es war sicher schwer für jemanden wie Elaine, einen Mann zu finden, der auf Dauer interessant genug für sie war.

Dann lernte Jessica einen Mann kennen, den sie sehr mochte, einen Kommilitonen, der seinen Abschluß in Erziehungswissenschaften machte. Sie hatte sofort ein wunderbares Verhältnis zu ihm Sie konnte es kaum erwarten, daß ihre Schwester ihn kennenlernte.

Jessica war verblüfft, Elaine kühl und unbeeindruckt zu sehen. Das einzige, was Elaine hinterher zu sagen wußte, war: «Scheint ganz in Ordnung zu sein, dein Freund.»

Was die Sache noch verschlimmerte, war, daß Jessica ihrem Freund gegenüber die Schwester als «ganz toll» beschrieben hatte. Jetzt konnte Jessica sich des Gefühls nicht erwehren, daß Elaine, wenn sie wirklich so toll wäre, sich die Mühe hätte geben können, dem Mann, in den ihre Schwester sich verliebt hatte, ein wenig mehr Aufmerksamkeit zu schenken.

Jessicas Freund indessen zeigte sich von *Elaine* überhaupt nicht beeindruckt und fand, daß Jessica sich selbst zu Unrecht herabgesetzt habe. Jessica sah ein, daß er recht hatte. Sie erkannte, daß sie sich nicht genommen hatte, was ihr zustand, und auf ihre Schwester sogar noch einen Glorienschein guter Eigenschaften projiziert hatte.

Diese Erkenntnis half Jessica, einige ihrer problematischen Verhaltensweisen aufzudecken. Immer zog sie sich eher unauffällig an. Nie trug sie große Hüte, obwohl sie ihr an anderen Frauen gut gefielen. In der Regel ließ sie Treffpunkte von den Freundinnen festlegen, als wüßten diese ohnehin viel besser, was gerade «in» war. In Gesellschaft anderer Frauen verhielt sie sich eher still. Sprach sie mit einem Mann und eine andere Frau kam dazu, verschwand sie. Es gab Männer, mit denen sie sich gern verabredet hätte, die sie aber statt dessen anderen Frauen vorstellte. Sie war der Ansicht, diese Männer sähen «zu gut aus» oder seien «zu gewandt» für sie.

Jessica stufte diese und andere Verhaltensweisen von «am leichtesten zu ändern» bis hin zu «am schwersten zu ändern» ein. Sie hatte sofort erkannt, daß die Veränderung ihres Verhaltens anderen Frauen gegenüber zu den Dingen gehörte, die ihr am leichtesten fallen würden. Jede Verhaltensänderung gegenüber ihrer Schwester würde ihr jedoch furchtbar schwerfallen, obwohl sie nicht genau wußte, warum.

Den ersten Schritt machte sie, als sie mit einer Freundin zusammen plante, eine Kusine zum Geburtstag auszuführen. Diesmal schlug sie ein Restaurant vor, von dem sie gelesen hatte. Auf dem Weg dorthin hatte Jessica Angst. «Wenn ihnen das Lokal nun nicht gefällt?» Die anderen würden sie dann glatt für verrückt erklären und einfach weggehen.

Ein ähnliches Bild kam ihr in den Sinn, als sie sich zum ersten Mal ein tief ausgeschnittenes schwarzes Kleid gekauft hatte. Auf dem Weg zur Party stellte sie sich vor, wie alle Anwesenden ihre Unterhaltung einstellen und sie auslachen würden, wenn sie hereinkam. Sie zwang sich zur freien Assoziation und benutzte dieses Bild als Ausgangspunkt. Sie konnte hören, wie die Leute sagten: «Wessen Aufmerksamkeit will sie wohl auf diese Weise erregen? Sie macht sich ja lächerlich.» Dann erinnerte sie sich an eine bestimmte Szene aus ihrer Kindheit. Sie hatte ein Kleid anprobiert, das sie von einem Onkel zu Weihnachten geschenkt bekommen hatte und das ihr sehr gut gefiel. Ihre Mutter verzog das Gesicht. «Gib es deiner Schwester», sagte sie ohne Zögern. «Man braucht einfach eine gewisse Ausstrahlung, um so ein Kleid tragen zu können. Für dich ist es zu auffallend. Du solltest bei deinem einfachen Stil bleiben.» Also hatte sie Elaine das Kleid gegeben.

Jessica widerstand all ihren Zweifeln und auch dem Impuls, umzukehren und sich bequem und farblos zu kleiden. Sie ging zu der Party, und niemand lachte. Zwei Frauen fragten sie sogar, wo sie das Kleid gekauft habe. Offensichtlich gefiel es ihnen. Es mußte ihr wohl gut stehen. Allmählich wurde es für sie zu einer Selbstverständlichkeit, sich auffallendere Kleidung auszusuchen, Abende mit Freunden zu organisieren und ihre Meinung gegenüber anderen Frauen offen zu äußern.

Bis zu diesem Punkt hatte Jessica die Kämpfe nur mit sich selbst auszutragen. Niemandem hatte die neue, aus sich herausgehende Jessica mißfallen – im Gegenteil.

Jetzt befand sie sich am oberen Ende der Leiter. Sie hatte von Anfang an gewußt, daß es schwerfallen würde, sich gegenüber der Schwester anders zu verhalten. Sie war auch in den letzten Tagen, als Elaines Rückkehr aus dem Sommerurlaub in Europa immer näher rückte, zusehends nervöser geworden.

Jessica hatte Angst, Elaine mitzuteilen, daß sie die Absicht habe, mit ihrem Freund zusammenzuziehen. Sie hatte das Gefühl, Elaine würde ihr Moral predigen oder ihr vorhalten, der Freund sei nicht gut genug für sie.

Jessica hatte mit ihrem Freund vereinbart, daß sie ihre Schwester zuerst allein treffen sollte. So kam es zu dem oben erwähnten Telefongespräch. Jessica hatte die ältere Schwester angerufen, um sich mit ihr zu verabreden und ihr die Neuigkeit mitzuteilen. Nachdem sie den Samstag vereinbart hatten, sagte Elaine, sie habe an dem Tag viel vor und sie sollten sich am besten um zehn Uhr morgens treffen.

Ohne nachzudenken, erwiderte Jessica, daß es ihr vor Mittag nicht paßte.

Jessica hätte sich nicht träumen lassen, daß der Kampf schon hier und jetzt losgehen würde. Sie hatte spöttische Bemerkungen von Elaine erwartet, wenn diese erfuhr, daß Jessica mit ihrem Freund zusammenleben wollte. Aber Elaine hakte gleich bei ihrem ersten Satz ein! Jessica kam gar nicht weiter.

Elaine opponierte sofort heftig gegen die neue Jessica – eine Jessica ohne unterwürfige Projektion. Aber Jessica blieb standhaft.

Diese Art des Widerstands zeigt zweierlei: Zum einen wird nur zu deutlich, daß man das, was man angefangen hat, fortführen muß, wenn man nicht überrannt und zurückgeworfen werden will. Zum anderen wird einem unmißverständlich signalisiert, daß man sich bereits geändert hat. Die unangebrachte Heftigkeit, mit der Jessicas Schwester auf eine einfache Bitte reagierte, zeigte, daß ihre Welt ins Wanken geraten war. Offenbar erkannte Elaine sofort, daß sie mit einem «anderen Menschen» sprach. Ihr wurde klar, daß Jessica sie nicht länger als «Prinzessin» ansehen und von nun an als gleichberechtigt auftreten würde.

Beim Erklimmen der Leiter dürfen Sie auf keinen Fall zulassen, daß harsche Reaktionen anderer Sie veranlassen, einen Rückzieher zu machen und Ihr altes Verhalten wiederaufzunehmen.

Manchmal tarnt sich der Widerstand auch als Ratschlag.

«Es ist nicht gut für dich, wenn du im Büro so offen redest.»

«Es ist riskant, die Stelle aufzugeben und frei zu arbeiten.»

«Du solltest *keinem* Mann vertrauen, vor allem nicht dem, den du liebst!»

Solche Ratschläge machen es oft *noch* verlockender, der Gegenseite zuzustimmen und in die frühere, bequeme Identität zurückzufallen. Aber auch hier gilt: *Tun Sie es nicht!*

Erkennen Sie statt dessen, daß Ihnen eigentlich ein großes Kompliment gemacht wurde. Denn entgeisterte Reaktionen bedeuten, daß Sie sich wirklich verändert haben.

Es muß wohl nicht extra betont werden, daß die eigenen Eltern grundsätzlich gegen jede Änderung im Auftreten ihrer Kinder sind. Sie haben sich daran gewöhnt, daß die Kinder eine bestimmte Rolle in ihrem Leben spielen, und deren «Abnabelung» kann eine Krise für die Eltern bedeuten.

Auf jeden Fall treffen wir auf Widerstand bei Menschen, die eigene Projektionen auf uns unterhalten. Jene, die sich unserer Veränderung widersetzen, bilden sich ein, etwas zu verlieren. In Wirklichkeit ist unsere Entwicklung jedoch ein großer Gewinn für sie.

Jessicas Schwester hat zwar eine Bewunderin verloren, aber eine Freundin gewonnen.

Mit Widerständen muß man sich vertrauensvoll auseinandersetzen. Man kann davon ausgehen, daß Widerstände wie andere zu erwartende Formen der Opposition vorübergehend sind. Bleibt man seiner Veränderung treu, werden sich die Leute daran gewöhnen; wenn nicht, wird es auch nicht schlimmer sein als vorher.

8. Erfolge

Sie haben die Sprossen der Leiter erklommen. Nach und nach wurde jede neue Verhaltensweise mühelos und natürlich. Aufgrund der neuen Verhaltensmuster ist es Ihnen möglich, andere Menschen realistischer zu beurteilen. Die vorübergehende Angst bei der Abkehr von Ihren alten Gewohnheiten ist verschwunden, und Sie werden Schwierigkeiten haben, wenn Sie sich daran erinnern wollen, wie Sie die Menschen früher gesehen haben.

Das Gesetz des Einklangs wird Sie dahin führen, sich unbewußt weitere Verhaltensweisen anzueignen, die Ihrer neuen Art, Menschen einzuschätzen, entsprechen. Sie fühlen sich wohl, wenn Sie in Übereinstimmung mit Ihren Wahrnehmungen handeln. Der einzige Unterschied besteht jetzt darin, daß Ihnen gefällt, was Sie tun, *und* was dabei herauskommt.

Als Joel es sich zum Beispiel zur Gewohnheit gemacht hatte, Unsicherheit offen zu zeigen, um Hilfe zu bitten, Fehler zuzugeben und nicht zu prahlen, entdeckte er auch, daß andere ihn so mochten, wie er war. Er sah ein, daß er es nicht nötig hatte, großspurig aufzutreten. Er überwand sein Gefühl, daß alle ihn auslachen oder ausschließen würden, wenn ihm ein Schnitzer unterlief. Er entwickelte viel intensivere Beziehungen, nachdem er nicht mehr zwanghaft an die Möglichkeit eines Mißgeschicks denken mußte.

Bei Heather war es so, daß sie, sobald sie gelernt hatte, ihre Chefin ohne «Projektions-Brille» zu sehen, wirklich Freude an ihrer Arbeit hatte und schon bald von Anne befördert wurde. Da sie nun wußte, daß wirklich nur ihre Leistung zählte, konnte Heather auch offener mit Anne als Mensch reden. Sie erkannte, daß Anne keine «böse Mutter» war, sondern eine junge Frau in ihrem Alter und eine gute Freundin. Das Verhalten, das Heathers neue Wahrnehmung bewirkt hatte und das sie zunächst so viel Überwindung gekostet hatte, war nun für sie der natürliche Ausdruck ihrer Gefühle gegenüber Anne.

Jede Psychotherapien, deren Ziel es ist, dem Patienten zu helfen, andere Menschen auf neue Art und Weise wahrzunehmen, gehen ganz ähnlich vor, wie wir es beschrieben haben. *Ganz gleich wie die Theorie aussieht, der eigentliche Hebel für die Änderung einer Sichtweise liegt im Verhalten des Patienten.* Das neue Verhalten verursacht zunächst Angst, verändert aber allmählich die Wahrnehmung des Betreffenden.

Jede Therapie, wenn sie erfolgreich ist, arbeitet bei der Heilung des Patienten mit der Identifizierung des problematischen Welt-Bildes und des damit zusammenhängenden Verhaltens sowie der Änderung dieses Verhaltens und demzufolge der Änderung der Sichtweise.

Zusammenfassung

Man kann die eigene Denkweise aufgrund einer einfachen Wahrheit ändern: Projektionen brauchen ständig Nahrung. Handelt man nicht ihnen entsprechend, sterben sie ab.

Hat man die Projektion, die man ändern will, erkannt, ist es wichtig, daß man möglichst viele Verhaltensweisen ausmacht, die damit verbunden sind. Beschließt man, eine Projektion aufzugeben, durchbricht man eigentlich ein zusammenhängendes Muster schlechter Gewohnheiten.

Man stuft diese schlechten Gewohnheiten – das projektive Verhalten – in der Rangfolge von «am leichtesten zu ändern» bis hin zu «am schwersten zu ändern» ein. Man erkennt, daß man manche Verhaltensweisen vollständig ablegt, andere modifiziert oder durch ein neues Verhalten ersetzt.

Viel Angst erwartet uns auf dem Weg. Sich zu ändern ist immer schwieriger, als im Gewohnten zu verharren, und auch ein Wandel zum Besseren erscheint häufig zunächst fremd und falsch. Denken Sie aber daran, daß die Angst, die Sie jetzt empfinden, nur der Schmerz der Abkehr ist. Er geht vorüber – indem Sie Ihre neuen Verhaltensweisen wiederholen, läßt er mehr und mehr nach, um am Ende völlig zu verschwinden.

Wenn Sie schließlich das Ende der Leiter erreicht haben, nachdem Sie auf jeder Sprosse sicher und fest standen, werden Sie ein neuer Mensch *sein*. Ihre Sichtweise wird frei, vertrauensvoll und gesund sein. Sie werden Liebe und Freundschaft für erreichbar halten und auch erreichen. Sie werden ganz genau spüren, wessen Gesellschaft Sie suchen und wen Sie meiden sollten.

Leider besitzt das neue Welt-Bild keine «Haltbarkeitsgarantie» fürs Leben. Sie können aber selbst für diese Garantie sorgen, wenn Sie ein paar zusätzliche Punkte beachten.

8 Wie behält man bei der Beurteilung anderer Menschen einen klaren Kopf?

Wir alle haben schon den Mann kennengelernt, der angeblich immer Pech in der Liebe hat, uns aber verrückt macht mit seinen Schwärmereien über die Frau, die er gerade kennengelernt hat. Doch schon ein paar Monate später versucht er verzweifelt, sie wieder loszuwerden.

Und wir kennen alle jemanden, der seinen Arbeitsplatz jedes Jahr wechselt, immer mit hochgespannten Erwartungen beginnt und schließlich doch jedesmal enttäuscht wieder kündigt.

Dasselbe erleben wir in der Freundschaft. Es gibt Menschen, die immer begeistert sind von ihrer neuesten Bekanntschaft, die aber niemanden nennen können, dem sie sich länger als fünf Jahre verbunden fühlten.

Das Problem all dieser Menschen besteht darin, daß sie nicht zu einem *Verhalten* in der Lage sind, das dem anderen in ihren Augen Wert und Bedeutung verleiht.

Der Pechvogel in der Liebe hat – vorausgesetzt, daß er nicht tatsächlich jedesmal falsch gewählt hat – etwas für die Dauerhaftigkeit einer Liebesbeziehung Wichtiges vergessen: sich so zu verhalten, daß seine Liebe am Leben bleibt. Dabei war sein erster Eindruck keineswegs immer falsch. Zumindest einige Frauen *hatten* genau das lebhafte Wesen, das er von einer Frau erwartet und gefunden zu haben glaubte. Es war nicht *die Frau*, die sich veränderte, sondern *sein Eindruck von ihr.* Da es ihm nicht gelang, so zu handeln, daß er die Eigenschaft «liebenswert» auf die Frau projizieren konnte, brachte er sich selbst allmählich dahin, «unzureichend» auf sie zu projizieren. Er überzeugte sich selbst davon, daß die Frauen nicht liebenswert waren und beraubte sich somit der Liebe.

Sind Sie dazu nicht in der Lage, berauben Sie sich selbst all dessen, was Sie sich immer gewünscht haben. Sie befinden sich in derselben Lage wie ein Mensch, der von einem Partner verlassen wurde oder der einfach keinen finden kann; es geht Ihnen genauso schlecht wie einem, der wiederholt wegen Untauglichkeit seine Stelle verliert, oder wie einem, der aufgrund mangelnden Kontaktvermögens keine Freundschaften schließen kann. Der einzige Unterschied besteht darin, *daß Sie sich selbst zum Verlierer gemacht haben.* Alles, was Sie haben wollten, war für Sie da, Sie hatten es in Händen, aber Sie haben es allmählich vergiftet. *Sie konnten Ihr Glück nicht mehr sehen, also haben Sie aufgehört, glücklich zu sein.*

GRUNDSATZ XXIX: Sie sind der einzige, der eine Beziehung als für Sie selbst wertvoll gestalten kann.

GRUNDSATZ XXX: Ebenso liegt es allein bei Ihnen, ob Sie Ihr Glück dadurch vergiften, daß Sie Ihren Beziehungen ihren Wert nehmen. Mit Ihrem Verhalten können Sie sich selbst einreden, daß Ihre Beziehungen eigentlich nicht so kostbar sind.

Aufbau dauerhafter Beziehungen

Es gibt viele Menschen, die sich darüber beklagen, daß alle ihre Beziehungen nicht von Dauer seien. Dann aber wurden sie von Anfang an falsch aufgebaut. Manche suchen sich ein Auto aus, das gerade noch ein paar Jahre fährt, und es gibt Menschen, die auf der Suche nach Freunden oder einem Partner genauso verfahren. Statt für die solide Basis einer Beziehung zu sorgen, wollen sie nur so schnell wie möglich das bekommen, was sie wollen, um es so lange zu behalten, bis es nicht mehr funktioniert.

Es ist nicht so, daß diese Menschen die falschen Auswahlkriterien für Freundschaften, Ehen und andere Beziehungen anwenden. Auch wenn sie den «Richtigen» gewählt haben, behandeln sie, die alles für vergänglich halten, ihren Partner so, daß er ihnen mit der Zeit immer *weniger liebenswert erscheint* als zu Beginn.

Der Partner oder Freund, den wir zunächst schätzen, muß sich nicht einmal verändert haben, aber *aufgrund unseres eigenen Verhaltens* scheint er verändert. Jetzt halten wir ihn für langweilig oder geizig oder unehrlich. Für unser Glück ist es wichtig, daß wir lernen, unseren Sinn für den Wert anderer Menschen durch unser Verhalten ihnen gegenüber zu bewahren.

Viele, die behaupten, kein Glück in der Liebe oder in der Freundschaft zu haben, sagen auch, daß man bei näherem Hinsehen entdeckt, wie enttäuschend die Menschen wirklich sind. Freundschaft, Liebe und Sex sind für sie unweigerlich nur von kurzer Dauer. Diese Menschen können oft eine ganze Reihe von Menschen auflisten, die sie einmal bewundert haben, vielleicht sogar einen oder zwei frühere Partner, bei denen sie schon sehr bald eine negative Seite entdeckten. Sie können Freunde aufzählen, von denen sie zunächst begeistert waren, die sich dann aber als Blindgänger erwiesen, und Arbeitsplätze, die zu Beginn großartig aussahen, sich innerhalb weniger Monate aber als unerfreulich herausstellten.

Das andere Extrem sind Menschen, die nur dauerhafte Beziehungen aufbauen. Es liegt in ihrer Natur, daß sie Freundschaften wachsen und eng werden lassen. Sie nehmen alle Mühe auf sich, jene schwierigen Perioden zu überstehen, die lang anhaltende Freundschaften oder eine Ehe oft belasten, und stehen dem Partner nach diesen Phasen näher als je zuvor. Im Alter können sie sich fast immer ganzer Heerscharen von Freunden rühmen; sie sind umgeben von Menschen, die ihnen unterschiedlich nahestehen – angefangen von entfernten Bekannten über Vertraute bis hin zu Busenfreunden.

Ihre klare Sichtweise, die sie dazu befähigt, eine Freundschaft zu pflegen, hält sie gleichzeitig auch fern von Schmarotzern und Ränkeschmieden. Solche Menschen, die den Mut zu einer eigenen Meinung haben, sind nicht daran interessiert, Beziehungen aufrechtzuerhalten, nur weil sie Angst vor dem Alleinsein haben. Dieselbe Einsicht, die sie gute Freunde erkennen läßt, warnt sie vor schlechten Absichten anderer. Sie geben nicht vor, daß alles in Ordnung sei, wenn dies nicht der Fall ist. Sie unterwerfen sich keiner Selbstzensur, wenn sie sich über jemanden ärgern. Ein Mensch, der sie beleidigt oder ihre ethischen Maßstäbe verletzt hat, verliert in ihren Augen automatisch an Achtung. Aufgrund einer Kränkung können sie Beziehungen vollständig abbrechen.

Die Fähigkeit dieser Menschen, Gutes von Schlechtem zu unterscheiden, ist eine Bereicherung für ihre Freunde, die sich immer geschätzt und verstanden fühlen werden. Typisch für diese Menschen, die dauerhafte Beziehungen aufbauen, ist das Gefühl, daß noch nie und nirgendwo ein solch erlesener Kreis treuer Freunde wie der ihre existiert hat.

Sowohl jene, die lebenslange Beziehungen genießen, als auch jene, die einen Mechanismus der Selbstzerstörung in jede neue Beziehung einbauen, gehen davon aus, daß sie ihre Mitmenschen nur so sehen, wie sie wirklich sind, und behandeln sie dementsprechend. In der Regel übersehen sie die Rolle, die ihr eigenes Verhalten auf die eine oder andere Weise dabei spielt. Für erstere besteht diese Rolle darin, den Wert anderer Menschen für sich zu *steigern*, für letztere besteht sie darin, den Wert anderer Menschen für sich *herabzusetzen*. Ohne sich dessen bewußt zu sein, haben sich erstere glücklich gemacht, letztere haben sich dem angebotenen Glück verweigert und sich so unglücklich gemacht.

GRUNDSATZ XXXI: Wollen Sie in einer Beziehung Erfolg haben, müssen Sie unbedingt alles tun, um den Wert des anderen für sich zu *steigern*. Wenn Sie ihn *herabsetzen*, werden Sie sich selbst einreden, daß Ihre Beziehung zu diesem Menschen weder wünschenswert noch wertvoll ist.

Hat man sich angewöhnt, mit der Zeit von anderen Menschen «enttäuscht» zu sein, so hat man kaum die Chance, eine Beziehung aufzubauen und aufrechtzuerhalten, die auf Dauer glücklich macht. Und weil niemand gern mit einem enttäuschten Menschen zusammen ist, zahlt man auch den Preis, von anderen als «unerwünscht» betrachtet zu werden.

GRUNDSATZ XXXII: Wenn Sie den Wert anderer Menschen

für sich selbst nicht ruinieren wollen und Ihren Eindruck von denen nicht zerstören wollen, die Ihre eigentlichen Chancen zum Glücklichsein bedeuten, müssen Sie Verhaltensweisen vermeiden, durch die andere in Ihrer Achtung sinken und Sie «enttäuschen».

Es gibt eine Reihe von Verhaltensweisen, die für eine Beurteilung anderer gefährlich sein können – Verhaltensweisen, durch die andere an Wert verlieren.

Es kann sein, daß man sich daran gewöhnt hat, zuviel für einen Partner oder Freund zu tun und ihn am Ende ablehnt. Oder man fordert so viel, daß man schließlich glaubt, der andere existiere nur für die eigene Bequemlichkeit. Wenn man einen anderen ständig belügt oder betrügt, erscheint er einem früher oder später als Dummkopf. Beleidigt man einen anderen oder verhält man sich ihm gegenüber gleichgültig, bringt man sich selbst dazu, ihn zu verachten, und so weiter.

Falls der Partner nicht in der Lage ist, sich zu wehren, wird er mit ziemlicher Sicherheit der herabsetzenden Behandlung zum Opfer fallen.

Ohne eigenes Verschulden wird er in Ihren Augen an Achtung verlieren. Und natürlich werden auch Sie Verlierer sein – ob Sie ihm nun die Schuld für das Scheitern der Beziehung geben oder nicht. Hätten Sie seinen Wert für sich gesteigert und nicht herabgesetzt, wären Sie in der Lage gewesen, an den guten Seiten dieses Menschen ein Leben lang Ihre Freude zu haben. Heute könnten Sie dann sagen, daß Sie glücklich sind, ihn zu kennen.

Es genügt nicht, einfach eine gute Beziehung zu *haben*. Man muß den Wert dessen, was man hat, *auch schützen*. So wie ein Sicherheitssystem zum Schutz für Haus und Hof installiert wird, muß man Vorkehrungen treffen zum Schutz der Fähigkeit, Menschen, die man zu Beginn schätzt, auch weiterhin liebenswert zu finden.

Das Gesetz der Ökonomie

Den Prozeß, durch den wir am häufigsten andere Menschen unwissentlich herabsetzen, können wir uns vorstellen als unsere Unterwerfung unter das Gesetz der Ökonomie oder der Wirtschaftlichkeit.

Jedem von uns ist der Wunsch eigen, unser Verhalten zu vereinfachen, zu rationalisieren. Wenn wir etwas lernen, versuchen wir, den Aufwand, der für die Erledigung einer Sache notwendig ist, auf ein Minimum zu senken und zusätzliche Handgriffe zu lassen, sobald wir erkennen, daß sie überflüssig sind.

Wenn man zum Beispiel kochen lernt, mißt man zunächst mit Sicherheit alle Zutaten genau ab und benutzt dazu verschiedene Meßvorrichtungen. Man legt sich die Zutaten vorher zurecht. Man schaut immer wieder ins Kochbuch, weil man sich seiner Sache nicht sicher ist. Mit der Zeit bekommt man ein wenig Routine, geht das Ganze lässiger an, und schließlich beherrscht man die Zubereitung seiner Lieblingsgerichte fast im Schlaf. Wenn jemand einen dann nach dem Rezept fragen würde, müßte man sicher ein wenig überlegen, weil inzwischen alles automatisch abläuft.

Jeder Lernprozeß beinhaltet diese Verfeinerung, dieses Streben nach mehr Ökonomie.

Je geübter man in einer Tätigkeit ist, desto routinierter wird man sie erledigen, bis einem kaum mehr richtig bewußt ist, was man da eigentlich tut. Man macht es einfach – sei es ein Spaziergang, Kochen, Briefschreiben oder Autofahren. In der Kindheit erforderte selbst eine so einfache Tätigkeit wie das Haarekämmen zunächst Überlegung und Aufmerksamkeit; heute geschieht es automatisch, während man über den Tagesablauf nachdenkt oder sich unterhält.

Entwicklung hin zu mehr Wirtschaftlichkeit tritt bei allen Lernprozessen auf. Wir führen die Sache zunächst ungeschickt aus, mit zusätzlichen Bewegungsabläufen und einem hohen Grad an Konzentration, um sie dann immer selbstverständlicher mit nur wenig oder sogar ohne Nachdenken zu verrichten. Diese Vereinfachung von mehr oder weniger alltäglichen Abläufen ist für uns sehr wichtig. Wenn wir nicht lernen würden, unser Verhalten auf diese Weise zu rationalisieren, würden wir unseren ganzen Tag damit verbringen, ein paar Tätigkeiten von so gravierender Bedeutung, wie es das Zubinden der Schuhe ist, auszuführen.

Auch in der Haltung gegenüber anderen Menschen gibt es eine Tendenz zur «Wirtschaftlichkeit». Aber auf diesem Gebiet kann ein Nachlassen der Bemühungen gefährlich sein.

Larry, ein gutaussehender, dreiunddreißigjähriger Mann, gehörte zu den Menschen, die immer Pech in der Liebe haben, die immer enttäuscht sind. Er beklagte sich, daß nach einem überwältigenden Anfang meist beinahe sofort der Abstieg einsetze. Er versuche dann immer, seine Zweifel beiseite zu schieben, aber bevor er noch darüber nachdenken könne, liege er wach im Bett und mache sich die größten Vorwürfe, der falschen Frau zuviel versprochen zu haben. Am Ende ziehe er sich zurück.

Larry betrachtete sich ganz und gar als ein Opfer von Frauen, die ihn ausnutzten. Er glaubte, ehrlich auf der Suche nach der Richtigen zu sein, so wie Parzival nach dem Heiligen Gral. Als er Olivia kennenlernte, war er sicher, die Frau seiner Träume gefunden zu haben. Sie machte Buchbesprechungen für eine renommierte Zeitung, und Larry strahlte, wenn sie ihm ein Kompliment über seine gute Ausdrucksweise machte. Jeden Tag suchte er nach Artikeln von ihr und las begierig jede Zeile, rief sie dann an, um ihr zu sagen, wie wunderbar sie wieder geschrieben habe, oder er verabredete sich mit ihr zum Essen, um es ihr zu sagen.

In dieser Anfangszeit las Larry Olivia jeden Wunsch von den Augen ab, war begeistert von ihren Freunden und versuchte, sich etwas für sie auszudenken, worauf niemand außer ihm kommen würde.

Als Lehrer am College hatte Larry unter der Woche viel zu tun. In der Regel hielt er sich die Wochenenden frei, um selbst zu schreiben, was ihm sehr viel bedeutete. Dennoch ließ er jetzt an vielen Wochenenden den Roman, an dem er arbeitete, liegen, um mit Olivia zusammensein zu können. Er lud sie zu seinen Vorlesungen am College ein und genoß es, ihr Gedichte vorzulesen. Schließlich gestand er ihr seine Liebe.

Sie sagte, sie sei sich ihrer Gefühle nicht ganz sicher; es sah so aus, als müsse sie immer noch die Erinnerung an seinen Vorgänger überwinden. Aber nach drei Monaten hatte Olivia Klarheit gewonnen. Auch sie sagte Larry nun, daß sie ihn liebte.

Ungefähr zu dieser Zeit spürte Larry plötzlich das Verlangen, zu seinem Roman zurückzukehren. Er erklärte ihr, daß er sich vor seiner Verantwortung gedrückt habe, und sie verstand ihn.

Zunächst gab er ihr einige Stunden vorher Bescheid, wenn er sehr in seine Arbeit vertieft war und ein gemeinsames Essen absagen wollte: «Ich komme so gegen zehn. Ich kann jetzt einfach nicht unterbrechen.» Bald begann er, ihr auch abzusagen, wenn ein paar Freunde vorbeigekommen waren, um zusammen mit ihm ein Football-Spiel im Fernsehen anzuschauen. Er bat sie, das Gerät leise zu stellen, so daß Olivia annehmen mußte, daß er schrieb. Das schien ihm weniger mühsam als eine Erklärung des tatsächlichen Sachverhalts.

Nachdem sie sich sechs Monate kannten, vergaß er oft den Anruf, der ihr die Möglichkeit gegeben hätte, etwas anderes zu unternehmen, während er beschäftigt war. Er las auch ihre Besprechungen nicht mehr: Sein eigenes Buch lief schlecht, und es war schmerzhaft, etwas über andere Schriftsteller zu lesen, denen es besser ging.

Von da an suchte Larry nicht länger nach Dingen, die er für Olivia *tun* konnte. Er suchte eher nach Dingen, die er *nicht tun* mußte. Er begann, *sie* darum zu bitten, Besorgungen für *ihn* zu machen, denn «du bist ja ohnehin in der Stadt». Er hatte sein Verhalten ihr gegenüber rationalisiert und beschränkte sich auf die Handlungen, die unbedingt notwendig waren, um Sie zu beschwichtigen und davon abzuhalten, ihn zu verlassen.

Es war *nicht* einfach so, daß Larry sie nicht mehr liebte und daher weniger für Olivia tat. Seine «Ökonomie» war es, die seine Projektion auf Olivia als die Frau seiner Träume verändert hatte. Er behandelte sie zunehmend gleichgültiger und brachte sich schließlich so weit, daß er sie als eine nützliche Einrichtung betrachtete, nicht mehr als die Frau, mit der er unbedingt sein Leben verbringen wollte. Und sie zementierte ihre neue Identität, indem sie sich mit weniger begnügte und ihm zustimmte.

Zu Anfang war seine Enttäuschung nur gering. Seine Zweifel waren wie flüchtige Wolkenschatten. Schließlich genoß er es noch, mit ihr zu schlafen, und hatte sie an bestimmten Wochenenden immer noch gern bei sich. Er fand es außerdem oft einfacher zu schreiben, wenn sie sich im Nebenzimmer befand und er wußte, daß sie zur Verfügung stand, sobald er die Schreibmaschine verlassen würde.

Eines Tages erhielt Larry dann einen Artikel von einem Zeitschriftenherausgeber mit einer wenig schmeichelhaften Kritik zurückgeschickt. Er war kreuzunglücklich. Als er Olivia um ihre Meinung bat, widersprach sie dem Urteil des Herausgebers und sagte Larry, sie glaube an sein Talent. Völlig unerwartet reagierte er wütend, verteidigte den Kritiker und beschuldigte sie, ihn nur einlullen zu wollen.

«Lob ist wirklich das letzte, was ich brauche, wenn ich etwas schlecht gemacht habe», sagte er. Sie begann zu weinen.

Bald sah er sich in Gedanken an der Seite einer anderen Frau, und Olivia hatte fast nichts mehr von ihm zu erwarten. Je weniger er ihr gab, desto geringer wurde seine Zuneigung zu ihr. Er bestand darauf, daß sie sich für drei Monate trennen und sich in dieser Zeit nicht treffen oder miteinander reden sollten, um so Klarheit über ihre Beziehung zu erhalten. Sie protestierte heftig, was nur dazu führte, daß er ihr noch weniger Respekt entgegenbrachte.

Einen Monat später erhielt er die Nachricht, sie habe versucht, ihn telefonisch zu erreichen, aber er rief nicht zurück.

Dann teilte Olivia ihm mit, sie habe sich in einen anderen Mann verliebt, einen jungen Bestsellerautor, den sie interviewt hatte. «Er bat mich, ihn zu heiraten, was ich auch tun werde.»

Larry konnte es kaum glauben. Hatte er etwas falsch gemacht? Er erinnerte sich an die erste zauberhafte Zeit mit Olivia, als er ihr in einem Ruderboot auf dem See Proust vorlas und sie über eine gemeinsame Zukunft gesprochen hatten. Er versuchte sich zu trösten, indem er die Arbeit an seinem Roman wiederaufnahm, aber er fühlte sich sehr einsam. Er erkannte, daß er lieber an Olivias Seite gelebt hätte.

Wie schon so oft hatte Larry wieder einmal Pech in der Liebe gehabt. Er hatte Olivia nicht verloren, weil er ihren Ansprüchen nicht gerecht wurde. Es war auch nicht einfach so, daß er sie sich zum Feind gemacht hätte. Das Problem lag darin, daß er Dinge unterlassen hatte zu tun, die für die Aufrechterhaltung *seiner* Liebe notwendig waren. Er hatte ihren Reiz für sich zerstört. Er hatte sich eingebildet, es würde ausreichen, wenn er nur tat, was bequem war. Indem er aber sein Verhalten ihr gegenüber «ökonomisch» gestaltete, zerstörte er das schöne Bild, das er von ihr hatte, und die Besonderheit ihrer Beziehung. Jean Paul Sartre hat einmal gesagt: «Es gibt keine Liebe, sondern nur Liebesverhalten.»

Wichtig ist zu erkennen, daß Larry Olivia tatsächlich *liebte*, als sie ihm ihre Liebe gestand. Er war überglücklich, wie er seinen Freunden erzählte. Larry unternahm dann den fatalen Schritt, in seinen Bemühungen, seiner Aufmerksamkeit und seinem Interesse an Olivias Leben nachzulassen, weil er davon ausging, er könnte dies ohne Verlust tun – weil er sich ihrer *sicher* war. Dieses Nachlassen, diese gleichgültigere Behandlung, führte dazu, daß Larry Olivia auf neue, ungünstige Weise *betrachtete*. Durch sein *Verhalten* überzeugte sich Larry, daß Olivia nicht «liebenswert» war.

Nachdem sie sich getrennt hatten und Larry Olivia nicht mehr auf ihre Kosten «ökonomisch» behandeln konnte, kehrten die reizvollen Bilder des Anfangs wieder zurück. In den Wochen und Monaten nach Olivias letztem Anruf hielt er den anderen Mann für «glücklich» und Olivia für «toll». Larry glaubte, er würde nie wieder eine Frau wie sie kennenlernen.

Wir alle kennen Menschen wie Larry, deren Beziehungen diesem Muster der Wirtschaftlichkeit unterliegen und dann in Enttäuschung enden. Wir fragen uns verwundert, wie ein attraktiver, intelligenter und erfolgreicher Mensch, der offensichtlich eine Beziehung sucht, dabei so oft Schiffbruch erleiden kann. Wir können uns nicht vorstellen, warum.

Häufig gibt es einen interessanten Hinweis darauf, daß das Gesetz der Ökonomie am Werk ist. Der Betreffende ist vielleicht wirklich verliebt in jemanden, der aus irgendeinem Grund jedoch unerreichbar ist – sein Traumpartner hat ihn vielleicht verlassen, ist gestorben oder hat jemand anderen geheiratet. Larry sagte Olivia bei einer ihrer ersten Verabredungen, er sei immer in die Frau eines Kollegen verliebt gewesen. Sie aber war, fügte Larry hinzu, vernarrt in ihren Mann, der seiner Meinung nach nicht gerade eine Leuchte war. Jahrelang mußte sich Larry damit begnügen, sie einmal im Semester auf einer Fakultätsfeier zu sehen.

Menschen vom Typ Larry glauben, daß sie sich nur verlieben können, wenn der andere viel jünger oder älter ist und sie nie ernst nehmen würde. Sie können den Partner nur dann auf Dauer schätzen, wenn sie keine Chance haben, ihn durch die Art, wie sie sich ihm gegenüber verhalten, herabzusetzen. Nähe erzeugt nicht Verachtung, sondern gibt diesen Menschen *die Möglichkeit, Verachtung zu schaffen*.

Nahezu jede «Freiheit», die wir uns herausnehmen, trägt zum weiteren Verlust von Achtung bei: Wir bellen einen Befehl, wir machen nicht mehr wie gewohnt das Frühstück, wir schicken den anderen das Licht löschen, das wir angelassen haben, wir nörgeln ständig herum oder stellen ungerechtfertigte Forderungen.

Eine einzelne Verhaltensweise bedeutet nicht viel, aber die Anhäufung von Verhaltensweisen, die man zu Beginn einer Beziehung nicht gewagt hätte, läßt den anderen alltäglicher erscheinen. Er verdient es nicht mehr, daß man Opfer bringt, und es ist kein Privileg, ihn zu kennen.

Würden wir dem Gesetz der Wirtschaftlichkeit strikt folgen, müßten wir unser gesamtes Verhalten anderen gegenüber rationalisieren und immer weniger für sie tun, bis wir schließlich nur noch die für unsere Zwecke absolut notwendigen Dinge ausführen.

Zu Beginn kaufen wir Geschenke für unseren Partner, sagen bitte und danke, rufen an, um zu erfahren, wie es ihm in der wichtigen Besprechung ergangen ist, lassen uns Zeit, wenn wir mit ihm schlafen. Dann «vereinfachen» wir nach und nach unser Verhalten. Allmählich lassen wir Geschenke und Artigkeiten weg; der Sex verliert an Zärtlichkeit und Intensität, und wir kommen schnell zur Sache. Da wir dem Gesetz der Wirtschaftlichkeit unterliegen, rauben wir der Beziehung ihre Besonderheit, ihre Fülle. Sie wird zu einer Gewohnheit wie das Autofahren.

Das heißt, wir würden diesen Fehler machen, wenn wir nicht erkennen würden, daß unser gesamtes Verhalten – sowohl die kleinen Gesten wie auch die wesentlichen Dinge – seinen eigenen Wert hat und nicht einfach wegfallen kann. Die wahren Folgen unserer Handlungen – seien es die Höflichkeit, die Sorgfalt für unsere äußere Erscheinung oder der Anruf, mit dem wir uns danach erkundigen, wie es dem anderen geht – wirken sich aus auf das Bild, das wir uns von anderen machen, und damit auf unsere Beziehungen.

Millionen von Menschen erkennen nicht, wie wichtig unbedeutende Verhaltensweisen sein können und fallen damit dem Gesetz der Ökonomie in ihren Beziehungen zum Opfer. Da sie ihre Bemühungen zurückschrauben, sobald sie mit einer Situation zufrieden sind, zerstören sie das besondere Gefühl, das sie dem anderen gegenüber hegten. Sie unterliegen einem Wirtschaftlichkeitsdenken, das ihnen viel kostbarer ist, als sie ahnen.

Oft reagieren wir mit dem Nachlassen in unseren Bemühungen auf ein spezielles Signal.

Für Larry bestand das Signal darin, daß Olivia ihm sagte: «Ich liebe dich.» Es gibt auch Männer, die eine Frau plötzlich anders behandeln, wenn sie schwanger wird oder Kinder hat. Diese Männer ersetzen Leidenschaft und Romantik durch eine Art neuer Verehrung und töten dadurch unbewußt ihr sexuelles Verlangen und ihre zärtlichen Gefühle für ihre Frau ab.

Das Signal für einen Wandel kann aber auch ein Gerücht sein, das wir über einen anderen erfahren. Wir stellen fest, daß ein guter Bekannter, dem wir vertrauten, einmal im Gefängnis gesessen hat. Das ist zwar schon lange her, und der Betreffende war uns gegenüber immer ehrlich, aber wir fangen an, ihn anders zu behandeln. Schon bald sehen wir in ihm nicht mehr den Menschen, der er bis dato für uns war, sondern einen ehemaligen Häftling. Jede Entdeckung einer Tatsache über einen anderen Menschen kann uns veranlassen, ein Klischee auf ihn zu projizieren. Wenn wir seine Bedeutung für uns nicht mindern und seine Freundschaft nicht verlieren wollen, sollten wir unser Verhalten ihm gegenüber trotzdem nicht ändern.

GRUNDSATZ XXXIII: Ob als Reaktion auf ein bestimmtes Signal oder als genereller «Abnutzungseffekt» in Beziehungen: In seinen Bemühungen um den anderen nachzulassen ist immer eine falsche Ökonomie gegenüber einem Freund oder Partner.

GRUNDSATZ XXXIV: Vernachlässigt man einen Freund oder einen geliebten Menschen zugunsten anderer Aktivitäten, besteht die Gefahr, daß man den Wert dieses Menschen für sich «zerstört» und das Glück verliert, das man mit ihm hätte teilen können.

Nachahmen

Eine weitere, durchaus gebräuchliche Praxis, deren unbemerkte Auswirkung darin besteht, für uns schädliche Projektionen hervorzurufen, ist das Nachahmen von Verhaltensweisen, die uns eigentlich gar nicht entsprechen und die wir uns nur aneignen, «weil es jeder so macht».

Bedenken Sie aber, daß Sie am Ende mit den Projektionen leben müssen, die Sie auf diese Weise geschaffen und aufrechterhalten haben. Ganz gleich was andere tun oder was andere Ihnen empfehlen zu tun, Sie selbst müssen die Folgen tragen, die bis zur völligen Orientierungslosigkeit im Leben und dem Verlust an Lebensfreude führen können.

Es mag sein, daß man vor allem im Berufsleben versucht ist, bestimmte Verhaltensweisen nachzuahmen. Vielleicht findet man es entschuldbar, wenn man sich dort so verhält, wie man es im Privatleben nicht einmal in Erwägung ziehen würde.

Evelyn hat zum Beispiel eine Stelle, in der sie sich im Prinzip wohl fühlt, und einen Chef, der ihr gegenüber fair ist. Aber sie sieht, wie andere Angestellte Büromaterial mitgehen lassen, frühzeitig Schluß machen, Krankheiten vortäuschen. Sie ist eine der wenigen, die sich an die Spielregeln halten. Und das fällt oft schwer.

Die Zyniker im Büro behaupten, es sei dumm von ihr, so viel zu arbeiten. Sie will nicht auf diese Leute hören, aber es tut doch weh, als der Chef einen dieser Schwindler und dessen geschickte Manipulation mit einer Gratifikation belohnt.

Evelyn überlegt, ob sie nicht zu ihrem Chef gehen und ihm reinen Wein einschenken sollte, unterläßt es aber. Statt dessen geht sie mit einigen verärgerten Kollegen aus, die ihr den Rat geben, die Rechnung mit dem Chef durch höhere Spesenabrechnungen auszugleichen. Einer von ihnen sagt: «Das machen doch alle.»

Während Evelyn noch darüber nachdenkt, stimmen andere dasselbe Lied an.

«Du bist nur die Dumme, wenn du es nicht auch so machst.»

«Meinst du nicht, *er* würde es genauso machen, wenn er an deiner Stelle wäre? Was glaubst du denn, wie er auf den Stuhl gekommen ist, auf dem er jetzt sitzt?»

Evelyn hat immer das Gefühl gehabt, gerade diese Gruppe von Kollegen sei ein wenig minderbemittelt, vor allem der Mann, der sich zum Wortführer aufgeschwungen hat. Da aber die «Argumente» der Kollegen sich langsam in ihr einnisten, scheint ihr deren Verhalten gar nicht mehr so falsch. Eine größere Firma *würde* ihr für dieselbe Arbeit mehr bezahlen. Viele Vorgesetzte hätten sich nicht so täuschen lassen und *Evelyn* die Grafikation zugeteilt. Also wäre es vielleicht sogar eine Art ausgleichender Gerechtigkeit, wenn sie das Minus anderweitig kompensieren würde.

Noch einmal setzt der Anführer nach: «Es ist schließlich ganz einfach – warum also nicht?»

Ihr innerer Widerstand erlahmt. Sie könnte sich eine neue Stereo-Anlage zulegen und ihre Tochter für den Aufenthalt im Ferienlager neu einkleiden.

Auf der anderen Seite stehen die subtilen Gegenargumente, die mit den *Auswirkungen zu tun haben, die Evelyn auf ihre eigene Einstellung zu erwarten hat.*

Sie spürt bereits, daß ihre Meinung über sich selbst, den Chef und die Menschen im allgemeinen von ihrem veränderten Verhalten nicht unberührt bleiben würde. Sie ahnt vage, daß sie vor einem neuen Leben steht. Sie fühlt sich plötzlich erschöpft und beschließt, nach Hause zu gehen.

Hätte Evelyn über Projektionen Bescheid gewußt, wäre sie in der Lage gewesen, genauer zu erkennen, warum bereits das Vorgefühl dieses neuen Verhaltens sie so erschöpfte. Würde sie diesen neuen Lebensstil aufnehmen, würde sie sich wiederholt unehrlich verhalten, sähe es am Ende für sie so aus, *als habe sie keine andere Wahl*. Ihre Ansichten über Menschen und ihre Weltanschauung würden einen markanten Wandel erfahren. Sie würde ihre Mitarbeiter nicht mehr für unehrlich halten; sie würden ihrer Meinung nach nur das in ihrer Situation Gegebene tun. Und ihre Projektion auf die wenigen noch ehrlichen Leute im Büro würde sich auch verändern. Sie würde sie sehr bald für dumm halten oder einfach für zu ängstlich, um auf ihren Vorteil bedacht zu sein. Ihr Chef würde zu einer Bedrohung für sie werden, und es würde ihr viel schwerer fallen, ihm offen gegenüberzutreten und ihn direkt um etwas zu bitten.

Es gäbe noch weiterreichende Auswirkungen, Änderungen in ihrer Haltung gegenüber den Menschen im allgemeinen und gegenüber ihrer Umwelt. Sobald Evelyn selbst Vertrauen mißbraucht, muß sie die Welt für einen gefährlichen Ort halten, an dem Wachsamkeit immer geboten erscheint.

Verletzt man eine Moral, verändert man unweigerlich das eigene Gefühl dafür, wie etwas sein *sollte*. Wenn man die Unehrlichkeit, die man einmal für falsch hielt und abgelehnt hätte, nachahmt und sich zur Gewohnheit werden läßt, wird sie zur Notwendigkeit und man macht sich das Leben unnötig schwer. Man glaubt nicht an das Gute im Menschen und verurteilt sich zu einem riskanten Dasein, in dem man sich unbedingt ständig schützen und Pläne schmieden muß. Man glaubt, man könne all das Gute, das man sich wünscht, nur durch schlaue Tricks an sich reißen.

Die Nachahmung auch nur einer Verhaltensweise, die nicht zu einem Menschen paßt, wird eine entsprechende Projektion begünstigen.

GRUNDSATZ XXXV: Übernehmen Sie ein Verhalten, das Sie einmal ablehnten, mit der Begründung, «jeder macht es so», verändern Sie Ihr Welt-Bild und Ihre Einstellung anderen Menschen gegenüber. Das Problem liegt nicht darin, daß Sie ein solches Verhalten immer für *falsch* halten werden, sondern daß es Ihnen schon bald *richtig* und notwendig erscheinen wird.

Eine gebräuchliche Form der Nachahmung, die beinahe immer selbstzerstörerisch wirkt, ist die *Vergeltung*. Vergeltung bringt immer eine Befriedigung für den Augenblick, sie schafft aber eine schädliche Projektion, denn sie *entschuldigt* in gewisser Weise das Unrecht, das man durch einen anderen erfahren hat.

Ihre Freundin hat eine Affäre mit Ihrem Freund. Sie ziehen gleich, indem Sie eine Affäre mit *ihrem* Freund anfangen. Ihr bester Freund lädt Sie nicht zu einem Wochenende in seinem Landhaus ein. Aus Rache dafür setzen Sie ihn nicht auf Ihre Gästeliste für das Weihnachtsessen, obwohl Sie wissen, daß er an diesem Tag allein sein wird.

Es ist eine Illusion anzunehmen, daß sie *nur* gleichziehen. Sie sind zugegebenermaßen durch das Verhalten des anderen verletzt. Aber Sie reden sich durch Ihr Verhalten ein, daß das, was er getan hat, «normal» war – weil Sie es ja auch tun. Das ist besonders schädlich. Solange Sie sein Verhalten als indiskutabel betrachten, als ungerechtfertigt und böse, können Sie sich von diesem Menschen distanzieren und weiterleben wie bisher. Er bleibt für Sie eine bestimmte «Sorte Mensch» und wird nicht zu einem Beispiel dafür, «wie die Welt ist».

Seltsamerweise entschuldigen Sie den anderen, obwohl Sie es nicht beabsichtigen, sobald Sie sich verhalten wie er. Mit jedem Racheakt Ihrerseits gestehen Sie dem anderen mehr Bedeutung zu und messen der Meinung anderer im allgemeinen zuviel Bedeutung bei.

Zum Erhalten unserer Würde und unserer Einschätzung dessen, was wir verdienen und was richtig ist, müssen wir Verhaltensweisen vermeiden, die wir im Grunde ablehnen. Wir dürfen keine Taktik anwenden, nur weil andere sie benutzen oder weil wir uns rächen wollen.

Die Projektion auf das Leben im allgemeinen

Solange wir leben, steht es in unserer Macht, unser Glück zu erhalten. Man kann die Welt als reizvoll oder trostlos empfinden, je nachdem, ob man ihren Wert für sich steigert oder herabsetzt.

Auf der Welt gibt es genauso viele kreative Menschen, Helden, Partner und treue Freunde, soviel Hoffnung wie eh und je. Hat man aber einmal begonnen, nach kurzlebigem Gewinn zu jagen oder andere herabzusetzen – vor allem Menschen, mit denen man tagtäglich zu tun hat –, wird man den Zauber dieser Menschen nicht mehr erkennen können und die Fähigkeit verlieren, durch ihr Denken und Handeln beeindruckt zu werden.

Wenn Sie den Weg der Vorsicht, des Pessimismus und des Zweifels gehen, wenn Sie sich bietende Chancen nicht ergreifen, werden die Menschen sich von Ihnen abwenden, um nicht selbst auch noch desillusioniert zu werden. Man wird sein Glück eher mit einem weniger intelligenten oder weniger attraktiven Partner versuchen, der einem den Tag verschönt und am Spiel des Lebens teilnimmt. Sie haben es sich so eingerichtet, daß Ihnen nichts Schlimmes zustoßen kann, aber Gutes passiert auch nicht. Es wird Ihnen schwerfallen, ehrlich zu sagen «Ich habe gelebt».

Wenn Sie älter werden, erinnern Sie sich vielleicht daran, wie strahlend und optimistisch Sie in Ihrer Jugend waren – an Ihre frühere Fähigkeit, Schönheit zu sehen und von Unehrlichkeit und Habgier nicht gleich in Angst und Schrecken versetzt zu werden. Heute erscheint Ihnen diese Sicht der Dinge als jugendliche Naivität. Sie werden Ihre jetzige Auffassung für richtig und die frühere für eine Verzerrung halten.

Es ist aber genau umgekehrt. Im Laufe der Jahre haben Sie Ihre optimistische Weltsicht eingebüßt und gegen ein Bild von den Menschen und vom Leben eingetauscht, das keine oder nur wenig Freude bietet. Sie haben Ihre frühere Einstellung unwissentlich *beseite geschoben* und sie ganz allmählich dem von Ihnen gewählten Verhalten unterworfen.

Es geht nicht einmal darum, welche Ansicht die «realistischere» ist. Für jeden Pessimisten, für jeden Menschen, der die Welt als ein

«Theater von Sünde und Leid» ansieht (wie es der deutsche Philosoph Arthur Schopenhauer einmal ausdrückte), gibt es einen anderen, der sie als Weg zu einem Goldenen Zeitalter betrachtet.

Wenn wir den Mut besitzen, uns eine Offenheit zu bewahren, die einige vielleicht als «naiv» bezeichnen, werden die anderen uns immer als jung betrachten und uns Zuneigung entgegenbringen. Schenken wir den Menschen Vertrauen, nehmen wir Risiken auf uns, und erlauben wir uns, voller Begeisterung zu sein und uns als positive Kraft zu empfinden! Wir verlieren nur bei den Zynikern und den Erzpessimisten an Ansehen, bei Menschen, deren Leben wir ja sowieso nicht teilen wollen.

Zusammenfassung

Ihr Glück und Ihre Lebensfreude liegen in Ihren Händen.

Wenn Sie für gewöhnlich von anderen enttäuscht sind, haben Sie wenig Chancen, eine Beziehung aufzubauen und zu erhalten, die Sie auf Dauer glücklich macht. Die Art und Weise, wie Sie Ihnen Nahestehende behandeln, wird bestimmen, ob diese Menschen *auch weiterhin* wertvoll für sie bleiben.

Widerstehen Sie dem Impuls, in Ihren Bemühungen nachzulassen gegenüber Menschen, von denen Sie spüren, daß sie sich Ihnen in Liebe zuwenden. Die natürliche menschliche Tendenz, alle Anstrengungen «ökonomisch» zu gestalten, wird zu einer echten Gefahr, wenn Sie ihr nachgeben und Ihre Beziehungen zu sehr «rationalisieren».

Beinahe jede «Freiheit», die Sie sich gegenüber einem Freund oder Partner herausnehmen, kann Ihr Gefühl für den Wert dieses Menschen erschüttern. Ein festgefügtes Muster solcher «Freiheiten» kann eine Beziehung zerstören.

Widerstehen Sie auch Ermunterungen zu bestimmten Verhaltensweisen, weil «andere es ja auch tun». Wenn Sie nachgeben und etwas nachahmen, das Sie eigentlich für falsch halten, wird sich Ihre Haltung den Menschen gegenüber und Ihre Weltsicht verändern. Das Problem liegt nicht darin, daß ein solches Verhalten Ihnen *immer* falsch vorkommen wird, sondern daß Sie es schon bald für richtig und notwendig halten werden.

Wenn Sie den Wert anderer Menschen für sich durch Ihr Verhalten ihnen gegenüber steigern, werden Sie auch weiterhin froh und glücklich mit ihnen sein. Wenn Sie andere herabsetzen, indem Sie sie schlecht behandeln, werden Sie diese Menschen für sich «zerstören» und blind werden für die Möglichkeit des Glücks, das vielleicht greifbar nahe vor Ihnen liegt.

9 Leben, Lieben und Lügen

Jetzt, da Sie das Projektions-Prinzip verstanden haben, sind Sie in der Lage, einen großen Bereich alltäglicher Verhaltensweisen in einem völlig neuen Licht zu sehen. Durch das Projektions-Prinzip wird erhellt, was Menschen sich und anderen *wirklich* antun, wenn sie bestimmte weitverbreitete Methoden anwenden.

Eine stattliche Anzahl Bücher wurde bereits darüber veröffentlicht, warum diese oder jene Strategie, die wir gegenüber anderen Menschen anwenden, gut oder schlecht ist – im Geschäftsleben, in der Freundschaft, in der Liebe. Fast alle Strategien zielen darauf ab, andere dahin zu bringen, daß sie positiv auf uns reagieren. Verhaltensweisen, die das erreichen, werden als erfolgreich betrachtet im Gegensatz zu solchen, die Menschen einander entfremden.

Sie werden jedoch schon seit langem vermuten, daß damit die Sache zu sehr vereinfacht wird. Ihr Instinkt hat Ihnen wahrscheinlich gesagt, daß die meisten Taktiken, die eine bestimmte Reaktion garantieren sollen, Sie am Ende teuer zu stehen kommen, obwohl sie vorübergehend durchaus funktionieren können. Auch wenn der andere so reagiert, wie Sie es sich in dem Moment wünschen, so haben Sie schon allein durch die bewußte Anwendung einer Taktik Ihrer Beziehung einen unangenehmen Beigeschmack verliehen, und auf Dauer wird Ihre Beziehung darunter leiden.

Auf der anderen Seite werden Sie gespürt haben, daß es sie viel glücklicher macht, wenn Sie sich dem anderen in offener, direkter Weise zuwenden und er entsprechend reagieren kann.

Da Sie jetzt wissen, daß Verhaltensweisen Projektionen schaffen und nähren, wird es leichter für Sie sein, den Grund dafür zu verstehen. In zwischenmenschlichen Beziehungen geht unter der Oberfläche viel mehr vor sich, als die jeweiligen Partner merken.

Sobald eine Taktik angewandt wird, gibt es eine *sichtbare* Wirkung, ob sie nun funktioniert oder nicht. Es gibt aber auch eine *versteckte* Wirkung: ihren Einfluß auf den Handelnden selbst. Auch wenn sein Vorgehen von Erfolg gekrönt ist, wirkt es sich manchmal störend auf die Beziehung aus, was die Vorteile wieder zunichte macht.

Wenn man sich im Bestreben, die Gunst eines anderen zu erlangen, gleichzeitig dahin bringt, Verachtung für ihn zu empfinden, hat man schon verloren. Sicher, der andere hat sich verliebt – aber wenn man selbst ihn nicht mehr liebt, hat man genauso versagt, wie es der Fall gewesen wäre, wenn der andere von sich aus gegangen wäre.

Es gibt viele ähnliche «falsche» Taktiken, mit denen Menschen ein Ziel erreichen wollen. Bisher glaubten jene unter uns, die solche Methoden verurteilen, man könne dies nur moralisch begründen. Mit dem Projektions-Prinzip besitzt man aber eine solide psychologische Basis, um zu zeigen, daß das, was man immer schon im Gefühl hatte, auch wirklich so ist.

Wird das Projektions-Prinzip auf Verhaltensweisen angewandt, um ihren *tatsächlichen* Einfluß zu überprüfen, stellt sich in vielen Fällen heraus, daß dieser ganz anders aussieht, als man zunächst dachte.

In diesem Kapitel wollen wir einige grundlegende Verhaltensweisen unter dem Gesichtspunkt der mit ihnen verbundenen Projektionen untersuchen. Vor allem werden wir uns mit Manipulation, Täuschung, dem taktischen Geben und einigen weitverbreiteten Formen der Unehrlichkeit beschäftigen.

Manipulation

Psychologen reden viel über *Manipulation* – ein Mensch behandelt einen anderen auf ganz bestimmte Weise, die darauf abzielt, sein Verhalten zu kontrollieren. Hier sind drei Beispiele dafür:

«Hallo, Dan. Hier Lisa. Mein Telefon klingelte gerade, als ich in die Wohnung kam, und als ich den Hörer abnahm, war keiner mehr dran. Ich dachte, du seist es vielleicht, weil du abends immer um diese Zeit angerufen hast.»

In diesem Fall kaschierte Lisa ihr wahres Motiv für den Anruf bei Dan: Kontakt mit ihm aufzunehmen und sich mit ihm zu verabreden. Dan hatte ihr nämlich beim letzten Treffen zu verstehen gegeben, daß *er* sich bei Lisa melden würde, sobald er Zeit habe. Sie befürchtete, wenn sie ihm den eigentlichen Grund für ihren Anruf nennen würde, könnte er sie auf der Stelle fallenlassen.

«Aber Peggy, natürlich freue ich mich, daß du mit deinem Freund zwei Wochen nach Mexiko fährst. Der Doktor war heute bei mir und sagte, ich würde sicher in der nächsten Zeit keinen Herzanfall bekommen. Ich nehme aber an, er wird sehr bald eine Operation in Erwägung ziehen.»

Peggys Mutter hatte vor kurzem leichte Herzbeschwerden, die aber jetzt unter Kontrolle sind. Sie fühlt sich vor allem einsam und will nicht, daß Peggy die Gesellschaft eines Mannes der ihren vorzieht.

«Wenn Sie sich wirklich als Teil dieser Firma fühlten, Jodie, würden Sie in diesem Notfall nicht um Überstundenbezahlung bitten. Nur weil es an einem Wochenende ist! Wissen Sie, ich arbeite auch.»

Ein schlauer Vorgesetzter kann aus einer solchen Bemerkung zwei Vorteile ziehen. Er suggeriert der Angestellten Schuldgefühle und erreicht auf diese Weise, daß sie unbezahlte Überstunden macht. Und diese Schuldgefühle werden die Angestellte außerdem davon abhalten, um die wohlverdiente Gehaltserhöhung zu bitten.

Manipulationen sind dadurch gekennzeichnet, daß die wahren Motive verdeckt sind, so daß der andere tut, was man will, ohne jedoch die dahinterstehende Absicht zu kennen.

Obwohl niemandem der Gedanke an Manipulation behagt, können nur wenige sie völlig unterlassen. Sie ist Kernstück der Werbung, und wir erwarten ihren Einsatz durch Politiker und vielleicht auch durch Juristen. Für ein Produkt wird geworben, damit es mit ähnlichen Produkten auf dem Markt konkurrieren kann; Sie wollen, daß Ihr Rechtsbeistand all seine Schlauheit aufwendet, um den Gegner auszutricksen.

Je persönlicher die Beziehung aber ist, je mehr dem einen am anderen liegt, desto schlimmer scheinen Manipulationen zu sein. Jeder hat wohl das Gefühl, daß es falsch ist, einen geliebten Menschen zu manipulieren oder diese Taktik im Zusammenhang mit Sex anzuwenden, wie in dem klassischen Fall: «Es wird Ihrer Karriere sehr von Nutzen sein, wenn Sie mit mir schlafen.»

Ebensowenig macht es Spaß, manipuliert zu *werden*. Erkennt man, daß ein anderer diese Taktik angewandt hat, wird man sich seiner Freiheit beraubt oder unterschätzt fühlen. Die meisten versuchen, den Hang zu Manipulationen zu unterdrücken, weil sie spüren, daß daran irgend etwas falsch ist. Aber die Psychologie, die kaum untersucht hat, wie Handlungen den Handelnden beeinflussen, weiß auch wenig darüber, wie Taktik *dem Manipulierenden selbst* schadet.

Das Projektions-Prinzip ist gerade darauf ausgerichtet, zu zeigen, in welchem Maße Manipulation den Manipulierenden selbst verletzt. Jeder Manipulation durch einen anderen Menschen liegt der Gedanke zugrunde, daß man, wenn man nur den richtigen Trick anwendet und die richtigen Knöpfe drückt, jemanden dazu bringen kann, das zu tun, was man will. Der Taktiker geht davon aus, daß der andere ein willenloses Spielzeug seiner Machenschaften ist. Manipulative Verhaltensweisen, die ausdrücklich dazu bestimmt sind, bei anderen erwünschte Reaktionen hervorzurufen, bestärken diese Ansicht; sie sorgen dafür, daß die Reaktion des anderen eher mechanisch als spontan, eher gezwungen als freiwillig aussieht.

Manipulation läßt andere immer weniger frei erscheinen, weniger menschlich, weniger verantwortungsvoll, verglichen mit dem Manipulierenden. Man bekommt den Eindruck, daß der andere nur ausführt, was er tun *muß*. Wird ein Mensch durch einen anderen manipuliert, geht der Manipulierende davon aus, der andere würde ihn nicht schätzen oder ihm nicht geben, was er will, wenn er die Taktik *nicht* anwendet.

In den genannten Beispielen verlieren alle Beteiligten – auch wenn die Methode «Erfolg» hatte. Lisa wird Dan gegenüber immer

Unsicherheit empfinden, so, als müsse sie sein Interesse an ihr künstlich stimulieren, um die Beziehung aufrechtzuerhalten. Auch wenn Dan ohnehin beabsichtigt hatte, sie anzurufen, weil er sie wirklich treffen *wollte –,* Lisa kann es nicht wissen, da sie diese Möglichkeit nicht zugelassen hat. Sie sehen, wie eine Manipulation zur nächsten führt.

Und die Mutter, die ihre Tochter wegen scheinbarer Herzbeschwerden anruft – auch sie verurteilt sich zu dem Gefühl, nicht geliebt zu werden. *Fährt* die Tochter wie geplant nach Mexiko, wird die Mutter das als Zeichen der Mißachtung betrachten. *Bleibt* die Tochter als Reaktion auf den Anruf, wird die Mutter sich dennoch ungeliebt fühlen, da ja sie selbst die Tochter durch ihre Taktik unter Druck gesetzt hat.

Im Falle des Vorgesetzten, der von seinen Angestellten vielleicht ohnehin nicht viel hält, bestätigt die Tatsache, daß er sie manipulieren kann, ihn nur in seiner Ansicht, daß sie nicht besonders clever sind und er sie in der Hand hat. Das Geld, das sein Geschäft einbringt, mag ihm Freude machen, aber *nicht* die Arbeit mit den Menschen, mit denen er tagtäglich zusammen ist.

Wenn man Menschen manipuliert, fühlt man sich von ihnen nicht geliebt und überhaupt nicht liebenswert. Multipliziert man einen einzelnen Fall von Manipulation mit hundert – im Fall eines Menschen, der es sich zur Gewohnheit hat werden lassen, andere zu manipulieren, sogar mit zehntausend –, kann man gut verstehen, warum man ihn als so kalt empfindet und warum er sich so isoliert und ungeliebt fühlt.

Die Strafen für Manipulation sind am härtesten, wenn Ihnen am anderen sehr viel liegt, wenn es für Sie sehr wichtig ist, daß der andere Sie *wirklich* mag oder liebt und alles, was er für Sie tut, von Herzen kommt.

Das, was der Hang zum Manipulieren mit sich bringt, wird in der Geschichte über die Liebe zwischen Svengali, einem Meister im Hypnotisieren, und der jungen und schönen Trilby dramatisch gezeigt. Svengalis «Zauber» betört Trilby so, daß sie ihren Verlobten verläßt und mit ihm geht. Durch seinen «Zauber» wird sie auch zur besten Sängerin Europas.

Ihr Weg führt sie kreuz und quer über den Kontinent. Jahrelang singt sie vor ausverkauften Häusern und bekommt die besten Kritiken. Svengali liebt sie sehr und ist immer an ihrer Seite.

Aber er spürt, daß etwas nicht in Ordnung ist. Jeden Abend fragt er sie: «Trilby, liebst du mich?» Und jeden Abend antwortet sie lakonisch: «Ja.» Dem Hypnotiseur, der weiß, daß er die Macht über sie hat, bedeutet die Antwort nichts. Seine Zweifel bleiben bestehen. Jeden Abend, wenn er sich besonders traurig fühlt, nachdem sie ihm gesagt hat, daß sie ihn liebt, denkt er: «Das war nur Svengali, der zu sich selbst gesprochen hat.»

Die Geschichte endet damit, daß Svengali sich während eines tödlichen Herzinfarkts vor Schmerz an die Brust greift und Trilby *seiner Macht entweicht.* Er hat nicht einmal mehr die Kraft, ihr seine traurige allabendliche Frage zu stellen, und weiß, daß sie endlich frei ist. Da hört er, wie sie sagt: «Svengali, ich liebe dich» – und in seinen letzten Minuten erkennt er, daß sie ihn wirklich liebt. Sterbend erkennt er ihre Liebe, um die er sich wegen seines Hangs zur Manipulation all die Jahre selbst betrogen hat.

So wird durch das Projektions-Prinzip der hohe Preis für Manipulation erklärt, eine Tatsache, die viele intuitiv ahnen, die aber ohne das Prinzip schwierig zu artikulieren ist.

GRUNDSATZ XXXVI: In dem Maße, in dem Sie andere *manipulieren,* verurteilen Sie sich dazu, völlig allein in einer Welt von Robotern zu leben – in einem sterilen Land, das Sie selbst geschaffen haben.

Darum sollte man sich nicht aufs Manipulieren verlegen und andere lieber so reagieren lassen, wie sie selbst wollen. Nur dann kann man sicher sein, wirklich geliebt und so geschätzt zu werden, wie man ist.

Wieviel besser ist es doch, Menschen offen und ehrlich gegenüberzutreten und zu hoffen, daß sie so reagieren werden, wie man es gern hätte. Ein solches Verhalten bietet zwar kaum die Garantie dafür, daß man auch bekommt, was man will; in dieser Hinsicht ist sie mit mehr Risiko verbunden. Aber Ehrlichkeit stellt sicher, daß allein *das Wesen* des Betreffenden ausschlaggebend ist, wenn der andere ihm gibt, was er will. Zu wissen, daß man von einem kleineren Freundeskreis und von einigen Menschen geliebt und geschätzt wird, ist besser, als eine Armee von Bekannten zu haben, die einen sofort fallenlassen, wenn man aufhört, Türken zu bauen. Nur wenn man das Manipulieren läßt, kann man sich erwünscht und geliebt fühlen.

Täuschung

Täuschung ist eine ganz bestimmte Form der Manipulation und so weit verbreitet, daß sie gesondert erörtert zu werden verdient.

Man denkt sich nichts dabei, wenn man über sein Alter, sein Einkommen, seine Erziehung oder andere «harmlose» Tatsachen die Unwahrheit sagt, nur um einen besseren Eindruck zu machen.

Operetten, Opern, Theaterstücke und Filme handeln oft von köstlichen Verwicklungen, wenn zwei Menschen sich kennenlernen, die vorgeben, etwas zu sein, was sie nicht sind. Das Mädchen gibt vor, berühmte Künstlerin zu sein, und der junge Mann behauptet, er sei der Sohn eines Ölmagnaten. Sie ist jedoch eine arbeitslose Schauspielerin und er ein Sänger ohne Engagement. Nach zwei Stunden voller Komplikationen, in denen sich beide krampfhaft bemühen, den Schwindel aufrechtzuerhalten, wird ihre wahre Identität gleichzeitig offenbar, und sie entdecken, daß sie sich trotzdem aus *dem richtigen* Grund wirklich lieben. Für die Personen im Stück ist es wie für das Publikum eine enorme Erleichterung, daß der Deckmantel des Betrugs abgeschüttelt wird. Der Schluß ist glücklich und lebensbejahend.

Das ist aber Fiktion. In der Realität ist es so, daß man mit dem Versuch, sein Image aufzupolieren und etwas vorzugeben, was man nicht ist oder nicht hat, eine Projektion in Gang setzt, durch die man unter starken Druck geraten und die manchmal sogar eine Beziehung zerstören kann.

Da ist zum Beispiel Shirley, die auf der Suche nach einem wohlhabenden Mann ist. Zu diesem Zweck mietet sie in einer exklusiven Gegend eine Wohnung, die sie sich kaum leisten kann. Sie möchte in Frage kommende Junggesellen davon überzeugen, daß auch sie aus einer gutsituierten Familie stammt und auf dem besten Weg ist, sich im Geschäftsleben einen Namen zu machen. Sie bezeichnet sich selbst als «leitende Angestellte im Rechnungswesen» einer Public-Relations-Firma (in der sie tatsächlich die Assistentin zweier leitender Angestellter im Rechnungswesen ist). Sie rundet ihr vorgetäuschtes Bild damit ab, daß sie ihre in Europa verbrachte Zeit übertreibt, ständig über ihre Mitgliedschaft in einem Tennisclub und einem Museumsverein schwätzt, darüber redet, wie gern sie doch öfter Gelegenheit hätte zu segeln, und über die reichen, jungen Männer, die sie hat abblitzen lassen, weil sie ihr «zu dumm» waren. Zu ihrem Glück wohnen Shirleys Eltern – einfache, ehrliche Leute – so weit weg, daß sie sie niemandem vorstellen muß.

Sie hofft, daß ein Mann mit Ambitionen sie auf seinem Weg nach oben als natürliche Verbündete ansehen wird, weil sie so gut in seinen gesellschaftlichen Rahmen paßt.

Shirley spart den ganzen Sommer über, um am Labor-Day-Wochenende in einen noblen Erholungsort fahren zu können, von dem sie gehört hat, daß sich dort reiche Aspiranten zuhauf tummeln. Sie will eine der letzten Segelmöglichkeiten der Saison nutzen.

Das Wochenende ist ein großer Erfolg für Shirley. Freitag abend lernt sie Craig kennen, Börsenmakler wie sein Vater. Er ist ein guter Segler, hat die unterschiedlichsten Interessen, und viele Menschen fühlen sich zu ihm hingezogen. Er hat ein entspanntes Verhältnis zu seinem Geld und seiner Stellung. Am Samstag verbringen sie einen wunderbaren Tag auf See miteinander. Am Abend bringt Craig Shirley Backgammon bei. Am Sonntag nehmen sie gemeinsam ein spätes Frühstück ein. Dann muß Craig abfahren, da er noch Freunden versprochen hat, sie zu besuchen.

Shirley hat sich bereits verliebt. Sie hat Angst, ihn zu verlieren, was vermuten läßt, daß er ihr zumindest etwas bedeutet. Als sie über das Wochenende nachdenkt, erkennt sie, daß Craig nur wenig über sich erzählt hat. Sie hat beinahe die ganze Zeit geredet.

(Es war unzusammenhängendes, nervöses Geplapper – über ihre Vergangenheit, ihre Arbeit, ihre Interessen, ihre Vorstellung von einem guten Leben.)

Sie spürt bereits den Druck ihrer Täuschung und beginnt, auf Craig die Identität «aufstrebender junger Mann» zu projizieren, der die wahre Shirley nicht würde haben wollen.

Es stellt sich heraus, daß Craig in derselben Stadt wohnt wie Shirley, und sie überlegt, ihn zum Essen einzuladen. Aber plötzlich kann sie die Wohnung und die Einrichtung nicht mehr ausstehen. Wie kann sie Craig bewirten, wenn sie kein Tafelsilber besitzt, woran er auch bei einem nichtformellen Essen sicher gewöhnt ist? Außerdem entspricht ihr Porzellan nicht der neuesten Mode. Und was ist mit den Möbeln? Kein einziges antikes Stück darunter! Sie stellt sich vor, wie er hereinkommt und höflich einen nichtstandesgemäßen Abend über sich ergehen läßt. Er würde wohl nie wiederkommen wollen.

Doch Shirley hat noch einen Trumpf in der Hand: ihre Freundin Mimi, die von ihrem Vater etwas geerbt hat. Vielleicht würde Mimi eine Dinner-Party für sie arrangieren. Mimi ist einverstanden, Craig nimmt die Einladung dankend an, und der Abend macht allen Spaß – außer Shirley. Die Tatsache, daß Craig Mimis Haus und seine geschmackvolle Einrichtung als selbstverständlich betrachtet, daß er sich dort wohl fühlt, überzeugt Shirley davon, daß er schockiert wäre, wenn er ihre Wohnung sehen würde.

Wir stellen fest, daß Shirley sich, wie sie meint, mit Craigs Augen betrachtet. Sie identifiziert sich nicht wirklich mit Craig, sondern unterliegt der von Psychologen so genannten «projektiven Identifizierung»; ein Teil der Projektion Shirleys auf Craig besteht darin, daß er den Standpunkt vertritt, den sie sich vorstellt.

In der folgenden Woche besucht Shirley Craig. Sie schlafen miteinander, und alle Anzeichen deuten darauf hin, daß er sie wirklich mag. Er macht sich nicht viel aus materiellen Dingen (die Börse betrachtet er im wesentlichen als ein Spiel), spricht aber gern über Menschen und Ideen, so daß sie allen Grund haben sollte zu spüren, daß das, was ihm an ihr gefällt, ihre Sensibilität, ihre Loyalität, ihre Intelligenz und ihr Interesse an Menschen sind

– Eigenschaften, die sie wirklich besitzt. Statt dessen hat sie Angst. Sie fühlt sich wie ein Spion in Feindesland und bildet sich ein, kurz vor Entdeckung und Deportation, wenn nicht sogar der Erschießung zu stehen.

Als Craig dann tatsächlich einmal in ihre Wohnung kommt, ist sie äußerst angespannt und entschuldigt sich für alles. Obwohl sie sich in Schulden gestürzt hat, um für Craigs Besuch neue Einrichtungsgegenstände zu kaufen, glaubt sie noch immer, es müsse Craig wie ein Elendsquartier vorkommen. Wieder bildet sie sich ein, mit seinen Augen zu sehen. Sie deutet jede freundliche Bemerkung Craigs als herablassend. Sie ist sicher, daß er sich über sie lustig macht, würde es aber nicht wagen, sich das merken zu lassen.

Während der nächsten beiden Monate steigert sich ihr Gefühl, eine Betrügerin zu sein, die seiner nicht wert ist. Als er sich um einen Notfall in der Familie kümmert und zwei Tage lang nicht anruft, ist sie überzeugt davon, daß ihm plötzlich ein Licht aufgegangen ist und er sie wegen einer anderen Frau, die besser zu ihm paßt, fallenlassen will. Vielleicht hat er mit seinen Eltern über sie gesprochen und *sie* haben ihm die Augen geöffnet. Als er schließlich anruft, versucht sie, betont nonchalant zu klingen. Sie benimmt sich in seiner Gegenwart immer gekünstelter. Spontaneität streicht sie mehr und mehr aus ihrem Programm, damit ihr nur ja kein Fehler unterläuft. Sie bittet alle Freunde um Rat, wie man sich einem solchen Menschen gegenüber richtig verhält. Sie studiert geradezu Mimis Benehmen. Jeder Gedanke in ihrem Kopf, jedes Verhalten Craig gegenüber ist defensiv.

Shirley hat sich selbst davon überzeugt, daß sie diesen Mann absolut nicht verdient hat. Sie hat ihr Gefühl des eigenen Betrugs vertieft. Durch die Art und Weise, wie sie Craig behandelt hat, ist er für sie zu einem steifen, anspruchsvollen, gefühllosen und intoleranten Menschen geworden. Sie paßt unmöglich zu einem solchen Mann, und ihr Versuch, es zu erzwingen, ist quälend. Aber sie besteht darauf.

Im vierten Monat hat Shirley ihre Sensibilität, ihr Interesse, ihre Spontaneität verloren – Eigenschaften, die Craig vor allem an ihr gemocht hatte. Wenn sie zusammen mit seinen Freunden ausgehen, ist sie so sehr damit beschäftigt, natürlich zu wirken, daß sie sich überhaupt nicht mehr für andere interessiert. Sie glaubt, daß Craig sie verlassen will, und hat allen Grund dazu. Sie beginnt, eifersüchtig zu werden und ihn zu verdächtigen. Sie hat dabei eine bestimmte – wohlhabende – Freundin von Craig im Auge, die er seit seiner Kindheit kennt, und bildet sich ein, daß Craig hin und wieder mit ihr schläft. «Warum auch nicht? Sie passen zueinander. Sie können sich über ihre Treuhandfonds unterhalten», denkt sie ironisch.

Mit dieser allumfassenden Projektion, daß Craig auf sie als ein vorübergehendes Abenteuer herabsieht, findet sie das Leben unerträglich. Ihr Verfolgungswahn macht sie unglücklich. Nächtelang sitzt sie da und fragt sich, was als nächstes passieren wird. Sie ist kaum überrascht, als er ihr eröffnet: «Ich mag dich sehr, aber es funktioniert nicht mit uns. Wir sollten uns beide anderweitig umsehen.» Sie antwortet: «Ich wußte schon immer, daß du so denkst.»

Nach einigen quälenden Tagen ist sie eigentlich erleichtert, daß Craig aus ihrem Leben verschwunden ist. Sie wußte, daß er auf sie herabschaute. Was jetzt noch bleibt, ist das Abzahlen des Kredits für die neuen Möbel und die vielen Kleider, die sie für diese Romanze gekauft hat.

Sobald man in einer Beziehung etwas vortäuscht, ist man bis zu einem gewissen Grad davon überzeugt, daß es erforderlich ist. Denn warum sollte man sonst die Mühen des Vertuschens auf sich nehmen, wenn es für die Beziehung nicht notwendig oder nützlich wäre?

GRUNDSATZ XXXVII: Mit jeder Vertuschung einer tatsächlichen oder auch nur eingebildeten Schwäche wird ein anderer angeklagt, ob berechtigt oder nicht. Die Projektion dieser Verhaltensweisen besteht darin, daß der andere uns weniger Achtung entgegenbringen oder uns sofort fallenlassen würde, wenn die Wahrheit herauskommt.

Schwächen zu verdecken ist der Ausgangspunkt für das ungerechtfertigte Gefühl, ein anderer würde uns bestrafen, wenn er wüßte, wer wir wirklich sind. Solche Vertuschungen können in einer Projektion enden, die am besten mit «Miniparanoia» umschrieben wird – wer bei einem Einstellungsgespräch flunkert, den wird immer wieder die Angst überkommen, der Chef könnte es herausbekommen und ihn hinauswerfen. In anderen Fällen führen Vertuschungen sogar zu einer paranoiden Psychose. Das Muster der Verheimlichung erfaßt alles, und der Projizierende bekommt das Gefühl, die anderen Menschen seien Todfeinde.

Das Wort «Projektion» wurde zum ersten Mal im Zusammenhang mit Paranoia benutzt. Man hat aber nie wirklich verstanden, daß Projektionen durch Verhaltensweisen geschaffen werden. Man ging davon aus, daß sich Paranoia von «innen» heraus entwickelt und daß die Betreffenden in ihrem Verhalten lediglich Symptome der Krankheit zum Ausdruck bringen. Tatsächlich ist es aber so, daß die Verhaltensweisen, die ursprünglichen Ängsten entspringen, die paranoide Projektion sowohl schaffen als auch vergrößern können.

GRUNDSATZ XXXVIII: Wenn Sie bei sich in irgendeiner Hinsicht paranoides Verhalten feststellen, suchen Sie nach der Täuschung, die ihm zugrunde liegt. Stellen Sie alle Verhaltensweisen ein, die kaschieren sollen, wer Sie wirklich sind, und die Projektion wird sich nach einer Periode der Angst auflösen.

Wenn Shirley ihre Vortäuschungen an irgendeinem Punkt aufgegeben hätte und in Gegenwart von Craig nur sie selbst gewesen wäre, wenn sie sogar so weit gegangen wäre, ihm die Wahrheit über ihre Herkunft und Ausbildung zu sagen, hätte er ihr wahrscheinlich versichert, daß ihm das nichts ausmache. Er hätte sich vielleicht sogar gefreut über die Möglichkeit, sie nun besser kennenlernen und ihr beweisen zu können, daß er sie um ihrer selbst willen liebte.

Ihre «untergeordnete» gesellschaftliche Stellung war sicher für ihre Beziehung ein weitaus geringeres Handicap, als sie annahm.

Was Craig dazu brachte, sich abzuwenden, war Shirleys gekünsteltes Auftreten, ihre allgemeine Reserviertheit, die zwanghafte Beschäftigung mit sich selbst, die ichbezogene Sorge um ihre Wirkung auf andere.

Lügen und Betrügen

Jede Unwahrheit – nicht nur eine Täuschung – kann uns in die Projektion treiben, ein anderer Mensch sei irgendwie gefährlich.

Die beiden Hauptgründe dafür, daß Menschen lügen, sind wohl, daß sie vermeiden wollen, für das, was sie getan haben, zur Verantwortung gezogen zu werden, und daß sie es sich leichter machen wollen, etwas Verbotenes zu tun. Wahrscheinlich hat jeder schon einmal aus dem einen oder anderen Grund gelogen.

Lily ist mit einem Mann verheiratet, der sie ständig auch wegen des kleinsten Fehlers ausschimpft. Immer heißt es «Hättest du doch» und «Ich wünschte, du wärst». Auch Lilys Mutter war ein peinlich genauer und leicht aufbrausender Mensch, so daß Lily schon als Kind gelernt hat, daß es vorteilhafter ist, Entschuldigungen zu erfinden als Fehler zuzugeben.

Eines Tages wirft Lily beim Aufräumen des Schreibtischs ihres Mannes eine Vase um. Das Wasser verteilt sich und durchweicht den Brief ihres Mannes, den dieser an seinen Vetter geschrieben und für den er Stunden gebraucht hat. Als er nach Hause kommt, sagt sie, noch bevor er das Unglück entdeckt hat, daß die Katze es war. Böse runzelt er die Stirn, aber sogar *er* kann die Katze nicht maßregeln.

Auf diese Weise hat Lily sich ihm gegenüber all die Jahre abgesichert. Aber sehen wir uns einmal an, was sie auf ihn projiziert: «Wenn er es erfährt, dreht er durch. Der Himmel weiß, was er sagen oder tun würde, wenn er wüßte, daß ich es war.»

Wenn man bedenkt, wie unglücklich Lily sich durch Aufrechterhaltung dieser Projektion macht! Sie hält ihren Mann für allmächtig. Sie hat sich eingeredet, daß die ganze Welt irgendwie zusammenbrechen würde, wenn er sich wirklich über sie ärgern müßte.

Auch wenn eine direkte Konfrontation Lily in diesem Augenblick erschüttern würde, könnte sie doch ihr Glück und ihre Freiheit zurückgewinnen, wenn sie eine Krise heraufbeschwören würde – durch Aussprechen der Wahrheit. Hätte sie gewartet, bis ihr Mann hereingekommen wäre und sich hingesetzt hätte, bevor sie es ihm eröffnete, und hätte sie sich nicht so beeilt, seiner Wut vorzubeugen, sondern ihm dann einfach mitgeteilt, daß ihr dieses Mißgeschick passiert sei, hätte er es entweder ohne weiteres hingenommen oder gewütet. Aber auch im letzteren Fall hätte er, wenn sie fest geblieben wäre oder zurückgeschrien hätte, einsehen müssen, wie unsinnig sein Verhalten war. Vielleicht hätte er sie auch zwei Tage lang mit Nichtachtung «bestraft». Aber auch dann hätte sie ihre Projektion auf den Punkt gebracht und anfangen können, ihre Beziehung zu verbessern. Auch Lily weiß in ihren lichten Momenten, daß ihre Ehe nicht in Gefahr ist, nur weil ihr ein Mißgeschick passiert ist.

GRUNDSATZ XXXIX: Menschen, die lügen, um einer Schuldzuweisung oder einem Vorwurf aus dem Weg zu gehen, sterben oft tausend Tode, obwohl in der Realität weder das eine noch das andere erfolgen würde.

Vielleicht wurden *Sie selbst* mit Glacéhandschuhen angefaßt und belogen, weil andere davon ausgingen, Sie würden wild, wenn Sie die Wahrheit erführen. Als Sie das spürten, waren Sie sehr verletzt. Sie waren erschüttert, daß jemand Sie so behandelte, als wären Sie nachtragend und unvernünftig.

Woran merkten Sie, daß es so war? Vielleicht benutzte der andere regelmäßig Beschönigungen, wenn er Ihnen etwas sagen wollte, zum Beispiel:

«Ich habe meinem Bruder zweihundert Dollar *geliehen*.» (In Wirklichkeit zahlt «Brüderchen» Geld nie zurück. Es war also ein Geschenk.)

«*Vielleicht* schaut mein Chef am Samstag abend mal vorbei.» (Sie wissen genau, daß dieser Termin mit dem Chef schon *fest vereinbart* ist, der Partner will Sie nur schonend darauf vorbereiten.)

Vielleicht *zögert* der andere aus Gewohnheit, bevor er Ihnen fragwürdige Neuigkeiten beibringt. Je schlechter die Nachricht, desto näher der Zeitpunkt, auf den sie sich bezieht: «Tut mir leid, Liebling, wir können morgen nachmittag nicht aufs Land fahren. Ich muß ins Büro.» (Sie wissen, daß dies schon vor Tagen beschlossene Sache war.)

Oder der andere teilt Ihnen wichtige Dinge ganz en passant mit: «Ach, übrigens . . .» Die sanfte Stimme, die er normalerweise nicht hat, kann verräterisch sein; er versucht, Sie nicht zu alarmieren, damit Sie nicht explodieren.

Manchmal leitet der andere seine Bemerkungen auch vorsorglich mit den Worten ein: «Jetzt werd' bitte nicht wütend, aber . . .» Oder er bringt Freunde mit, um seinen Bericht bestätigen zu lassen und Sie gleichzeitig «ruhigzustellen».

Wenn Sie merken, daß ein anderer diese Art von Irrationalität und Erregbarkeit auf Sie projiziert, folgen Sie den weiter oben beschriebenen Regeln, nach denen Projektionen Einhalt geboten werden kann. Stellen Sie klar, was der andere tut, und bitten Sie ihn, das in Zukunft zu lassen. Tut er es nicht, gehen Sie einen Schritt weiter. Es ist wichtig, daß Sie nicht so eingeschätzt werden, sonst werden Sie nie wissen, ob Sie die Wahrheit hören oder nicht. Am Ende wird die Tatsache, daß man Sie belügt, jeden unvernünftigen Impuls, der *tatsächlich* in Ihnen steckt, zutage fördern. Denn als Reaktion auf eine solche «Behandlung» neigt der Mensch dazu, genauso zu werden, wie der andere ihn sieht.

Die andere Form des Lügens ist nicht durch Furcht, sondern durch Zweckdienlichkeit motiviert.

David belügt seine Frau Norma und sagt ihr, er müsse Golf spielen, um bestimmte Geschäftsverbindungen auf dem Golfplatz zu pflegen und damit zu festigen. Tatsächlich trifft er nur sehr wenige Geschäftspartner dort. Er glaubt aber, daß Norma ihn zum Einkaufen mitnehmen wollte und ihm vorschlagen würde, zu Hause einige Reparaturen vorzunehmen, wenn sie wüßte, daß er nur zum Vergnügen Golf spielt.

Nach zwanzig Ehejahren bereitet es David «keine Mühe»

mehr, zum Golfspielen zu gehen und zusätzlich den Vorteil zu genießen, von Norma bewundert zu werden, weil er sich so sehr einsetzt im Beruf.

Gewiß ist Norma ein anhänglicher Mensch, aber durch jahrelange Anwendung dieser Taktik hat David sich eingeredet, sie sei ein hoffnungsloser Hemmschuh und er müsse sie belügen, um überhaupt etwas persönliche Freiheit zu haben.

Wir können festhalten, daß sich David im Dienste dieser Projekton selbst zum Sklaven gemacht hat. Er hat seine eigenen Ketten geschmiedet. In Wirklichkeit arbeitet David viel, verdient gut, kümmert sich um seine Familie und hat ein Hobby verdient. Er täte viel besser daran, zu Norma zu sagen: «Sieh mal, Schatz, alles zu seiner Zeit – und heute möchte ich gern Golf spielen. Das hat nichts mit dir oder den Kindern zu tun.»

Wenn sie das nicht verstehen würde, könnte er sehr wohl sauer sein. Warum sollte er ständig Besorgungen für sie machen oder mit ihr zusammensein? Ist die Ehe ein Gefängnis? Sehr wahrscheinlich wird Norma über kurz oder lang begreifen, daß er nicht beabsichtigt, sie zu kränken. Es ist anzunehmen, daß sie im Laufe der Jahre bereits selbst gespürt hat, daß sein «geschäftliches» Interesse am Golfspiel nur vorgeschoben war. Die Wahrheit würde für beide eine Befreiung bedeuten.

GRUNDSATZ XL: Die Angewohnheit, andere aus Zweckdienlichkeitsgründen zu belügen, läßt die Projektion entstehen, daß sie Hindernisse sind. Man redet sich ein, daß sie Vernunftgründen nicht zugänglich sind und sich nicht ändern können. Dadurch macht man sich das Leben unnötig schwer.

Die größten Strafen sind immer dann zu erwarten, wenn man in einer Liebesbeziehung lügt. Auf einen Nachbarn zu projizieren: «Dem muß man sagen, was er hören will», führt nicht unbedingt zu größerem persönlichen Verlust. Redet man sich das aber über einen Menschen ein, den man liebt, ist das der Anfang vom Ende dieser Beziehung.

Es gibt viele Versuchungen, das Vertrauen geliebter Menschen zu mißbrauchen. Jeder Liebesbeziehung liegt ein gegenseitiges Verständnis der Partner zugrunde, das weit über alltägliche Dinge hinausreicht. Man kann zum Beispiel davon ausgehen, daß ein Partner nicht herablassend über das gemeinsame Sexualleben redet oder über die finanziellen Verhältnisse des anderen oder über ein Versagen des anderen auf irgendeinem Gebiet. Ein Partner würde den anderen nicht für Entscheidungen verantwortlich machen, die beide getroffen haben: «Ach, tut mir leid, wir können am Wochenende nicht kommen; Neil möchte niemanden sehen.» Bei fast allen ernsthaften Beziehungen kann man davon ausgehen, daß ein Partner nicht in aller Offenheit mit anderen flirtet oder eine Liebesaffäre hinter dem Rücken des anderen unterhält.

Verletzungen jeder Art, ob der andere davon weiß oder nicht, schaden der Beziehung, da sie die Einstellung des einen Partners zum anderen beeinflussen und den anderen wenig begehrenswert machen. Sobald ein Partner über Intimitäten klatscht, zerstört er die Exklusivität der Beziehung. Spricht er über die neueste finanzielle Fehlentscheidung des anderen, veranlaßt er sich selbst dazu, ihn als unzulänglich zu betrachten. Redet der eine darüber, wie sein Partner versucht, einen Fehler zu überwinden, sei es übertriebene Schüchternheit oder Nervosität oder was auch immer, verstärkt er in sich das Bild vom anderen als «unzulänglich» und weniger begehrenswert.

Auch wenn man Freunde um Rat bittet, wie man den Partner behandeln soll, schlägt man eine Bresche in einen selbstverständlichen Kontakt. Eine echte Liebesbeziehung entsteht dadurch, daß beide Partner gemeinsam und ausschließlich etwas erleben, genießen oder durchstehen.

Betrug in einer Beziehung – sei er so simpel wie der Kauf eines Gegenstandes, den man sich nie kaufen würde, wenn der andere dabei wäre, oder so offensichtlich wie ein Seitensprung – ist deshalb so besonders gefährlich, weil jeder Betrug den Partner vor dem Betrüger herabsetzt und damit der Boden für Wiederholungen bereitet ist. Wenn der andere dann schließlich erkennt, was los ist, ist er schon so unwichtig geworden, daß man seinen Einwänden keine Beachtung mehr schenken will.

Es gibt viele Beziehungen, in denen der eine durch und durch ehrlich und hoffnungsfroh ist, während der andere tut, was ihm gerade gefällt. Der vertrauensvolle Partner verstärkt ständig sein Glück und wird den anderen weiterhin lieben. Der betrügerische Partner zerstört seine Liebe und am Ende sein eigenes Glück.

Pam vertraut ihrem Mann Ted. Sie glaubt alles, was er sagt, hält den gesellschaftlichen Kontakt zu Freunden und Bekannten aufrecht und hilft ihm sogar bei seiner Arbeit. Sie schafft sich die Projektion, daß eine Ehe ein Leben lang hält und Liebe Ewigkeitswert hat. Aber Ted sagt zu seinen Freunden: «Pam hat vor acht Jahren geheiratet – ich nicht.» Er flirtet mit anderen Frauen, hat Affären, verspielt Geld, das sie beide sparen wollten, und belügt Pam nach Strich und Faden. Pams Projektion von Treue in der Ehe, die sie durch ihr Verhalten pflegt, ist so stark, daß es für sie nahezu unvorstellbar ist, Ted könnte sie hintergehen.

Ted wiederum hat Pam zu einer häuslichen Sekretärin und zu seiner Dienerin herabgesetzt. Er hat an ihr absolut keine Freude mehr. Eigentlich haßt er es, nach Hause zu gehen. Nicht nur Pam langweilt ihn, sondern er hält alle Frauen für dumm und einfältig. Er kann nicht öfter als dreimal mit einer Frau schlafen.

Bei ihren widersprüchlichen Projektionen ist *Ted* schließlich derjenige, der so unglücklich ist, daß er um die Scheidung bittet. Danach fährt er fort, Frauen aufzureißen, nur um sie dann enttäuscht fallenzulassen – mit dem einen Unterschied, daß er jetzt kein Zuhause und kein Mädchen für alles mehr hat. Aufgrund ihrer Projektion ist die Scheidung für Pam niederschmetternd. Sie hat *nie etwas* getan, was Ted oder ihren Glauben an ihre Beziehung herabgesetzt hätte. Sie behält ihre Projektion von Ted als dem einzigen Mann in ihrem Leben bei.

Nach einigen Monaten versuchen Freunde sie zu trösten, indem sie ihr in Frage kommende Männer vorstellen, aber sie ist wie gelähmt und will Ted «nicht untreu werden».

In Fällen wie diesem ist das Projektions-Prinzip von unschätzbarem Wert. *So wie man das Prinzip dazu nutzen kann, Liebe zu erhalten, kann man es auch anwenden, wenn man aufhören muß zu lieben.*

Pam muß damit beginnen, eine Reihe von Dingen zu tun, die für ihre Erinnerung an Ted wie «kleine Betrügereien» anmuten. Sie muß aufhören, Ted zu verteidigen, wenn Freunde Bemerkungen darüber machen, wie schlecht er sie behandelt hat. Statt dessen muß sie sich dazu zwingen, ihnen zuzustimmen, wenn sie weiß, daß sie recht haben. Soll sie Geld für sich und die Kinder erhalten, muß sie auf der vollen Summe bestehen und darf nicht mit weniger einverstanden sein, nur um Ted zu zeigen, wieviel er ihr immer noch bedeutet. Wenn sie sich mit anderen verabredet, muß sie sich Mühe geben, nicht jeden Mann mit Ted zu vergleichen. Ted darf nicht länger der Maßstab sein, an dem sie andere mißt. Fühlt sie sich zu einem Mann hingezogen, aber ihre «Treue» zu Ted hindert sie daran, mit diesem Menschen zu schlafen, ist es für sie wichtig zu tun, was *sie* wirklich will, und nicht einer Erinnerung zu huldigen. Statt einen großen Bogen um ihr Lieblingsrestaurant zu machen, muß sie hingehen. Es ist sicher hilfreich, wenn sie nicht mehr über Ted spricht, vor allem Bemerkungen vermeidet wie: «Ted mochte diese Sorte Eis besonders gern» oder «Ted würde diese Show gut gefallen».

Alles, was Pam in bezug auf Ted unternimmt, sollte den Gedanken an Treue absolut *ausschließen*. Wenn ein Mann, der ihr gefällt, sie nach Ted fragt, sollte sie sich dazu zwingen – wahrheitsgemäß –, Ted die Schuld am Scheitern ihrer Beziehung zu geben. Sie muß *jeden* Akt der Loyalität Ted gegenüber vermeiden, der ihre frühere Projektion, er sei der einzige Mann für sie, wieder zum Leben erwecken und ihren Schmerz und ihre Einsamkeit verlängern würde.

Mit Hilfe des Projektions-Prinzips wird verständlich, warum wir die Erinnerung an bestimmte Menschen pflegen und mit der Zeit sogar intensivieren. Derselbe Prozeß, mit dem wir unsere Liebe aufrechterhalten und romantische Vorstellungen in uns nähren, kann uns ermöglichen, Erinnerungen zu verbannen, die heller leuchten, als wir es wollen. Auf diese Weise beherrschen wir mit der Anwendung des Projektions-Prinzips auch Erinnerungen, die uns zu verfolgen drohen.

GRUNDSATZ XLI: Ein noch so kleiner Betrug an einem anderen mindert den Wert, den dieser Mensch für uns hat.

Stellt man in einer Beziehung plötzlich fest, daß der Partner in seiner Aufmerksamkeit und Liebe nachgelassen hat, ist es durchaus möglich, daß er heimlich etwas getan hat, wodurch man in seinen Augen herabgesetzt wurde. Das können absichtliche Täuschungen oder kleine Verletzungen der gemeinsamen Basis sein.

Es ist sehr wichtig, daß man vor sich selbst nicht zu leugnen versucht, daß da offensichtlich etwas im Busch ist. Je eher man etwas unternimmt, um so besser. Also sollte man etwas sagen, sobald man das Problem wahrnimmt.

Es kann mit der gleichen Unbestimmtheit angesprochen werden, die man verspürt: «Ich habe den Eindruck, daß zwischen uns etwas anders geworden ist, Ken. Gibt es da etwas, das dich unglücklich macht?» Natürlich können solche Fragen nicht ständig gestellt werden, das würde den anderen unnötig nerven. Das ist es, was die Intervention so schwer macht. Wenn der Partner aber darüber nachdenkt, um so besser. Die Beziehung wird sich positiv verändern.

Wenn der Partner nicht einlenkt, muß man verfahren wie bei jeder anderen Projektion auch, die man anhalten will. «Ganz bestimmt ist da etwas, Ken. *Ich fühle* mich nicht wohl dabei, wie du neuerdings mit mir redest oder wie du offensichtlich so wenig wie möglich in meiner Nähe sein willst.»

Am Anfang einer Beziehung sollte man vielleicht vorschlagen, sich zu trennen oder zumindest ein wenig Abstand zu gewinnen. Besteht die Beziehung schon lange oder handelt es sich um eine Ehe, will man sicher darüber reden, was verlorengegangen ist und was zu erwarten ist, wenn nicht irgend etwas unternommen wird. Aber ob die Intervention nun zu einem Erfolg führt oder nicht, die Tatsache, daß man handelt, sorgt dafür, daß man nicht zum passiven Opfer wird. Zumindest unternimmt man den Versuch, die unsichtbaren Kränkungen zu bekämpfen, und man wird sich dadurch wohler fühlen.

GRUNDSATZ XLII: Haben Sie das Gefühl, daß ein anderer ohne ersichtlichen Grund seine Meinung über Sie herabsetzt, sollten Sie die Möglichkeit erwägen, daß er vielleicht eine neue Projektion auf Sie bildet, die darauf beruht, daß er Sie hinter Ihrem Rücken schlechtgemacht hat. Greifen Sie ein, wie Sie es bei jeder Projektion tun würden.

Informanten

Sobald Sie jemanden belügen, täuschen oder betrügen, geben Sie bestimmten Menschen die unselige Macht in die Hand, Sie bedrohen oder sogar zerstören zu können. Sie schaffen aus dem Nichts den *psychologischen Informanten.*

Ein Informant ist jemand, dessen bloße Gegenwart Sie an die Wahrheit erinnert oder sie aufdeckt.

In einigen Fällen kann ein Informant im Heuchler Angst hervorrufen, weil er *weiß,* daß dieser gelogen hat, oder weil er etwas weiß, das mit der Wahrheit zusammenhängt und die Lüge, wenn auch zufällig, aufdecken könnte. Oder wenn ein falscher Sachverhalt vorgegeben wurde, kann der Informant die Grenzen des Heuchlers aufzeigen. Es besteht die Gefahr, daß er den Schleier lüftet, weil er die wahren Hintergründe kennt. In anderen Fällen ist der Informant vielleicht Zeuge von Täuschungen geworden. In Detektiv- oder Spionageromanen, in denen immer wieder «der Mann, der zuviel weiß» vorkommt, werden Informanten manchmal ermordet, weil sie zufällig Zeuge einer dunklen Tat geworden sind – oder weil jemand *vermutet,* sie seien Zeuge gewesen. Dabei würde mancher Informant sein Wissen niemals benutzt haben, oder er ahnte nicht einmal, daß er es besaß.

Psychologische Informanten gibt es aber auch in einer noch subtileren Erscheinungsform. Es gibt Menschen, die *durch ihre bloße Existenz* gegen uns «aussagen».

Margot war in ihrer Ehe schon seit langem unglücklich. Zu Anfang hatte sie an Scheidung gedacht, doch als dann Kinder da waren, versuchte sie, ihre Ehe zu «konsolidieren», indem sie sich gemeinsam mit ihrem Mann Bürgerinitiativen anschloß, ihn zur Eheberatung schleppte, obwohl er nicht wollte, und darauf bestand, daß er einen Analytiker aufsuchte, der ihm dabei helfen würde, «erwachsen zu werden». Sie wußte, daß er eine ernsthafte Beziehung mit einer Frau im Ort gehabt hatte, und bemühte sich nach Kräften, einen «Wiederholungsfall» auszuschließen. Sie verbrachte viel Zeit damit, ihm die Bedeutung der Ehe und der gegenseitigen Verantwortung klarzumachen, und blickte auf alle herab, die keine Familie hatten. Ihr Leben war eine einzige, erschöpfende Täuschung.

Langweilige, «gute» Kontakte pflegte sie vor allem zu Menschen, die eine ähnliche Ehe führten. Aber fast täglich litt sie entsetzliche Qualen – sie wurde durch *Informanten* verleumdet. Das waren Menschen, deren *bloße Existenz* sie an ihre Täuschung – an ihren Selbstbetrug – erinnerten und ihr die möglichen Alternativen zeigten zu dem Leben, das sie gewählt hatte.

In die Nachbarschaft zog ein Paar, und die Frau sagte: «Wir wollen eine Zeitlang zusammenleben, um unserer selbst *sicher* zu sein, bevor wir heiraten und Kinder haben.» Margot war verwirrt, als sie dies hörte, und mahnte, sie sollten nur nicht zu lange warten. In Wirklichkeit konnte sie den Gedanken nicht ertragen, daß jemand den Mut hatte, auf eine schnelle Heirat zu verzichten. Wenn *sie* es nun auch so gemacht hätte . . . Aber vor fünfzehn Jahren war die herrschende Moral noch strenger, und wer weiß, wie das mit dem Kinderkriegen sein würde, wenn man schon über dreißig war. Also ging sie dem Paar aus dem Weg, weil seine bloße Gegenwart sie ständig an ihre Fehler von damals erinnerte und, noch schlimmer, an ihre gegenwärtige Täuschung. Natürlich hatte die andere Frau keine Ahnung davon, daß sie in Margots Projektion ein gefährlicher Informant war.

Phyllis, eine von Margots besten Freundinnen, wurde über Nacht zu einem noch tödlicheren Informanten. Margot wußte seit einigen Jahren, daß Phyllis für immer daran festhalten und froh sein würde, überhaupt einen Mann zu haben. Phyllis hatte Margot einmal zu erklären versucht, daß es in ihrer Ehe zwar viel Gutes gäbe, aber eben auch genug Schlechtes. Sie schloß mit den Worten: «Wir haben beide nicht viel davon gehabt.» Margot sagte Phyllis, sie solle nicht so reden; sie sollte einfach versuchen, das Beste daraus zu machen, wie alle anderen auch. Aber Margot konnte sie nicht beeindrucken. Eines Tages verkündete Phyllis, sie wolle sich scheiden lassen. Da stand sie nun, löste sich aus einer Ehe, die immer noch besser war, als Margots je gewesen war, bereit, das Risiko eines neuen Lebens auf sich zu nehmen. Sie hatte nicht mehr Geld, als es Margot im gleichen Fall haben würde, und außerdem zwei Söhne auf dem College. Margot war entsetzt. Phyllis' Entscheidung war wie die öffentliche Ausrufung der Tatsache, daß Margot eine Lüge – noch dazu eine überflüssige – lebte, daß Margot feige war. Nachdem sie vergeblich versucht hatte, Phyllis umzustimmen, bestand für sie nur noch die Möglichkeit, Phyllis von ihrem Mann fernzuhalten, der schließlich noch auf dumme Gedanken kommen könnte – als ob er nicht ohnehin wüßte, daß es auch Leute gibt, die sich scheiden lassen.

Viele Menschen in der Umgebung eines Heuchlers erinnern ihn daran, daß er auf Sand gebaut hat. Margots Informanten sind zum Beispiel Paare, die sich mit dem Heiraten Zeit lassen, Singles, die kein Interesse an der Ehe haben, Menschen, die sich vom Partner getrennt haben, und «unkonventionelle» Typen verschiedenster Couleur. Mehr noch: Jeder, der sein Sexualleben genoß, war ein Informant, ebenso Paare, die eine *wirklich glückliche Ehe* führten. Für Margot war letztendlich jeder, den sie kennenlernte, ein Informant; sie mußte sich sehr anstrengen, einen schützenden Kreis von Menschen zu finden, die so unglücklich lebten wie sie selbst.

Margots Lüge nahm ihr ganzes Leben in Anspruch. Aber jeder, der in einer noch so geringfügigen Weise lügt, schafft diese Informanten. Normalerweise sind dies Menschen, die sich ehrlich verhalten, wo wir unehrlich sind; Menschen, die wirklich so sind, wie wir vorgeben zu sein; Menschen, die auf eine Weise glücklich und erfolgreich leben, die wir für uns – oder für alle als unmöglich ausgeschlossen haben.

Man hat sich – ungerechtfertigterweise – einer Fähigkeit gerühmt oder damit geprahlt, Experte auf einem Gebiet zu sein. Kommt ein echter Experte, ist er ein Informant. Ein Mensch lebt mit der Lüge, unersetzlich zu sein: Seine Kinder würden ohne ihn nicht zurechtkommen, sein Chef wäre verloren, wenn er Urlaub nähme. Das Kind wird durch die Tatsache, daß es erwachsen und unabhängig wird, ein Informant gegen diesen Selbstbetrug, und eine Urlaubsvertretung, die ausgezeichnet arbeitet, während er in Europa ist, ebenfalls.

Weil Informanten schuldlos so viel Leid für die Menschen verursachen, deren Lebensform (wenn sie sich selbst gegenüber ehrlich wären) nicht so ist, wie sie es sich eigentlich wünschten, müssen sie seit Jahrhunderten den Haß und die Mißgunst der «Normalen» ertragen. Ungläubige wurden auf Scheiterhaufen verbrannt, Frauen, die den Mut hatten, einen Mann zu lieben, den sie nicht heiraten konnten, wurden wie Ausgestoßene behandelt, und wie wir alle wissen, werden Angehörige von Minderheiten, die sich «erdreisten», unkonventionell zu leben, oft immer noch dafür gestraft.

Wenn ein unschuldiger Mensch Ihnen äußerstes Unbehagen vermittelt, ist er wahrscheinlich ein Informant. Wenn Sie sich durch jemanden irritiert fühlen, dessen Verhalten Ihre Angst nicht rechtfertigt, halten Sie mit Ihrer Kritik zurück, und prüfen Sie sich selbst. Fragen Sie sich insbesondere: «Will *ich* etwas tun oder erleben, worüber dieser Mensch jetzt gerade glücklich ist?» – «Auf welche Weise maskieren *ich* und andere, was dieser Mensch mir ins Bewußtsein ruft?»

GRUNDSATZ XLIII: Es ist besser, Informanten als «Führer aus der Wüste» zu betrachten, als zu versuchen, sie zu meiden oder zu zerstören. Denn Informanten können, wenn wir sie akzeptieren und ihnen zuhören, unsere besten Lehrmeister sein.

Geben

Der Akt des Gebens zeigt ganz deutlich, wie die *Motivation* einer Handlung ihre *Projektion* bestimmt. Menschen geben aus unterschiedlichen Beweggründen, mit denen sie sehr verschiedene Bilder jener hegen, denen sie geben.

Man schenkt einem anderen zum Beispiel etwas, weil man sich unterlegen fühlt und damit kompensieren will, was man für eine eigene Schwäche hält. Man kann geben, um einen anderen bewußt oder unbewußt zu verpflichten. Gegeben wird allein aus Angst, der andere könnte weggehen, wenn man nicht ständig liefert. Es kann sein, daß man gibt, um damit wie ein Märtyrer Selbstverleugnung zu demonstrieren. Oder man schenkt auf reine, unverfälschte, großzügige Art mit dem einzigen Ziel, den Wert des anderen für sich zu steigern.

In jedem Fall ist die Projektion, die durch den Akt des Gebens geschaffen oder aufrechterhalten wird, eine völlig andere, und eine entsprechende Beziehung kann daher sehr unterschiedlich verlaufen.

Jeanette ist eine talentierte Innendekorateurin, die gerade nach Auflösung einer langen Ehe wieder angefangen hat zu arbeiten. Den Leuten gefällt es, wie sie ihre Wohnungen gestaltet, und sie empfehlen sie gerne weiter. Wenn sie die Sache in Ruhe angehen würde, hätte sie binnen kurzem ein phantastisches Geschäft aufgebaut. Aber in ihrem Kopf schwirrt der Gedanke, daß sie zu lange draußen war, daß sie ihr Glück lieber nicht zwingen, sondern ihren Kunden soviel wie möglich «geben» sollte. Sie verlangt zu wenig, obwohl sie viel höhere Rechnungen ausstellen könnte, sie nimmt kaum mehr als einen Auftrag gleichzeitig an, weil sie befürchtet, ihren Kunden dann nicht die Aufmerksamkeit widmen zu können, die sie verdienen.

Besonders grundlos ist diese Haltung gegenüber Emma, einer schwerreichen Witwe, deren Landhaus Jeanette vor kurzem neu eingerichtet hat. Emma ist von Jeanettes Arbeit begeistert, mag sie sehr gern und hat ein persönliches Interesse daran, neue Kunden für sie zu finden. Sie sagt: «Ich tue meinen *Freunden* einen Gefallen, wenn ich Sie empfehle.»

Aber dieses Lob macht Jeanette nur noch unsicherer, und sie beginnt zu fürchten, daß sie Emma nie *wirklich* zufriedenstellen kann, daß sie weniger getan hat, als Emma erwartet hat, und daß sie Emma in Verlegenheit bringt, wenn Besucher feststellen, daß ihrer Arbeit der professionelle Touch fehlt.

Beinahe jede Woche kommt ihr eine neue Idee zur «Vervollkommnung» des Landhauses, und sie fragt, ob sie hinauskommen kann, um einige Verbesserungen anzubringen, ohne etwas dafür zu verlangen. Emma ist es unmöglich, diese Großzügigkeit zu unterbinden oder Jeanette auch nur Geld anzubieten für Gegenstände, die sie anschleppt. Da Emma sich so für Jeanettes Leben interessiert, glaubt Jeanette, sie müsse alles nur Erdenkliche für Emma tun. Sie verbringt einen ganzen Tag in Buchhandlungen auf der Suche nach einem Kochbuch, von dem Emma einmal erwähnt hat, daß sie es gern hätte.

Diese ausschließlich gebende Haltung, die motiviert ist durch Jeanettes Selbstzweifel und die schreckliche Angst, Emma könnte herausbekommen, wie unzulänglich sie ist, und enttäuscht sein, wirkt sich sehr negativ auf Jeanette aus. Ihre Projektion auf Emma ist nicht die einer «echten Freundin», sondern die einer «fordernden Kundin», die, obwohl sie großzügig ist, jederzeit eine makellose, hervorragende Leistung erwartet. Mit dieser Projektion kann sie selbst Emmas ernstgemeintem Lob keinen Glauben schenken. Oder in Augenblicken, in denen sie *glaubt,* daß Emma es ernst meint, findet sie, Emma könne in Fragen des Designs nicht allzu beschlagen sein.

Jeanettes Projektion macht auch Emma das Leben schwer, die mit sechzig Jahren nur wenig älter ist als Jeanette und gern enger mit ihr befreundet wäre. Sie fühlt sich ein wenig einsam und teilt mit Jeanette viele gemeinsame Interessen. Sie fühlt sich abgespeist, wenn Jeanette sie immer wieder wie einen Arbeitgeber behandelt und Einladungen in Emmas Wohnung ablehnt. Es ist, als *wolle* Jeanette diese Unausgewogenheit im Geben, und Emma fühlt sich durch dieses Ungleichgewicht getäuscht und befremdet. Jeanette verweigert Emma die Freude, zu geben und echte Dankbarkeit zu erfahren. Eine wirkliche Beziehung entwickelt sich so nie.

Gibt man in der Absicht, sich jemanden zu verpflichten, besteht die Projektion darin, der andere würde einem nicht entgegenkommen, wenn man ihm nichts gibt; er muß es aber tun, solange man ihn ständig «in der Schuld» hält.

In vielen Fällen redet man sich ein, daß man dem anderen wesentlich weniger bedeutet, als dies tatsächlich der Fall ist, und zwingt sich so zu unnötigen Opfern.

Es gibt Menschen, die ein Leben lang einem bestimmten anderen Menschen zu viel schenken, wobei sie sich mit dem Gedanken unglücklich machen, daß sie ihn dadurch irgendwie zur Liebe zwingen. Wenn sie dann eines Tages krank sind oder im Sterben liegen, stellen sie vielleicht fest, daß der andere sich durch die Geschenke erdrückt gefühlt hat, und sehen ihre wahren Motive deutlich vor sich. In anderen Fällen entdecken sie, daß der andere sie wirklich geliebt hat, sie auch ohne das «übertriebene Schenken» geliebt hätte, und nun froh darüber ist, das auch endlich zeigen zu können. Kurzum, geben, um andere zu verpflichten, führt selten zum Ziel, sondern dazu, daß man sich immer schlechter fühlt.

Wir alle haben schon Ehen erlebt, in denen der eine Partner überflüssige Opfer auf sich nimmt, aus Angst, der andere könnte ihn verlassen. Und wir alle haben schon Eltern, Partner und Freunde erlebt, die exzessiv schenkten, um ihre Selbstlosigkeit und ihren Wert hervorzuheben.

Ideal ist das Geben natürlich dann, wenn man dem anderen etwas gibt, was er wirklich braucht: Trost, Bestärkung, Rat, körperliche Unterstützung, Geld. Die Projektion bei dieser Form des Gebens ist der Eindruck von dem anderen als «kostbar», als «liebenswert», als «des Gebens wert».

Diese Form des Schenkens ist keine Taktik, sondern ein natürlicher Gefühlsausdruck, eine grundlegende Verhaltensweise, die es uns ermöglicht, von einem anderen eine hohe Meinung zu haben und zu behalten und ihn als begehrenswert anzusehen.

Zusammenfassung

Das Projektions-Prinzip kann helfen, die tatsächlichen Auswirkungen nahezu jeder Taktik, die in Beziehungen angewandt wird, zu erkennen.

Wenn man andere manipuliert, macht man es sich selbst unmöglich, sich von ihnen geliebt zu fühlen. Man betrachtet Menschen dann nur noch als Roboter, die auf entsprechenden Knopf-druck reagieren, und verdammt sich damit zu einem Gefühl der Isolation.

Benutzen wir eine beliebige Täuschung, um eine Beziehung zu «verbessern», dann stellen wir andere als intolerant hin und glauben, von ihnen abgelehnt zu werden, wenn sie unser «wahres» Ich kennen würden. Täuschungen und das Leugnen der Realität sind Ausgangspunkt für die Entstehung paranoider Projektionen. Es ist wichtig, ein solches Verhalten zu entdecken und es aufzugeben, sobald man es festgestellt hat.

Lüge und Betrug setzen den anderen immer in der Meinung des Heuchlers herab. Der Glaube an Menschen, der Respekt vor ihnen oder die Liebe zu ihnen kann zerstört werden, während diese nicht einmal ahnen, was geschieht. Wenn wir also auch nur den Verdacht haben, ein anderer behandle uns hinter unserem Rücken schlecht, ist es wichtig, ihn sofort mit dieser Vermutung zu konfrontieren, bevor es zu spät ist.

Jede Verheimlichung eines Fehlers schafft «Informanten», deren bloße Existenz an die Realität erinnert. Diese Menschen erhalten die Macht, uns viel Leid zuzufügen. Wir täten besser daran, diesen Leidensdruck zu untersuchen und eine Heilung in Angriff zu nehmen, statt die Informanten aus unserem Leben zu verbannen.

Auch ein scheinbar so offenherziger Akt wie der des Gebens kann, entsprechend der jeweiligen Handlung des Gebenden, eine von unendlich vielen Projektionen verursachen. Geben aus falschen Beweggründen bedeutet Entfremdung voneinander oder sogar die Zerstörung einer Beziehung; Geben als echter Gefühlsausdruck kann das Bild vom anderen positiv verändern und eine Beziehung festigen.

10 Projektionen am Arbeitsplatz

Möglicherweise verbringen Sie die meiste Zeit Ihres Lebens am Arbeitsplatz, vielleicht in einer bestimmten Firma. Dort verhalten Sie sich entweder ungezwungen und kreativ, fühlen sich wohl, oder Ihre Stelle ist wie ein Drucktopf, so daß Sie die Minuten bis zum Feierabend zählen.

Ob Vorgesetzter oder Angestellter – ein Großteil des beruflichen Erfolgs und des täglichen Glücks hängt davon ab, wie eine Arbeit empfunden wird und welchen Eindruck andere von einem haben. Natürlich gibt es in jedem Job Dinge, auf die man keinen Einfluß hat: Firmenpolitik, Arbeitsanforderungen, Lohngefüge und den üblichen Quertreiber, den niemand je wird ändern können. Aber mit dem Wissen um das Projektions-Prinzip kann man sein Schicksal am Arbeitsplatz in wesentlich größerem Umfang bestimmen, als man sich das bisher vorgestellt hätte.

Es ist Ihnen vielleicht noch nicht in den Sinn gekommen, daß *Sie* beeinflussen können, ob Sie eine Gratifikation erhalten, zu Besprechungen hinzugezogen werden, befördert werden, zuvorkommend behandelt oder um Rat gebeten werden. All dies und mehr hängt davon ab, wie die anderen Sie einschätzen, und das Projektions-Prinzip zeigt Ihnen, daß Sie ganz wesentlich dazu beitragen *können*.

Natürlich haben Sie auch Einfluß darauf, wie *Sie* die anderen betrachten und wie Sie die Arbeitserfahrungen beurteilen. Auch Vorkommnisse, die unbedeutend zu sein scheinen, zwischenmenschliche Kontakte, die nur Augenblicke dauern, können Projektionen bei Ihnen und bei anderen in Gang setzen.

In diesem Kapitel werden wir uns zunächst damit beschäftigen, wie *Sie* eine gesunde Einstellung zu Ihrer Arbeit und den Menschen, mit denen Sie zu tun haben, aufrechterhalten können, und dann mit verschiedenen Arten der Interaktion, die einen Einfluß darauf haben, wie *andere* Sie beurteilen.

Die eigene gesunde Auffassung

Greg, ein frischgebackener Princeton-Absolvent, fähig und ehrgeizig, nahm eine Stelle in einer großen juristischen Kanzlei in New York an. Er zeigte sich tief beeindruckt von ihrem Renommee (von dem er schon während des Studiums immer wieder gehört hatte), von ihrer Größe, den riesigen Geldsummen, um die es oft ging, und von der luxuriösen Ausstattung der Büros selbst: dicke Teppiche, antike Möbel und eine Sammlung von Kunstgegenständen. Greg, der aus einer Kleinstadt kam, fand es überwältigend, daß die Kanzlei vierundzwanzig Stunden am Tag offen hatte und daß man dort um drei Uhr nachts einen Notar erreichen konnte.

Er wurde einer Gruppe zugeteilt, die für juristische Nachforschungen zuständig war, und schuftete drei Monate, ohne auch nur einen der Anwälte gesehen zu haben, deren Porträts an der Wand hingen.

An einem späten Freitagnachmittag bekam Greg plötzlich Hunger und spürte seine Erschöpfung. Seit dem frühen Morgen hatte er sich mit komplizierten Nachforschungen beschäftigt, und die kleingedruckten Buchstaben der Präzedenzfälle, die er eifrig studiert hatte, begannen vor seinen Augen zu verschwimmen. Er beschloß, eine Pause einzulegen. Da es ihm zu lange dauerte, in die nahe gelegene Imbißstube zu gehen, langte er einfach in seine Aktentasche und zog eine große Tafel Schokolade heraus, die er an diesem Morgen gekauft hatte. Aus der Kaffeemaschine im Büro holte er sich eine Tasse Kaffee und entspannte sich an seinem Schreibtisch mit einer Zeitung. Er mampfte seine Schokolade und las dabei den Sportteil.

Da ging die Tür auf. Du liebe Güte, da stand Sidney G., der Staranwalt, mitten in der Nachforschungsabteilung! Greg erkannte ihn sofort nach seinem Porträt im Sitzungszimmer.

Blitzartig schoß es ihm durch den Kopf: «Oh, nein, nun habe ich doch so viel gearbeitet, und ausgerechnet jetzt muß er kommen, wenn ich Zeitung lese und Schokolade esse. Wie kann ich die Sachen verschwinden lassen? Dafür könnte er mich rausschmeißen. Aber er hat es noch nicht gesehen.»

Während seine Gedanken in dieser Weise rotierten, tasteten seine Hände unter dem Schreibtisch herum und schoben die verräterischen Dinge in die Aktentasche.

Herr G. ging hinter Greg vorbei und fragte beiläufig: «Sagen Sie, junger Mann, Lydia ist doch noch nicht gegangen? Ich brauche sie zur Unterzeichnung einer eidesstattlichen Erklärung.» Lydia war Gregs direkte Vorgesetzte.

«Nein», antwortete Greg sofort. «Ich habe hier den ganzen Tag an meinem Schreibtisch bei der Arbeit gesessen und sie nicht hinausgehen sehen. Sie muß in ihrem Büro sein.»

Als Greg seinen Satz beendet hatte, war Herr G. schon fast außer Hörweite. Danach war Greg die Lust auf Essen und Zeitung vergangen, und er beschloß, sich wieder seinen Nachforschungen zu widmen, aber es fiel ihm schwer, nicht immer wieder den gerade geführten Dialog durchzuspielen.

Greg erschien es immer wahrscheinlicher, daß Herr G. die Zeitung und die Schokolade *doch* gesehen hatte, noch schlimmer, daß er gesehen hatte, wie Greg versuchte, beides zu verstecken. Und was hatte Herr G. gemeint, als er sagte: «Lydia ist doch noch nicht gegangen?» Vielleicht hat er die Frage so formuliert, um zu zeigen, wie entsetzt er wäre, wenn jemand so früh an einem Freitagnachmittag schon Feierabend machte oder sich vor seinen Pflichten drückte. Wenn das stimmte, war das Ganze *sicher* auf Greg gemünzt gewesen. Und dann bemerkte Greg etwas *wahrhaft* Schreckliches: seine Kaffeetasse! «Herr G. *muß* sie gesehen haben. Und ich habe behauptet, ich hätte den ganzen Tag an meinem Schreibtisch gesessen. Jetzt *weiß* er, daß ich gelogen habe. Er wird sich denken, daß ich meinen Schreibtisch ja verlassen haben muß, um den Kaffee zu holen.» Greg machte sich das ganze Wochenende über Sorgen.

Innerhalb weniger Augenblicke hatte Greg sich zweimal so verhalten, daß eine Projetion auf Herrn G. in Gang gesetzt wurde als «unvernünftig», «anspruchsvoll», «ohne Einfühlungsvermögen» und «arrogant gegenüber allen Angestellten».

Die erste Verhaltensweise bestand natürlich darin, daß er seine «unerlaubten» Erfrischungen verschwinden ließ. Weil Greg aus Furcht handelte und in dem Glauben, der Chef könnte unvernünftig sein, *verstärkte* er diese Ansicht. In gewisser Weise bestätigte er sich seinen Verdacht, daß Sidney G., hätte er ihn an seinem Schreibtisch beim Essen gesehen, unzufrieden mit ihm gewesen wäre und sich nicht gedacht hätte, daß der Imbiß einen Ersatz für Gregs Mittagessen darstellte. Beachten Sie, daß Greg sich durch sein Verhalten etwas selbst bestätigte, wofür es absolut keinen äußeren Anhaltspunkt gab.

Das zweite Paranoia hervorrufende Verhalten Gregs war seine falsche Behauptung, er hätte ununterbrochen an seinem Schreibtisch gesessen. Warum sonst sollte er zu einer solchen List greifen müssen, wenn Sidney G. nicht der Meinung wäre, in seiner Firma müsse hart geschuftet werden. Daher verstärkte Greg durch die unkorrekte Äußerung seine Furcht. Noch schlimmer, sie führte sogar zu einem weiteren Alptraum: daß nämlich Sidney G. die Gedanken seiner Sklaven lesen könne. Die Täuschung erzeugte also in Greg die Vorstellung von seiner eigenen Durchschaubarkeit.

In der darauffolgenden Woche machte Greg es sich zur Aufgabe, Lydias Bemerkungen genau zu analysieren und ihren Gesichtsausdruck zu beobachten, um festzustellen, ob Sidney G. sich vielleicht bei ihr über Gregs Pflichtverletzung beklagt hatte. Greg konnte nichts Bestimmtes herausfinden. Aber Lydia, die so viel Berufserfahrung besaß, würde ohnehin nicht erkennen lassen, was sie dachte. Unter der Voraussetzung, daß er in Schwierigkeiten stecken *könnte,* verbrachte Greg nun mehr Zeit damit, Lydia für sich einzunehmen, wobei er hin und wieder eine Bemerkung darüber fallenließ, wieviel Arbeit er mit nach Hause nahm.

Greg war auf einmal versessen darauf, früher am Arbeitsplatz zu erscheinen als Lydia und länger zu bleiben, weshalb er sogar eine Verabredung zum Abendessen absagte, um seine Vorgesetzte zu übertrumpfen. Er versteifte sich darauf, Lydia die kleinsten

Komplimente mitzuteilen, die andere Juristen ihm gemacht hatten, und erwähnte wiederholt seine Zugehörigkeit zu einer akademischen Elitevereinigung. Lydia war mit ihren Gedanken ganz woanders, aber Greg wertete ihre Gleichgültigkeit als Signal: «Ich weiß, was Sie machen, und es gefällt mir nicht.»

Greg hatte eine wirklich sichere Stellung in der Kanzlei, aber er wußte es nicht. Er war der Meinung, er müsse bald sein Bündelchen schnüren.

Nach weiteren acht Wochen hatte Greg einen echt paranoiden Zustand erreicht. Er fühlte sich verfolgt, durchschaut, abgeschoben. Er hatte auf Lydia und die anderen Vorgesetzten eine kollektive Härte projiziert, die ihm das Leben in der Kanzlei nahezu unerträglich machte. Er begann, sich nach einer anderen Stelle umzusehen, weil er sich einbildete, daß er bald eine brauchen würde.

Paranoia ist die am weitesten verbreitete «Berufskrankheit». Jeder, der in einem festgefügten Rahmen arbeitet und diesen für seine Sicherheit braucht, neigt früher oder später dazu. Richten wir unser Tun nach einer potentiellen Gefahr aus, können wir sehr leicht die Projektion entwickeln, andere Menschen seien unsere Gegner, brauchten uns nicht oder hätten vielleicht sogar schon einen Ersatz für uns gefunden.

Die Kunst, in einer Firma zu arbeiten, besteht darin, ehrlich zu bleiben, so offen, wie man hofft, auch im Privatleben zu sein. Gehen Sie mit Ihren Kollegen und Vorgesetzten fair, aber furchtlos um. Behandeln Sie sie vor allem wie *vernünftige* Menschen; sollte sich bei einzelnen herausstellen, daß sie es nicht sind, können Sie die Betreffenden darauf hinweisen, eine Richtigstellung vornehmen oder eine Sache vielleicht sogar zugunsten eines anderen auf sich beruhen lassen. Es mag schwerfallen, doch man hat den größten beruflichen Erfolg, fördert die besten Projektionen *auf sich* und die besten Projektionen *für sich* auf andere, wenn man sich zu einem Verhalten gegenüber Kollegen, Vorgesetzten und Geschäftspartnern zwingt, das nicht den Eindruck vermittelt, als würde man sie zum Überleben benötigen.

Es liegt an jedem einzelnen, sich dafür zu entscheiden, eine gesunde Projektion auf Vorgesetzte und Kollegen zu entwickeln und zu erhalten und *die anderen* zu ermutigen, eine gesunde Projektion auf ihn zu bilden.

Nehmen wir einmal an, Greg hätte sich beim Imbiß an seinem Schreibtisch «erwischen» lassen. Nehmen wir weiter an, er hätte sich geweigert, sich für etwas zu rechtfertigen, wovon er wußte, daß es kein Verbrechen war. Er hätte sich nicht eingeredet, daß Sidney G. ein herzloser Sklaventreiber sei, sondern er hätte Sidney G. als einen normalen Menschen betrachtet, dessen Intelligenz es ihm erlaubt, normale Situationen auch als solche zu erkennen. Er hätte sich in der Kanzlei wohl gefühlt und auf ein Weiterkommen hoffen dürfen. Wenn sich durch Zufall herausgestellt hätte, daß Sidney G. tatsächlich ein bösartiger Chef war, hätte Greg zumindest für sich gewußt, daß er mehr als genug gearbeitet und es daher mit einem Idioten zu tun hatte. Er hätte sich das Gefühl dafür bewahrt, wie man ihn behandeln *sollte*.

Aller Wahrscheinlichkeit nach war es jedoch so, daß Sidney G. viel zu beschäftigt war, um Greg auf die eine oder andere Weise überhaupt zu bemerken.

GRUNDSATZ XLIV: Halten Sie Ihre gesunden Projektionen auf Vorgesetzte, Angestellte und Mitarbeiter aufrecht. Dies geschieht im wesentlichen dadurch, daß Sie ehrlich bleiben, sich nicht von Angstgefühlen leiten lassen oder sich einreden, Ihre Arbeit sei nicht zufriedenstellend.

Zum Schutz vor Fehlverhalten ist es sicher hilfreich, sich eine Liste jener Verhaltensweisen anzufertigen, die man aus Angst und in dem Gefühl ausführt, ein anderer *könnte* Schwierigkeiten machen. Diese Verhaltensweisen sollte man ablegen und einfach andere Menschen sich von ihrer besten oder schlechtesten Seite zeigen lassen, während man den eigenen Kurs beibehält und sich mit allen Eventualitäten erst zum Zeitpunkt ihres Auftretens beschäftigt.

Komplizierter ist es, *die Meinung anderer über uns zu beeinflussen.* Fast alles, was Menschen tun, beeinflußt ihre Ansicht über uns: Auch die unschuldigsten Verhaltensweisen *drücken* eine Wahrnehmung nicht nur *aus,* sondern *verstärken* die Vorstellungen, die andere Menschen von uns haben und lassen sie zu voll entwickelten Projektionen erstarren. Daher genügt es nicht, lediglich in dem, was man tut, gut zu sein; es ist ebenso wichtig, das Bild, das andere Menschen von uns haben, ins rechte Licht zu rükken.

Der Eindruck, den man auf andere macht

Vieles, was am Arbeitsplatz schiefläuft, mag wie «Pech» aussehen. Es sieht so aus, als würden die anderen uns und unsere Arbeit einfach nicht schätzen. Vielleicht glauben Sie, daß Ihnen nie die Chance gegeben wurde zu zeigen, was in Ihnen steckt, oder daß niemand gesehen hat, wie Sie wirklich Ihr Bestes gaben.

Als Angestellte dem Marketing-Direktor Ernie S. direkt unterstellt, kannte Laura jeden Arbeitsablauf, wußte, wo jedes Stückchen Papier lag, und kannte den Namen jeder Kontaktfirma in den sechsundzwanzig wichtigsten Städten. Sie kam mit brenzligen Situationen auch unter Druck zurecht: löste Versandprobleme für die Verkaufsabteilung, wußte selbst reizbare Abteilungsleiter gut zu nehmen, stellte leicht erregbare Kunden zufrieden. Es hieß oft, sie sei die «Seele des Geschäfts» und nichts würde ohne sie klappen.

Sie freute sich sehr für Ernie, als er in eine viel bessere Position zu einer anderen Firma überwechselte, obwohl sie wußte, daß sie ihn vermissen würde. Auf der großen Abschiedsparty für Ernie in einem Nobelhotel weinte sie, als Ernie verkündete, ohne sie hätte er seine Arbeit nicht schaffen können.

War sie Ernies Nachfolger? Eigentlich eine Selbstverständlichkeit. Laura hatte die Arbeit *erledigt* und jeder wußte, daß sie gut war.

In den Wochen nach der großen Party erwähnte niemand eine Beförderung gegenüber Laura. Man sagte ihr überhaupt nichts über die Nachfolge Ernies. Während dieser Wartezeit kam Laura der leise Verdacht, daß sie die Beförderung, die sie so offensichtlich verdient hatte, nicht erhalten würde. Aber wer sonst? Ein paar mögliche Konkurrenten innerhalb der Firma kamen ihr in den Sinn. Sie besaßen ebenfalls genug Fähigkeiten, aber keiner kannte sich auch nur im entferntesten so gut mit der täglichen Routine aus wie Laura. Vielleicht holte man jemanden von auswärts.

Als die Ernennung schießlich bekanntgemacht wurde, war Laura am Boden zerstört. Felicia Wanderer. Ausgerechnet! Sie war Leiterin der Produktentwicklung in einer viel kleineren Firma, hatte *niemals* mit Marketing zu tun gehabt und war bekannt dafür, daß sie mit ihren Mitarbeitern ziemlich herrisch umging. Nur wenige der wichtigsten Kunden hatten überhaupt je von ihr *gehört*! Die Firmenleitung hatte sich tatsächlich entschlossen, diesmal ein Risiko einzugehen. Felicia ging der Ruf voraus, sie sei sehr intelligent, aber eine Primadonna, die das, was sie forderte, auch immer erhielt.

Laura konnte nichts dazu sagen. Aber auch wenn sie echte Argumente hätte vorbringen *können,* wer hätte ihr zugehört? Was sollte sie denn schon tun – ins Büro des Präsidenten gehen und ihm sagen, daß sie zutiefst enttäuscht war? Hätte sie ihm sagen sollen, daß er eine Frau gewählt hatte, der die Firma wahrscheinlich piepegal sein würde und die nur auf ihren eigenen Vorteil bedacht war? Oder etwa, daß er Laura für die Hälfte des Geldes hätte haben können? Natürlich hätte das alles keinen Sinn. Laura konnte nur hoffen, daß der Präsident innerhalb weniger Monate herausfinden würde, wie falsch seine Wahl war.

Offensichtlich hatte Laura keine Ahnung davon, was man innerhalb der Firma von ihr hielt. Im Laufe der Jahre hatte sie anderen – Vorgesetzten wie Mitarbeitern gleichermaßen – gestattet, sie so zu behandeln, als wäre sie nicht mehr als «eine kleine Sekretärin». In ihrem Bemühen, diplomatisch zu sein, hatte sie Abteilungsleitern erlaubt, sie zur Verantwortung zu ziehen und Dampf bei ihr abzulassen. Sie hatte einen Rat immer dankbar entgegengenommen, auch wenn er von jemandem erteilt wurde, der gar nicht in der Position war, ihr Ratschläge zu geben, und der weniger wußte als sie. Sie bedankte sich bei anderen überschwenglich für

Komplimente, auch wenn es kaum verhüllte Beleidigungen waren. Sie ließ sich bei jeder Arbeit oder bei jedem Gespräch bereitwillig unterbrechen, wenn es dem Störenden gelang, seinem Anliegen Dringlichkeit zu verleihen. Bezichtigte sie jemand eines Schnitzers, entschuldigte sie sich sofort und begann, sich zu rechtfertigen, als wäre sie ständig zum Abschuß freigegeben. Wichtig für sie wäre gewesen, über die Anzahl der Freunde nachzudenken, die sie in der Firma hatte. Sie knüpfte auch zu viele Kontakte auf Konferenzen an anderen Orten und auf Betriebsfesten, wobei sie gewissen Großmäulern der Firma sogar erlaubte, auf ihre Kosten sexuelle Anspielungen zu machen.

Sie wollte nicht als «schwierig» gelten und bat daher selten um bessere Behandlung. Sie buchte für sich zweitklassige Hotels bei Konferenzen und muckte nie auf – weder bei zu geringen Gehaltserhöhungen in den «mageren Jahren» noch angesichts der Tatsache, daß sie ein Büro benutzen mußte, das für ihre Bedürfnisse viel zu klein war.

Felicia Wanderer hingegen genoß ihren Ruf als Primadonna, weil damit zusätzliche Vergütungen, ein geräumiges Büro und erstklassige Unterbringung auf Geschäftsreisen verbunden waren. Es gab da eine berühmte Geschichte über Felicia, die einmal einen wahren Tanz aufführte, als sie «zu spät» abends noch ein Flugzeug nehmen sollte und verlangte, ein Wagen mit Chauffeur habe sie vom Flughafen abzuholen. In den Fällen, in denen Laura sich in Selbstverleugnung übte, sorgte Felicia zunächst für sich selbst, wobei sie ihre Forderungen bis an die Grenzen ausreizte. Obwohl die beiden etwa im gleichen Alter waren, hielt man Felicia für viel älter als Laura.

Lassen wir die Frage des Verdienstes beiseite, und vergleichen wir die Projektionen der Firma auf Laura und Felicia.

Man hatte Laura so viele Anweisungen gegeben, ihr so viele Ratschläge erteilt, sie hatte sich so häufig kritisieren lassen, wenn sie etwas ohne Ernie getan hatte, daß man sie für unfähig hielt, Entscheidungen zu treffen – obwohl sie immer wieder erfolgreich war. Durch ihr Verhalten Laura gegenüber, dadurch, daß sie ihr auf so unterschiedliche Art Grenzen setzten, hatte sich bei ihren

Vorgesetzten und Kollegen die starre Projektion herausgebildet, sie sei zwar eine ausgezeichnete Assistentin, aber nicht mehr. Das war sie für die anderen und würde es auch ewig bleiben. Weil sie Laura nie als gleichberechtigt behandelt hatten, konnten sie ihren wahren Wert einfach nicht einschätzen.

Dieselben Leute wußten, daß Felicia sich in den Arbeitsabläufen nicht so gut auskannte wie Laura und daß sie auch weniger engagiert war. Aber man wollte etwas «Besseres», jemanden mit einem «Auftreten», jemanden, der kreativ war. Man war der Meinung, Felicia würde all diese Eigenschaften besitzen und es sei ein Gewinn, sie für diese Position zu engagieren. Man unterhielt die Projektion, sie sei entscheidungsfreudig, erhalte immer nur das Beste und verdiene es auch. Man stellte sich vor, Laura, die brave «kleine Sekretärin», könnte «den Star» durch zuverlässige Kleinarbeit ergänzen.

Nur wenige Firmenangehörige hatten Felicia bisher kennengelernt; die meisten kannten nur ihren Ruf. Sie hatten keine Chance gehabt, sie herabzusetzen, sei es durch herablassendes Verhalten ihr gegenüber oder indem sie etwas vor ihr verbargen. Weil man gehört hatte, daß sie eine Primadonna sei, begegnete man ihr während der Einstellungsgespräche und Gehaltsverhandlungen beinahe ehrfürchtig. Vom ersten Augenblick an steigerten die oberen Führungskräfte durch ihr eigenes Verhalten Felicias Wert und hielten sich für Glückspilze, als sie die Stelle annahm.

Forderungen stellen

Jeder, der im Beruf Erfolg hat, weiß, daß Forderungen zwei Seiten haben. Es geht nicht darum, daß man etwas bekommt, sondern auch darum, daß die Vorgesetzten, wenn sie den Forderungen nachgeben, respektvoller reagieren und die Projektion «berechtigt» bilden.

Der Trick bei Forderungen besteht effektiv darin, daß man bis zu den äußersten *Grenzen* dessen ausreizt, was man bekommen kann, und nie um etwas bittet, wovon man weiß, daß es *abgelehnt* wird.

Man kann um einen großen Büroraum bitten, um eine Geschäftsreise erster Klasse, eine Gehaltserhöhung, eine Gratifikation, einen Titel, einen Assistenten, einen höheren Etat, bestimmte Vollmachten. Man muß sogar unbedingt um diese Dinge bitten, wenn andere in ähnlicher Position sie bereits haben oder wenn man glaubt, sie seien angemessen und man selbst sei für die Firma von so großem Wert, daß man sie verdient hat. Wurde eine Bitte einmal gewährt, werden die Vorgesetzten das sehr schnell rechtfertigen. Das Gesetz des Einklangs funktioniert, und die Vorgesetzten glauben, der Bittsteller habe das, was er bekommen hat, und noch mehr verdient. Es kann sein, daß sie von sich aus weitere Vergünstigungen hinzufügen.

Wird eine Forderung dagegen nur teilweise erfüllt und sieht die Geschäftsleitung, daß man dennoch bleibt, neigt sie dazu, die Rechte des Fordernden noch stärker zu beschneiden.

«Da Carl sich nicht beschwert hat, als wir sein Büro diesem neuen Computer-Menschen zur Verfügung stellten, hat er sicher auch nichts dagegen, wenn wir ihn zu der Verkaufsbesprechung in Kalifornien nicht mitnehmen. Schließlich haben wir in diesem Jahr nicht so viel Geld, und wir brauchen jemanden, der hier die Telefone hütet. Carl wird uns bestimmt keine Schwierigkeiten machen.»

Erinnern Sie sich aber auch an die Gefahr, die wiederholte Abweisungen mit sich bringen. Wenn Sie es sich zur Gewohnheit machen, um Dinge zu bitten, die gerade Ihre Firma oder gerade Ihr Chef für unerfüllbar hält, werden Sie letzten Endes als lästig betrachtet, als jemand, den man herabsetzen muß. Benutzen Sie Ihren gesunden Menschenverstand, um zu erkennen, ob Sie mit Ihrer Forderung eine reelle Chance haben.

Beschränken Sie sich jedoch nicht nur auf todsichere Dinge. Und lassen Sie sich nicht von dem Gedanken abhalten, daß es ein zäher Kampf wird, bis Sie etwas erreichen, oder daß man Ihnen, nachdem Sie es erreicht haben, mit Vorurteilen entgegentritt. Ohne Zweifel war sich Felicia Wanderer, als sie zum ersten Mal etwas forderte, was nur einer Primadonna zustand – vielleicht ihre erste große Gratifikation –, nicht sicher, ob sie es erhalten würde, und sie machte einige Leute damit ganz schön wütend. Aber «nichts ist so erfolgreich wie der Erfolg» – eine clevere Einsicht in den projektiven Prozeß. Gratifikationen wurden später immer großzügiger gewährt, da Felicia sie offenbar verdiente.

Wäre die erste große Forderung Felicias abgeschmettert worden, hätte sie gut daran getan, eine Weile zu warten und eine günstige Gelegenheit für einen zweiten Vorstoß dieser Art abzupassen. Sie hätte vermeiden müssen, als «jemand, den man ablehnen muß» betrachtet zu werden.

Ratschläge

Natürlich ist es besser, um Rat zu fragen, wenn man ihn braucht, als einen groben Fehler zu begehen.

Wenn uns aber jemand sagt, wie wir etwas zu tun haben, und die Art und Weise, wie er das macht, läßt vermuten, daß er uns für unfähig hält, verstärkt allein die Tatsache, daß er uns berät, seine Projektion auf uns als «inkompetent».

Menschen, die ständig um Rat bitten, die keine eigene Überzeugung haben, erkennen nicht, daß es sie teuer zu stehen kommt, wenn sie wiederholt einen Vorgesetzten oder einen Mitarbeiter fragen, wie etwas zu tun ist.

«Stellen wir die Seitennummern in die Mitte oder nach oben rechts?»

«Funktioniert der Kopierer, wenn ich diesen Knopf drücke?»

«Will der Chef seine Post dreimal am Tag sortiert haben oder nur einmal?»

Schon sehr bald gehen diese ewigen Fragen den anderen auf die Nerven, und mit jeder Antwort verlieren Sie weiter an Ansehen.

Bitten Sie nicht um Rat, wenn Sie die Antwort selbst herausfinden können, und niemals in Form von müßigem Geschwätz, weil Sie darin eine Möglichkeit sehen, mit jemandem «ins Gespräch zu kommen». Es kann sein, daß der andere bereitwillig Auskunft erteilt und es so aussieht, als wäre er froh, Ihnen helfen zu können, aber er wird Sie für wenig clever halten und sicher nicht für jemanden, der befördert werden müßte. Es stimmt, daß ein Vorgesetzter sich Ihren Namen rascher merken wird, wenn es Ihnen gelingt, ihn auf diese Weise auf sich aufmerksam zu machen. Sie finden das vielleicht gut, ist es aber nicht. Es spricht vielmehr vieles dafür, wenn man eher «unsichtbar» ist und offensichtlich mühelos mit der Arbeit zurechtkommt. Wird jemand für eine heikle Aufgabe unter Termindruck gesucht, erinnert sich der Vorgesetzte an den ruhigen, selbständigen Mitarbeiter, der offenbar alles kann und «es einfach anpackt». Heben Sie sich Ihren Auftritt «im Rampenlicht» für Gelegenheiten auf, bei denen es Ihnen nützt – zum Beispiel, wenn Ihnen etwas wirklich außergewöhnlich gut gelungen ist, wenn Sie um einen größeren Büroraum oder eine Gratifikation bitten.

Und wenn Sie *wirklich* eine Antwort *benötigen,* denken Sie lieber zweimal darüber nach, *wen* Sie fragen. Versuchen Sie es außerhalb der Firma, wenn Sie können. Rufen Sie einen Freund an, der die Information haben könnte, oder einen Fachmann, der Sie unterrichten kann. Wenn es jemand aus der Firma sein muß, fragen Sie zunächst einen Kollegen, zu dem Sie eine persönliche Beziehung haben. Beanspruchen Sie die Zeit Ihres Vorgesetzten nur als letzten Ausweg; vermeiden Sie es, seine Projektion zu fördern, Sie seien auf andere angewiesen.

Wirklich erfolgreiche Menschen bereiten sich überaus sorgfältig auf eine Arbeit vor. Sie achten darauf, Ihre Vorgesetzten nur Dinge zu fragen, die sie sonst nirgendwo herausbekommen können, und stellen jede Frage tunlichst auch nur einmal.

Der Ratgeber besitzt eine natürliche Überlegenheit gegenüber dem Ratsuchenden. Das ist wichtig zu wissen, damit man Situationen erkennen kann, in denen ein Rat eine himmelschreiende Beleidigung ist, die den Empfänger herabsetzen und sein Image verletzen kann. Sicher kennen Sie auch so einen «Besserwisser» in der Firma, der die Runde durch die Büros macht und seinen Kollegen sagt, was sie *wirklich* tun sollten.

«Ich glaube, ich habe herausgefunden, was mit Ihrer Abteilung nicht stimmt ...»

«Wissen Sie auch, was Sie in Ihren Präsentationen immer vergessen ...?»

«Zu Hause habe ich über Sie nachgedacht und mache mir Sorgen um Sie, weil...»

Dieser Typ ist einfach lästig, wenn er hereinschneit, nur um seine «Verbesserungsvorschläge» anzubringen. Aber er wird gefährlich, wenn er einem Mitarbeiter in Gegenwart anderer einen Rat anbietet. Es gibt dann vielleicht einige, die annehmen, daß der Betreffende diesen Rat wirklich braucht oder sogar darum gebeten hat.

Man sollte dem mit humorvoller Übertreibung begegnen: «Mario, du bist ein Weltmeister im Ratgeben. Das ist in dieser Woche schon die siebente hilfreiche Korrektur, die du mir anbietest», und dann die Sache einfach auf sich beruhen lassen. Wenn er wieder mit einem «guten Rat» ankommt, sagt man einfach lakonisch: «Nummer acht.» Hört er nicht auf, sollte man deutlicher werden und ihn freundlich auf sein ständiges Rat-geben-Wollen hinweisen.

Wirklich tragisch wird die Sache in den seltenen Fällen, in denen er *tatsächlich* konstruktive Vorschläge zu machen *hat*. Irgendwann *muß* er ja einmal die richtige Saite anschlagen. Ob man unabhängig von ihm bereits zu demselben Schluß gekommen ist oder ob man seinen Rat annehmen will, weil er eben gut ist, *obwohl* er von *ihm* kommt, man muß einfach damit rechnen, daß er in den nächsten Tagen damit angeben wird, die betreffende Abteilung, wenn nicht sogar den Arbeitsplatz des Empfängers gerettet zu haben. Auch hier wird eine kleine Übertreibung seines Verhaltens darauf aufmerksam machen: «Stell dir vor, ohne dich wäre ich völlig aufgeschmissen gewesen, Mario. Ich wäre sicher hinausgeworfen worden, und dann hätte ich mich erschießen müssen.»

Bittet man Sie um einen Rat, denken Sie an Mario. Vermeiden Sie es, in aller Öffentlichkeit einen Rat zu erteilen und auf jemanden herabzusehen, der Ihre Hilfe braucht. Wenn Sie uneigennützig Unterstützung geben, werden andere froh sein, daß es Sie gibt, und auf gleiche Weise reagieren.

Klagen

In einer Firma ist das Jammern der bevorzugte Zeitvertreib der ewig Unzufriedenen, die sich beim Mittagessen zusammentun, um sich Luft zu machen. Es läuft im wesentlichen parallel ab, weil jeder seinem eigenen Lamento lauscht und keiner den Klagen der anderen besondere Aufmerksamkeit schenkt. Vielleicht gibt es ein zur Schau gestelltes Mitleid, als wolle man sagen: «Ich stimme dir zu, dann mußt du mir auch zustimmen.» Unter Nörglern gibt es aber wenig Loyalität. Übers Klagen läßt sich nichts Positives sagen, außer der Tatsache, daß es manchmal guttut. So wie der Griff zur Flasche kann es vorübergehend Erleichterung verschaffen, aber letzten Endes wird der Klagende dadurch nur noch weiter demoralisiert und sein Gefühl der Hilflosigkeit nur noch verstärkt. Ein Mensch, der über seine Arbeit, seinen Lohn, das Büro, den Urlaubsplan, die Sozialleistungen, den Chef oder die Kollegen jammert, bekommt das Gefühl, nichts tun zu können, um sein Los zu verbessern, und einer unüberwindbaren Übermacht gegenüberzustehen.

Schlimmer noch ist, daß andere den notorischen Nörgler, der versucht, sein Versagen zu begründen, für unfähig halten. Aufgrund ihres Wunsches nach Einklang wollen die Menschen einem Klagenden keinen Glauben schenken, sondern daran festhalten, daß die Welt in Ordnung ist: «Al hat sich die ganze Woche darüber beklagt, daß er keinen Assistenten bekommt. Aber glaubst du nicht auch, daß es einen Grund dafür geben muß, *warum* er keinen bekommen hat?»

Karen dagegen sagt immer, wie gut sie behandelt wird. Die Reaktion ist dementsprechend: «Karen muß toll sein; es sind alle so nett zu ihr!»

Nörgler sind nicht nur unreif und in Gesellschaft lästig; sie sind bedauerlich fehlgeleitet. Der Nörgler zeigt seine Ichbezogenheit und glaubt, daß andere Menschen, Kollegen mit eigenen Problemen, ihre Sorgen zur Seite schieben müßten, um ihm beizustehen.

Die Reaktionen anderer auf einen Nörgler sind fast immer gleich: zunächst haben sie Mitleid, dann verachten sie ihn. Da sie zu Beginn Mitleid mit ihm haben, trösten sie ihn als einen dieser ewigen Verlierer. Trost, der gespendet wird, weil das zum guten Ton gehört, erzeugt jedoch Mißachtung für den Klagenden und erreicht sehr bald das Stadium des Zuviel. Über kurz oder lang meiden die meisten den Nörgler, und ihr Ausweichen prägt die Projektionen «lästig» und «Verlierer». Daher reizt der Anblick des Nörglers zu Mitleid oder Flucht, was wiederum in den Augen der anderen die Verachtung für ihn und seine Fähigkeiten bekräftigt.

Der Angestellte, der es sich zum Prinzip macht, sich niemals zu beklagen, sondern entweder sein Anliegen direkt vorträgt oder schweigt – und wenn nötig den Arbeitsplatz wechselt –, wird damit nie falsch liegen.

Selbstverschuldete Störungen und Unterbrechungen durch andere

Störungen – ob man nun selbst der Störende ist oder regelmäßig Opfer eines Störers – bergen die Gefahr, den oder die Betroffenen als «unkontrollierte» Menschen erscheinen zu lassen.

Störungen liegt immer ein Gefühl der Dringlichkeit zugrunde. Hat ein Mensch es grundsätzlich *eilig,* beherrscht er die Dinge nicht.

Louis, der Bürovorsteher eines Farbengeschäfts, stürmt ständig in Konferenzen, weil er dringend jemanden sprechen muß. Es sei ein Käufer am Telefon, der sofort eine Antwort kriegen müsse. Als er zum ersten Mal in eine Besprechung platzte, dachten einige, er sei ein wichtiger Mann. Heute sind seine Auftritte im Sitzungszimmer nur noch ein Witz.

Louis hat *viele* lästige Angewohnheiten. Fehlt eine Rechnung, rennt er durchs ganze Büro, stört die anderen und bittet sie, ihre Papiere mal durchzublättern, «nur falls». Spricht jemand mit ihm, wandern seine Augen unruhig umher, und er sagt oft: «Halten Sie diesen Gedanken fest, ich hole nur rasch einen Kaffee.» Er zündet sich in kritischen Augenblicken eine Zigarette an und unterbricht damit den Denkprozeß anderer, als habe er Angst vor Kontinuität.

In der Firma kann wohl so recht niemand sagen, warum er sich durch die Gegenwart Louis' so irritiert fühlt oder warum er ein Bild von ihm hat als chaotisch und ständig vom Wesentlichen abkommend. Auch der Chef, der ein netter Kerl, aber kein großer Psychologe ist, weiß nicht, warum Louis ihn so nervös macht, obwohl er seine Arbeit ganz gut erledigt. Die allgemeine Projektion auf Louis ist die eines Mannes, der mutig gegen Windmühlenflügel ankämpft. Es muß wohl nicht eigens betont werden, daß der Chef nicht Louis zu seinem Nachfolger wählen würde.

Die meisten werden mit Louis ganz gut fertig, aber einige Frauen in der Firma lassen immer gleich alles fallen, wenn er mit seiner Bitte kommt. Diese Frauen, die sich stören *lassen,* stellen sich selbst als *subaltern* hin.

Andere, die sehen, was für ein leichtes Spiel Louis hat, ahmen seine Taktik nach, da sie davon ausgehen, daß diese Frauen jederzeit zur Verfügung stehen. Da sie die Frauen nach Louis' Beispiel schlecht behandeln, projizieren viele Mitarbeiter im Büro auf sie «Dienerin» und «Assistentin ohne Beförderungschance».

Der Störende überträgt seine Unruhe unbewußt auf andere im selben Raum. Ihre Projektion auf ihn ist die eines «störenden Elements». Sie schrecken automatisch zurück, ohne sein Handicap zu identifizieren, und damit prägt sich ihnen von ihm das Bild «unerwünscht» ein.

Wehren Sie sich gegen Störer, und werden Sie, wenn nötig, deutlich: «Bitte, sei ruhig, Louis, ich telefoniere.»

Haben Sie den Verdacht, selbst ein Störer zu sein, untersuchen Sie, wie Sie sich fühlen, wenn Sie jemanden unterbrechen *wollen.* Statt dem Drang nachzugeben, fragen Sie sich einmal: «Warum fühle ich mich jetzt unwohl?» – «Fühle ich mich unterlegen?» – «Ist mir das Thema unangenehm?» – «Versuche ich das Thema zu wechseln, weil ich Angst habe, etwas falsch gemacht zu haben?» «Bin ich auf den, der redet, neidisch, auf die Aufmerksamkeit, die ihm zuteil wird, auf den Erfolg, über den er berichtet?»

Um sich das abzugewöhnen, sollte man lernen zu schweigen, bis der andere ausgeredet hat, sowie noch einen Moment länger.

Statt sofort «anzuspringen», sobald er geendet hat, oder sogar schon vorher, wiederholen Sie noch einmal, was er gesagt hat. Das zeigt dem anderen, daß Sie ihm gefolgt sind, und wird Ihnen eine Hilfe sein, beim Thema zu bleiben.

Komplimente

Komplimente gehören zu den subtilsten Formen menschlichen Verhaltens, und nirgendwo kommt dies stärker zum Ausdruck als im Geschäftsleben. So kann zum Beispiel derjenige, der uns für etwas lobt, was uns keine Mühe bereitet und mit der eigentlichen Arbeit nichts zu tun hat, im Grunde herabsetzen.

Eine Frau rackert sich ab, um einen Bericht rechtzeitig vorlegen zu können, der Chef liest ihn und bemerkt: «Sie sehen heute fabelhaft aus.» Will er nicht über ihre Arbeit sprechen? Schon möglich. Wenn ja, kann sein Kompliment Verachtung für sie ausdrücken und gleichzeitig diese Verachtung noch schüren. Sie sollte daran Anstoß nehmen und geradeheraus fragen: «Und was halten Sie von dem Bericht?»

Unser Selbstwertgefühl entspringt unseren als gut empfundenen Eigenschaften, Hilfsbereitschaft oder Integrität zum Beispiel, die wir als unser persönliches Verdienst betrachten. Wenn wir wiederholt für Zufälligkeiten wie unsere schönen blauen Augen oder unser tolles rotes Haar Komplimente bekommen, dann ist es, als ob wir Unverdauliches zu essen bekämen.

Wir sind alle schon einmal nach einem besonders schönen Kompliment geradezu aufgeblüht, aber eben das macht Komplimente so gefährlich. Derjenige, der uns lobt, verstärkt seine Meinung über uns, wir seien auf sein Lob angewiesen und von ihm abhängig, und wenn wir nicht aufpassen, laufen wir geradewegs in die Falle.

Stellen Sie sich einen gleichrangigen Mitarbeiter vor, der Ihnen wiederholt Komplimente macht, als wäre er Ihr Vorgesetzter.

Caroline ist eine harte Konkurrentin von Jane; sie will, daß Jane glaubt, sie, Caroline, komme besser mit denen von der «obe-

ren Etage» aus. Ständig macht sie Jane Komplimente. Jane dankt
ihr immer für diese Komplimente, ja sie hilft ihr sogar noch und
zeigt ihr ein Memorandum, das sie verfaßt hat, bevor sie es veröffentlicht. Das ist jedoch genau das, was Caroline sich im stillen
wünscht. Das wiederholte Lob Carolines für Jane und die Tatsache, daß Jane die Komplimente gern hört und lächelnd akzeptiert,
ist typisch für eine Beziehung zwischen Arbeitgeber und Arbeit-
nehmer. Caroline projiziert durch ihre Komplimente auf Jane die
Identität einer «Untergebenen». Jane macht sich durch ihren
Dank und ihre offensichtliche Abhängigkeit von Carolines Urteil
über ihre Arbeit selber klein.

Komplimente, die auf diese Weise benutzt werden, münden in
eine tödliche Form von Arroganz.

Jane sollte sich bei Caroline nicht dafür bedanken, daß sie –
und so ist es doch – auf sie herunterblickt, sondern täte besser
daran, auf Carolines Lob ganz anders zu reagieren. «Sei nicht so
stolz auf mich, Caroline, als wäre ich deine Schülerin. Wir sind
gleichrangig!»

Sie kann Carolines Meinung schätzen, sollte sie aber bitten, persönliche Wertungen beiseite zu lassen. Ganz bestimmt sollte sie
nicht um Carolines Gunst buhlen und ihr Memoranden zeigen,
die sie verfaßt hat. Weigert Caroline sich, ihre Taktik aufzugeben,
sollte Jane noch weitergehen und das Problem in Gegenwart anderer ansprechen: «Danke, Caroline. Aber du mußt mich nicht jedesmal loben, wenn ich etwas gut gemacht habe. Ich arbeite nicht
für dich.»

Ein wenig schwieriger ist es, wenn Caroline ihre Masche vor
allen Mitarbeitern abzieht. Jane hat sich überlegt, wie man die
Etats im Mittleren Westen besser verwalten kann, und stellt ihren
Plan auf einer Besprechung vor. Sie hofft sehr, daß er dem Direk-
tor des Inlandsverkaufs und dem Rechnungsprüfer gefällt. Aber
noch bevor sie den Plan richtig aufgenommen haben, sagt Caroline schon: «Jane, das hast du wirklich sehr gut gemacht. Ich bin
tief beeindruckt.» Caroline versucht Jane vor den Augen aller als
ihre Untergebene hinzustellen – was Wissen und Erfahrung, wenn
nicht sogar den Rang angeht.

Jane muß ihr natürlich danken, aber sie kann es beiläufig tun. Dann kann sie sich an die wenden, auf die es wirklich ankommt, und sie um ihre Meinung bitten, wobei sie Caroline im wesentlichen übergeht. Macht sie das geschickt und zeigt Caroline, daß sie weder abhängig von ihr ist, noch ihr feindich gegenübersteht, sagt sie den anderen damit, daß Caroline ein Spiel gespielt und versucht hat, eine Rolle an sich zu reißen, die ihr nicht zukommt.

Natürlich machen viele Menschen ehrliche Komplimente, und wir müssen nicht unbedingt durchs Leben gehen und nach niederen Motiven suchen, wenn jemand gut über uns spricht. Normalerweise ist dankbares Entgegennehmen das richtige. Es schmerzt den Betreffenden, wenn sein herzlich gemeintes Kompliment abgeschmettert wird, als wäre er zu leicht zu beeindrucken.

Komplimente sind integraler Bestandteil einer jeden befriedigenden Beziehung. Es geht nicht nur darum, daß ein Kompliment Freude macht. Ein Chef, Kollege, Mitarbeiter, *jeder,* der Sie ehrlich für etwas lobt, was Sie gemacht haben, überzeugt sich dadurch auch weiterhin davon, daß Sie wertvoll sind und Lob verdienen. In den meisten Fällen sollten Sie andere dazu ermutigen, ihren günstigen Eindruck von Ihnen dadurch zu festigen, daß sie Ihnen Komplimente machen.

Viele Menschen fürchten sich davor, anderen Komplimente zu machen; sie haben Angst davor, einfältig zu wirken, so als ob ein Lob gleichbedeutend wäre mit dem Ausruf: «Oh, so etwas habe ich noch nie gesehen!», oder auch davor, daß der andere nicht reagiert oder herablassend sagt: «Ach, komm, das mache ich doch immer so!» Solche Menschen haben auch Bedenken, der andere könne sich aufspielen und sie nach seiner Pfeife tanzen lassen. Das genaue Gegenteil ist richtig. Wenn man jemandem ein Kompliment macht, wird er sich veranlaßt sehen zu denken, daß man echtes Verdienst anerkennt. Der Gedanke, daß er seine Arbeit gut macht und man es ihm bestätigt, würde ihm gefallen. Er wird dem Lobenden Urteilskraft zusprechen und eine hohe Meinung von ihm bekommen. Man sollte Komplimente nicht so benutzen wie Caroline – als Trick –, sondern erkennen, daß man Einfluß ausüben kann, wenn man jemanden lobt, und das wiederum tut einem auch selbst gut.

Anschuldigungen

Die einfache Regel für Anschuldigungen lautet: Tun Sie es nie! Es ist der schnellste Weg, sich Feinde fürs Leben zu machen. Menschen, die Sie beschuldigt haben, widerlegen Sie möglicherweise nicht öffentlich, leiden aber unter Ihren Worten, vielleicht für immer. Sind Sie beruflich eine Autorität, werden sowohl die von Ihnen Beschuldigten als auch jene, die fürchten, die nächsten Opfer zu sein, eine Art Widerstandsbewegung gegen Sie ins Leben rufen. Sie werden versuchen, ihre eigenen und die Fehler anderer zu vertuschen, sich zusammenschließen und die Projektion auf Sie bilden, daß man Sie fürchten und Ihnen ausweichen muß. Auch wenn Sie nichts sagen, werden diese Menschen darauf warten, daß Sie zu Fall kommen, und jede problematische Situation nutzen, um Sie schlecht aussehen zu lassen.

Beschuldigt man einen gleichrangigen oder höhergestellten Kollegen eines für ihn peinlichen Schnitzers, fordert man den Ärger geradezu heraus. Man sollte es sich aus dem Kopf schlagen, daß man sich einen Vorteil verschafft, indem man andere unterbuttert. Kein Bumerang kommt zuverlässiger zurück, da andere dadurch veranlaßt werden, die Projektion zu bilden, man sei ein Mensch, der Ärger macht und sehr wahrscheinlich selbst unfähig. Andere für die eigenen Fehler verantwortlich zu machen ist vielmehr der schnellste Weg, unterzugehen.

Wenn es die Position erfordert, auf einen Fehler hinzuweisen, nehmen Sie den Betreffenden beiseite, und sprechen Sie mit ihm unter vier Augen. Machen Sie zu Beginn der Unterhaltung klar, daß das, was Sie zu sagen haben, nur sie beide etwas angeht. Stellen Sie keine Vermutungen darüber an, *warum* der andere den Fehler begangen haben könnte. Vorausgesetzt, der andere wiederholt den Fehler nicht, halten Sie sich an Ihr Versprechen, und erwähnen Sie den Fall nicht mehr – weder ihm noch anderen gegenüber. Sie können auf diese Weise einen Freund fürs Leben gewinnen, anstatt sich einen Feind zu machen.

Wird man von anderen beschuldigt, sollte man zunächst feststellen, ob man selbst im Irrtum ist. Wenn ja, gibt man den Fehler zu und verspricht, daß dergleichen nicht wieder vorkommen soll. Eine Beinahe-Niederlage kann in einen Sieg umgemünzt werden, wenn man Klasse zeigt, nachdem einem ein echter Fehler nachgewiesen wurde. Die Projektion der anderen wird sein, daß man flexibel und offen ist und seiner selbst und seiner Leistungen sicher genug, um Fehler zugeben zu können und sich durch Kritik nicht unterkriegen zu lassen.

Komplizierter ist der Umgang mit Beschuldigungen, die inhaltlich gerechtfertigt sind, aber falsch vorgebracht werden.

Doug zum Beispiel beging einen Fehler, als er vergaß, einen wichtigen Brief termingerecht zu erledigen. Sein Chef beschuldigte ihn, die Abteilung zu sabotieren und sich nichts daraus zu machen, wie er als sein direkter Vorgesetzter nun vor der Geschäftsleitung dastehen würde. «Wenn Sie schon meine Stelle haben wollen, dann sollte Ihnen eines klar sein: Sie werden sie nicht bekommen, wenn Sie mich austricksen!» Doug schämte sich seines Fehlers und war sprachlos, daß der Chef diese Anklage ausgerechnet in einer Abteilungsbesprechung vorbrachte. Einige Arbeitskollegen sprachen Doug später ihr Mitgefühl aus, aber es half nichts. Er glaubte, etwas Falsches getan zu haben und daher einstecken zu müssen, was immer der Chef auch austeilte.

Von diesem Tag an hegte der Chef eine Projektion der Verachtung für Doug. Nachdem er Doug einmal in aller Öffentlichkeit gemaßregelt hatte, fiel es ihm leicht, dies zu wiederholen. Er stellte ihn vor unmögliche Aufgaben und beschuldigte ihn dann, bei der Ausführung versagt zu haben. Doug wurde ein nervöses Wrack und kündigte drei Monate später.

Doug hatte sich so schuldig gefühlt, daß er nicht merkte, wie unangemessen die Strafe war. Natürlich war ihm ein Fehler unterlaufen, aber er hatte nicht in böser Absicht gehandelt. Als er sein Versehen entdeckt hatte, war *er* derjenige gewesen, der darauf aufmerksam machte und sogar vorschlug, wie man ihn beheben könnte. Der Vorgesetzte stürzte sich auf den Fehler, um Doug zu schädigen: Er unterstellte ihm ein böswilliges Motiv, was Doug auf keinen Fall gehabt hatte, noch dazu in aller Öffentlichkeit. Ein besserer Durchblick hätte Doug dazu verholfen, seinen Irrtum zwar einzusehen, aber dennoch unmißverständlich die falsche Behauptung zurückzuweisen, er habe es in böser Absicht getan. In der Besprechung hätte er gesagt: «Was meinen Fehler angeht, haben Sie recht. Werfen Sie mich raus, wenn Sie wollen, aber Sie liegen völlig falsch mit Ihrem Verdacht, warum ich ihn begangen habe.» Hätte der Vorgesetzte darauf bestanden, hätte Doug sagen können: «Sie sind unfair.»

Der Vorgesetzte hatte zwar die Öffentlichkeit für seine Anschuldigungen gewählt, aber für Doug wäre es falsch gewesen, wenn er ihm weiter öffentlich widersprochen hätte. Er hätte jedoch später unter vier Augen mit dem Vorgesetzten reden und in etwa sagen können: «Wenn ich einen Fehler mache, gebe ich ihn zu. Aber für mich wird es viel schwerer, gute Arbeit zu leisten, wenn Sie auf Besprechungen verbreiten, ich sei hinterhältig.»

Fragen Sie sich immer: «Welche Anschuldigungen gegen mich sind richtig?» Hüten Sie sich vor Menschen, die Ihnen bestimmte Motive unterstellen. Im allgemeinen hat niemand ein Recht, das zu tun. Und sicher hat keiner das Recht, eine Beschuldigung gegen Sie mit Spekulationen über Ihr Innenleben zu verbinden. Widersprechen Sie, sonst bildet der Betreffende die Projektion, Sie seien verachtenswert, durchschaubar und unbedeutend.

Außerdem müssen Sie eine Zurschaustellung der Macht über Sie nicht stillschweigend hinnehmen: Sarkasmus, Schimpfen, öffentliche Beleidigung, jegliche Art von Degradierung oder Entzug von Privilegien, die Sie als ungerechtfertigt empfinden, sollten Sie sachlich, aber bestimmt zurückweisen. Niemand ist aufgrund seiner Stellung oder seines Ranges berechtigt, Sie so zu behandeln, und Loyalität sich selbst gegenüber verlangt, daß Sie den anderen das unmißverständlich klarmachen. Erinnern Sie sich daran, daß es ratsam ist, «überempfindlich» zu sein: Nehmen Sie schnell etwas übel, und zögern Sie nicht, sich an einen Vorgesetzten um Hilfe zu wenden oder sich nach einer anderen Stelle umzusehen.

Wenn die Anschuldigung völlig falsch ist, muß man sie natürlich zurückweisen, ohne sich zu entschuldigen. Man sollte beweisen, daß sie falsch ist, aber nicht versuchen, dabei andere in die Sache mit hineinzuziehen.

Ob eine Beschuldigung nun richtig, falsch oder teilweise richtig ist, reagieren Sie vor allem nicht defensiv, und beginnen Sie nicht, Entschuldigungen hervorzustoßen. Wenn Sie einem anderen zeigen, daß Sie der Meinung sind, sich auf Leben und Tod gegen seine Behauptung verteidigen zu müssen, laden Sie ihn geradezu zu der Ansicht ein, daß Sie in *seiner Macht* stehen. Entweder müssen Sie einen Fehler offen zugeben oder nur den Teil der Anschuldigung, der zutrifft, und standhaft dem widerspechen, was falsch ist. Oder Sie müssen die gesamte Beschuldigung als unrichtig zurückweisen. Es geht selten nur um den einen Vorfall, sondern um die Projektionen, die in Gang gesetzt werden durch die Art und Weise, wie Sie die Anschuldigung handhaben.

In der Rolle des Vorgesetzten

Sind Sie anderen Menschen übergeordnet, kann man mit ziemlicher Sicherheit davon ausgehen, daß einige Sie falsch wahrnehmen. Nach den Bildern zu urteilen, die sie von Ihnen haben, müßten Sie zwölf verschiedene Personen sein. Der eine hält Sie für einfältig, der andere für gefährlich, ein dritter wieder für absolut fair. Eine genauere Überprüfung könnte ergeben, daß Ihr Verhalten nichts oder nur wenig mit dem Entstehen dieser Bilder zu tun hat. Jeder Angestellte mit einer starren Projektion auf Sie hat vielleicht seine früheren Vorgesetzten ganz ähnlich gesehen und wird auch andere Vorgesetzte nicht anders beurteilen.

Der Angestellte mit einer Projektion auf Sie hat seine Arbeit unter Ihnen mit einer vorgeprägten Erwartung begonnen, wie Sie als ein «Chef» sein *könnten*.

Als er sich um eine Stelle in Margies Firma bewarb, nannte Ben als Referenz jemanden, der in Wirklichkeit ein entfernter Verwandter war, für den er nie gearbeitet hatte. Bei seinem Einstellungsgespräch berichtete er Margie, wie stolz er wäre, wenn er für ihre Immobilienfirma arbeiten könnte, und fügte hinzu, sie werde in der Branche von allen in den höchsten Tönen gelobt. Ben hatte aber nie zuvor von Margie gehört, und als er sie kennenlernte, wußte er nicht einmal, ob er sie mochte oder nicht: Er war zu sehr damit beschäftigt, sie zu studieren. Durch sein Auftreten stempelte er Margie für sich als einfältig und dumm ab.

Bald nachdem Margie Ben eingestellt hatte, begann er, mit größeren Lügen zu experimentieren – darüber, wie vielen Leuten er eine bestimmte Wohnung gezeigt hatte, wie er einen Kunden dazu bekommen hatte, sein Angebot zu erhöhen, was alles nicht stimmte. Da Margie ihren Angestellten relativ viel Freiraum gewährte, kam Ben mit seinen Lügen durch. Innerhalb weniger Monate redete er sich ein, Margie sei ein Dummkopf und er könne ruhig von den Kunden unter der Hand Geld nehmen. Da Bens Projektion von Margies Dummheit sich vergrößerte, wurden seine Kränkungen offensichtlicher. Zum Glück erwischte Margie ihn, bevor er wirklichen Schaden anrichten konnte, und warf ihn ohne Zögern hinaus. Ben hatte sich geirrt: Margie war nicht dumm – ebensowenig wie die vielen anderen Arbeitgeber, die er unterschätzt hatte und die ihn an die Luft gesetzt hatten.

Auch Angela arbeitete für Margie. Sie war eine sehr religiös eingestellte Frau mit hohen ethischen Grundsätzen, die völlig im Beruf aufging. Sie leistete hervorragende Arbeit: Immobilienbesitzer wußten, daß sie ihnen gegenüber immer ehrlich sein würde, und Kunden schenkten ihr spontan Vertrauen. Angela war bestrebt, jede Zeile in jedem Formular auszufüllen, als ob es um Leben und Tod ginge. Ihre Kollegen, vor allem Ben, neckten sie damit, daß sie in Einzelheiten zu kleinlich sei. Sie kam jeden Tag als erste ins Büro und verließ es als letzte.

Vor sechs Jahren hatte Angela bei ihrem Einstellungsgespräch mit Margie ihre Unerfahrenheit in dem Geschäft zugegeben, aber Margie hatte gesagt: «Ich mag Sie. Ich werde Ihnen eine Chance geben.» Am nächsten Tag jedoch wurde Angela von Angst und Gewissensbissen geplagt. Sie rief Margie an: «Bevor Sie mich einstellen, muß ich Ihnen noch etwas sagen. Vor zwei Jahren hatte ich Schwierigkeiten mit einem Bankkredit. Ich hab ihn nicht rechtzeitig abzahlen können. Ich möchte sicher sein, daß das nicht im Weg steht.» Margie hatte geantwortet: «Machen Sie sich darüber keine Sorgen. Sie können nächsten Montag hier anfangen.»

Im Laufe der Jahre *hatte* sich Angela aber sehr wohl darüber und über alles mögliche Sorgen gemacht. Und sie hatte entsprechend diesen Bedenken *gehandelt*: Sie hatten ihr Leben bestimmt. Oft fuhr sie an Sonntagen ins Büro und ging ihre Abrechnungen der letzten Woche noch einmal durch, um sicher zu sein, daß sie keine Fehler enthielten. Als Bauunternehmer oder Elektriker ihr Weihnachtspräsente wie Likör oder auch Frühstückskörbe schickten, leitete sie sie schnell an Margie weiter. Natürlich lehnte Margie sie immer ab. Wie sehr sich Margie auch bemühte, Angela zu zeigen, daß ihre Stellung sicher war, Angela hatte weiterhin das Gefühl, Margie hätte immer noch nicht entschieden, ob sie «sich inzwischen bewiesen» habe. Durch ihr zwanghaftes Verhalten, ihren ängstlichen Glauben, daß jedes vergessene Detail sie zu Fall bringen würde, redete sich Angela ein, daß Margie zum Fürchten sei. Als Ben hinausgeworfen wurde, stand für sie zweifelsfrei fest, daß ihre Uhr auch bald abgelaufen war.

Lynn, Angelas beste Freundin in der Firma, hatte ein völlig anderes Bild von Margie. Lynn hatte bereits in einigen Immobilienfirmen gearbeitet, für gute und für schlechte Vorgesetzte. Sie hatte die volle Bandbreite von Arbeitgebern erlebt – Sexismus, Schikane, Naivität, Alkoholismus. Ihrer Meinung nach war Margie völlig fair, und sie arbeitete gern für sie. «Siehst du denn nicht den Unterschied zwischen dir und Ben?» fragte Lynn Angela. «Er hat geklaut wie ein Rabe. Wenn Margie ihn nicht erwischt hätte, hätten wir *alle* unsere Lizenz verloren!»

Von Anfang an verhielt Lynn sich aufrichtig gegenüber Margie, gab Fehler zu und feierte Erfolge. Ihr gleichbleibend natürliches Auftreten verstärkte ihre Meinung von Margie als «fair und vernünftig». Lynn war sogar einmal, als sie sich bei einem Geschäft übers Ohr gehauen fühlte, zu Margie gegangen und hatte um das Geld gebeten, das sie verdient zu haben glaubte. Sie erhielt es auch. Bei einer anderen Gelegenheit gab sie zu, ein schlechtes Geschäft abgeschlossen zu haben, weil sie nicht gut genug verhandelt habe. Margie war zwar ein wenig geschockt, sagte aber: «Lassen Sie sich darüber keine grauen Haare wachsen. Jeder macht mal einen Fehler.» Lynn tat immer, was ihrem Gefühl nach richtig war, so daß sie eine sehr klare Meinung über ihre Chefin aufrecht-erhalten konnte.

Jetzt haben wir drei verschiedene Bilder derselben Person gese-hen. Die ersten beiden waren Projektionen: Margie hatte nichts getan, was Bens Meinung von ihr als dumm oder Angelas Mei-nung von ihr als furchterregend gerechtfertigt hätte. Von allen dreien sah nur Lynn Margie realistisch – eine erfreuliche Ab-wechslung für Margie, da sie sich bei Lynn entspannt fühlen und sich auf ihren Rat und ihr Verständnis verlassen konnte.

Wie alle Projektionen hatten auch die von Ben und Angela auf Margie eine lange Vorgeschichte.

Bens Eltern waren geschieden. Als Kind spielte er sie gegenein-ander aus. Er hatte die Vorteile entdeckt, die es mit sich bringt, wenn man einen Elternteil hinsichtlich dessen, was man vom an-deren Elternteil bekommt oder bei ihm darf, belügt. «Bei Mutti darf ich an Wochenenden aber immer bis Mitternacht aufblei-ben.» Auf diese Weise sorgte er dafür, daß ein Elternteil immer Angst hatte, bei ihm an Ansehen zu verlieren, wenn er nicht be-kam, was er wollte: «Na ja, wenn *du* mir kein Fahrrad kaufst, wird es eben Papa tun.» Und natürlich war Mama «die Beste», wenn er gerade bei ihr war, und umgekehrt. All dies bestätigte ihn in dem Glauben, daß seine Eltern einfältig seien. Für Ben war es nur na-türlich, diesen Glauben und das Verhalten, das ihn aufrechterhielt, auf die Arbeitswelt zu übertragen. Schon sehr bald hatte er sich durch sein unehrliches Verhalten eingeredet, daß jede Autorität genauso betrogen werden konnte wie seine Eltern.

Angelas Eltern *waren* harte Erzieher. Sie schlugen Angela nie, sprachen aber nicht mehr mit ihr oder verboten ihr Spiel und Sport für einige Tage, wenn sie es versäumte, ihre Pflicht zu erfül-len oder wenn ihre Noten unter dem Durchschnitt waren. Sie tob-ten, wenn sie auch nur ein Jota von der Wahrheit abwich, und sie schickten sie auf eine sehr strenge Mädchenschule. Angela heira tete einen Mann, den im Grunde ihre Eltern für sie ausgesucht hatten. Er war wesentlich älter als sie und sehr anspruchsvoll. Als er starb, begann sie bei Margie zu arbeiten.

Bereitwillig betrachtete sie Margie als strafenden Lehrmeister und ging entsprechend mit ihr um. Ihr gesamtes Benehmen gegenüber Margie war dazu bestimmt, Unheil abzuwenden, und projizierte auf Margie eine Identität, die einer Kombination von «Mutter» und «strenger Schulleiterin» entsprach.

Weil Menschen immer wieder ihre eigenen Projektionen auf uns bilden werden – oft durch ein Verhalten, das wir nicht einmal bemerken, sollten wir nicht erwarten, von allen, die für uns arbeiten, geliebt zu werden.

GRUNDSATZ XLV: Als Vorgesetzter werden Sie den unterschiedlichsten Meinungen über sich begegnen, die zum Teil oder vollständig Projektionen sind. Sie werden nicht sagen können, woher sie stammen. Seien Sie darauf gefaßt, und suchen Sie die Schuld nicht bei sich.

Verhalten Sie sich vor allem fair und sachlich. Projizierende können die falsche Anschuldigung vorbringen, Sie hätten sie unfair behandelt. Wenn es eine echte Projektion ist, wird der Betreffende Ihnen nicht nur Missetaten, sondern auch Motive unterstellen, die seine Eltern hatten oder von denen er glaubt, daß Sie sie hatten.

Haben Sie den Verdacht, daß es sich um eine Projektion handelt, überprüfen Sie ihn, und reden Sie mit dem Angestellten persönlich. Fragen Sie den Betreffenden direkt nach seinen Vorstellungen. Lassen Sie ihn sagen, was er zu sagen hat, ohne ihn in irgendeiner Weise zu unterbrechen. Dann fragen Sie ihn nach den Schlüssen, die er gezogen hat, und betrachten Sie den Beweis so leidenschaftslos wie möglich. Ein solches Gespräch könnte etwa so verlaufen:

Henry bittet Deborah zu einem Gespräch. «Es sieht so aus, als fühlten Sie sich sehr unwohl in meiner Firma. Was ist denn los?»

Deborah antwortet: «Sie wollten mich nie hier haben, vom ersten Tag an.»

Henry fragt: «Wie kommen Sie denn darauf?»

«Durch tausend Dinge», sagt Deborah. «Zuerst einmal bevorzugen Sie die Männer, denn ihnen geben Sie die interessanten Aufgaben. Die schwärmen geradezu von Ihnen. Sie haben einen richtigen Altherrenklüngel hier.»

«Fahren Sie fort.»

«Sehen Sie, ich kann viel besser am Telefon verhandeln als Phil. Trotzdem haben Sie ihn beauftragt, den wichtigen Kunden in Cleveland anzurufen, nicht mich. Und warum bekomme ich ein niedrigeres Gehalt als Frank? Erfahrung ist schließlich nicht alles. Und auf der Konferenz, als Sie verschiedenen Leuten dankten, nannten Sie mich an letzter Stelle, und das nicht einmal sehr begeistert. Und die Bemerkung, die Sie machten, als ich um mehr Geld bat: ‹Bewähren Sie sich› – Warum sollte ich? Hat Phil sich bewährt...?»

Henry schießen viele Antworten durch den Kopf; so viele und so schnell, daß er es kaum abwarten kann, bis Deborah zu Ende gesprochen hat. Erwiderungen fallen ihm ein, eine nach der anderen, die Deborah völlig zerschmettern würden, wenn er sie aussprechen würde: «Sie sind nicht besser als Phil, und Frank hat eine viel bessere Ausbildung. Unterbezahlt? Nach dem ganzen Gerede gegen mich hinter meinem Rücken hätte ich Sie schon längst rauswerfen können, ginge es nicht um die Gemeinschaft und würde ich nicht unangebrachtes Mitleid mit Ihnen empfinden.»

Aber Henrys erste Pflicht als Chef besteht darin, Spannungen abzubauen und die Stimmung im Betrieb friedlich zu halten. Er könnte dies am besten erreichen, wenn er ihr zunächst mal so weit entgegenkommt, wie es ihm möglich ist, ohne sich dabei unwohl zu fühlen: «Sehen Sie, Deborah, ich bin froh, daß Sie endlich zu mir gekommen sind und mir gesagt haben, was Sie fühlen. Sie haben sich dadurch absolut nicht geschadet. Sie haben die Luft gereinigt, denn wir beide haben seit einiger Zeit den Streß gespürt. Aber Sie irren sich völlig hinsichtlich meiner Motive.»

Ist Henry sich keiner Schuld bewußt, so ist er sicher entsetzt über Deborahs Anschuldigungen und Vorwürfe. Aber als Teil seiner Bemühungen um Zurückhaltung und Fairneß würde es Henry helfen, wenn er sich klarmachte, *welche Gefühle* Deborah in ihm hervorruft. Natürlich Wut und den Eindruck, zutiefst mißverstanden zu werden.

Bei der Überprüfung seiner Reaktionen erkennt Henry jedoch,

daß er sich schuldig und durch Deborahs Worte angeklagt fühlt, obwohl er weiß, daß er sie fair behandelt hat. Im Grunde hat er sich ihr gegenüber sogar besonders nachsichtig verhalten, weil sie stets viel klagte, ja sie sogar zuungunsten verdienterer Angestellter hier und da vorgezogen. Er erkennt, daß er in Gegenwart von Deborah den bohrenden Wunsch hat, sich loszusprechen, als wolle er ihre Anschuldigungen entkräften, und er fühlt sich durch sie belastet. Er erkennt, daß sie projiziert; er hat sie in keiner Weise falsch behandelt.

Mit Hilfe der Analyse seiner Reaktionen und der Erkenntnis, daß er Deborah gegenüber bereits unnötig rücksichtsvoll war, kann er auch ableiten, daß Deborahs Projektion feindlicher Natur ist. Deborah betrachtet ihn als einen Menschen, der gegen sie ist und der sie bei jeder Gelegenheit vorsätzlich übers Ohr haut.

Ist das Vorhandensein einer Projektion einmal festgestellt, ist der Weg klar: Der Betreffende muß dazu veranlaßt werden, sich anders zu *verhalten*.

Henry sollte in dieser Phase *nicht* versuchen, Deborah dahin zu bringen, ihre Meinung zu ändern. Er sollte sich statt dessen darauf konzentrieren, sie zu einer Änderung ihres Verhaltens zu bewegen. Dies hat die doppelte Wirkung, daß Deborah sich zum einen veranlaßt sieht, ihn anders zu sehen, und zum anderen, noch bevor sie dies tut, ihre Arbeit besser zu erledigen.

Er könnte zum Beispiel sagen: «Bitte achten Sie darauf, mich in Besprechungen nicht mehr schlechtzumachen oder einem Klienten zu sagen, ich sei schwierig. Das hilft Ihnen weder beim Kunden noch bei mir, noch mir bei dem Kunden. Wenn Sie gute Arbeit leisten, bin ich sicher, daß sich alles wieder einrenken wird. Ich hege keinen Groll und möchte, daß Sie es auch nicht tun.»

Das Gespräch kann mit einem Händedruck enden. In Zukunft kann Henry immer mal wieder sein besonderes Augenmerk auf sie richten.

GRUNDSATZ XLVI: Ganz gleich in welchem Maße Ihr Angriff auf die Projektion eines Angestellten Erfolg hat, er kann sich nur dann überhaupt einstellen, wenn Sie den Betreffenden dazu bringen können, sich Ihnen gegenüber anders zu verhalten.

Beachten Sie, daß der gesamte Prozeß, einen Angestellten dazu zu bewegen, eine Projektion auf Sie fallenzulassen, nach demselben Muster abläuft wie die Änderung jeder Projektion bei jedem beliebigen Menschen. Natürlich liegt der Unterschied darin, daß es viel weniger ausmacht, wenn es Ihnen *nicht* gelingt, das falsche Bild, das sich ein Angestellter von Ihnen macht, zu ändern, als dies der Fall bei einem Partner oder einem Freund wäre. Das Wichtigste ist, daß Sie den Betreffenden dahin bringen können, seine Arbeit korrekt zu erledigen.

Zusammenfassung

Sowohl bei einem Angestellten als auch bei einem Vorgesetzten hängt ein großer Teil seines Erfolges davon ab, wie *er selbst* seine Arbeit beurteilt und wie *andere* ihn einschätzen.

Mit Hilfe des Projektions-Prinzips können Sie Ihr Schicksal im Berufsleben viel besser lenken, als Sie es sich je vorgestellt haben – Ihr eigenes Gefühl, wenn Sie Tag für Tag zur Arbeit gehen, und die Behandlung, die Sie am Arbeitsplatz erfahren.

Das Aufrechterhalten gesunder Projektionen auf einen Chef, auf Angestellte und Mitarbeiter hängt im wesentlichen davon ab, daß man ehrlich bleibt und sich nicht von der Angst leiten und überzeugen läßt, die eigene Arbeitsleistung sei nicht zufriedenstellend. So schwer es auch fallen mag, aber Sie haben den größten beruflichen Erfolg, Sie fördern die besten Projektionen *auf sich* selbst und unterhalten die besten eigenen Projektionen *auf andere Menschen,* wenn Sie sich dazu zwingen, sich den Berufskollegen gegenüber so zu verhalten, als würden Sie sie nicht zum Überleben benötigen.

Wird ein Mensch im beruflichen Alltag wiederholt unterschätzt oder falsch beurteilt, ist es nicht einfach «sein Pech». Menschen streben auf subtile Weise danach, eine Hierarchie aufzubauen, und unbedeutende Verhaltensweisen bestimmen, ob man an Ansehen gewinnt oder verliert.

Denken Sie an die guten und schlechten Projektionen, die daraus entstehen können, daß Sie Forderungen stellen, Rat erteilen oder annehmen, sich beschweren, stören oder Störungen hinnehmen, Komplimente machen oder entgegennehmen und Anschuldigungen vorbringen.

Sind Sie der Chef, so ist ziemlich sicher, daß die Ihnen Unterstellten Projektionen auf Sie bilden, und zwar entsprechend der eigenen psychischen Entwicklung. Ihre Angestellten können Sie zum Beispiel für fair oder unfair, tolerant oder intolerant, weich oder hart halten.

Erkennen Sie, daß Sie vielleicht nicht die Zeit oder die Möglichkeit haben, Projektionen dieser Art zu korrigieren. Seien Sie darauf gefaßt, und geben Sie sich nicht die Schuld dafür. Es kommt darauf an, daß der Betreffende seine Arbeit erledigt und weder Ihnen noch anderen schadet. Sollten Sie sich mit einer Projektion befassen *können,* muß dies immer damit beginnen, daß Sie den Betreffenden dazu bringen, sich Ihnen gegenüber anders zu *verhalten.*

11 Die Liebe und ihre Projektionen

Es gibt wohl keine Wahrnehmung, die einem anderen Menschen mehr Schönheit verleiht, als die Liebe. Zu lieben bedeutet, Fehler zu übersehen oder sich nichts daraus zu machen; es bedeutet, sich selbst mit völlig anderen Maßstäben zu messen als den geliebten Menschen. Verliebte können eine schlechte Behandlung durch jemanden, den sie noch nicht lange kennen, hinnehmen, die sie sich von langjährigen Freunden nicht gefallen lassen würden. Liebe birgt viele Formen der Unsicherheit: Wir fragen uns, ob der andere uns liebt, ob wir zu ihm passen, ob er glücklich ist. Unsere eigenen Belange scheinen weniger wichtig zu sein. Das Geld, das wir sparen wollten, geben wir für ein unvergeßliches Weihnachtsgeschenk aus. Liebe in allen Formen ist die Entdeckung des Ich durch den Verlust des Ich.

Das eigentliche Wesen der Liebe besteht in Spontaneität. Sie taucht an den unwahrscheinlichsten Orten auf, zwischen Menschen der verschiedensten Altersstufen, Rassen, Gesellschaftsschichten; zwischen Menschen gleichen Geschlechts und Menschen unterschiedlichen Geschlechts. Müßte eine launische Gottheit sich einen rebellischen Impuls ausdenken, einen Impuls, der sich nicht dem Diktat der Gesellschaft, den Konventionen beugen will, der selbst vom gesunden Menschenverstand nichts wissen will, dann käme sie auf die Liebe. Sie ist zart und kraftvoll zugleich, wie die Pflanze, die mitten in der Stadt zwischen den Ritzen der Gehsteigplatten wächst.

Liebe entwickelt sich im stillen. Wir verlieben uns von weitem oder in einer Situation, in der wir zwar nah bei dem anderen sind, er aber nicht weiß, was wir fühlen. Im übrigen ist Liebe – so leicht entflammbar, wie sie ist – nicht der Stoff, der die Zivilisation vorantreibt. Wir brechen ein Geschäft mit jemandem ab, der unzuverlässig oder unehrlich ist, aber wenn wir ihn lieben . . .

Nur seelisch verkümmerte Menschen können den Wert dieser Erfahrung verneinen. Und nur sehr rational handelnde und abgestumpfte Menschen können das irrationale Element der Liebe leugnen oder Liebe mit Freundschaft gleichsetzen. Heine und Voltaire schrieben, daß Liebe dort beginnt, wo Freundschaft endet, und Santayana hat ausdrücklich unterschieden zwischen einem «Freundeskreis» und Menschen, die zu unserem «Pantheon» gehören – Menschen, die wir von ganzem Herzen und mit ganzer Seele lieben.

Es gibt noch eine andere Form der Liebe, die man als «existentielle Liebe» bezeichnen könnte. Es ist die Liebe, die auf der Erkenntnis beruht, daß wir alle gleichermaßen verletzlich und sterblich sind und für unsere individuellen Entscheidungen verantwortlich; es ist Liebe, die auf der einfachen Wahrheit basiert, daß wir sterben werden. Saint-Exupéry hatte dieses Gefühl im Sinn, als er schrieb, daß Liebe «nicht darin besteht, daß zwei Menschen sich einander in die Augen sehen, sondern daß zwei Menschen in dieselbe Richtung blicken». Diese Art von Liebe empfinden wir für unsere Kinder, unsere Eltern, unsere Geschwister, vielleicht für unsere engen Freunde, einige Kollegen sowie für Menschen, deren Leben wir emotional verstehen – auch für solche, die wir nicht persönlich kennen, deren Lebenswerk wir aber bewundern. Diese Art der Liebe unterscheidet sich aber wesentlich von der bedingungslosen, auf nur einen Menschen gerichteten Liebe.

Wir alle haben schon mal in der einen oder anderen Form gedacht, daß etwas «liebevoll» ausgeführt wurde, wenn es um handwerkliches Geschick, um Kunst, eine Aktion oder ähnliches ging, aber auch um intensiven Einsatz für eine Sache. Wir denken an Liebe als etwas, das notwendig ist, wenn wirklich Außerordentliches gelingen soll. Ruhm allein scheint leer ohne den Gedanken daran, daß man ihn teilen kann oder sich geliebt fühlt.

Goethe sagte, daß «schon wenige Schlückchen aus der Tasse der Liebe den Kampf ums Dasein lohnen». Dem werden wohl die meisten zustimmen.

Auf der anderen Seite sind zu fast allen Therapeuten schon hochbegabte Menschen gekommen, die verliebt und völlig unglücklich waren. Diese Menschen verfluchen sich selbst dafür, daß sie für einen anderen ihr Letztes geben, von dem sie wissen, daß er ihre Liebe nicht erwidert. Obwohl sie in der Lage sind zu erkennen, was los ist, es sogar dem Therapeuten beschreiben können als unfair oder lächerlich oder hoffnungslos, kommen sie von dem anderen nicht los. Künstler, denen ihr Werk alles bedeutet, werden arbeitsunfähig, wenn eine Liebesbeziehung zerbricht. Andere gestehen dem Therapeuten frei heraus, daß ihr Beruf ihnen nicht annähernd so viel bedeutet wie der Mensch, den sie lieben, von dem sie aber wissen, daß er sie falsch behandelt. Sie sehen zwar ebensogut wie der Therapeut, daß sie den anderen niemals dadurch gewinnen können, daß sie sich selbst demütigen, sondern dadurch die Lage nur verschlimmern; dennoch bestehen sie darauf, es weiterhin zu versuchen und ihre völlig falsche Richtung beizubehalten. Die Alternative – verlassen, aufgeben – scheint ihnen zu furchtbar, als daß sie sich dazu durchringen könnten.

Projektion und intrapsychischer Prozeß

Das Projektions-Prinzip kann zwar nicht begründen, *warum* wir einen bestimmten Menschen lieben, es vermag uns aber den Weg zu weisen, wie wir Liebe erhalten können, wenn sie gut für uns ist, und wie wir aufhören können zu lieben, wenn es nur noch Kummer macht. Das Projektions-Prinzip kann uns dabei helfen, Liebe wiederaufleben zu lassen, deren Flamme nur noch schwach brennt. Vor allem kann es uns sagen, wie man Liebe nähren und vor dem Verfall bewahren kann. Wir sollten Liebe wie ein zartes Pflänzchen behandeln, dessen Leben uns anvertraut wurde. Wir wissen nichts über das Geheimnis dieses Lebens, aber es steht in unserer Macht, es wachsen und gedeihen zu lassen oder, wenn wir zu sorglos damit umgehen, es zu zerstören. Entscheidend ist die Wahl, die wir treffen, denn wie wir den andern behandeln, beeinflußt unseren Eindruck von ihm.

Die meisten Menschen machen sich Gedanken darüber, wie ihr Verhalten sich auf den Partner auswirkt, sowohl im Anfangsstadium einer Beziehung als auch – hoffentlich – später noch. Die vielen Bücher darüber, wie Beziehungen besser zu gestalten sind, haben uns mehr denn je die Augen für die Bedürfnisse des anderen geöffnet. «Paartherapien» sind sehr beliebt. Aber Therapeuten neigen dazu, jede Liebesbeziehung als eine Art Tauschgeschäft zu betrachten, und begnügen sich allzuoft mit dem Versuch, einfach herauszufinden, was jeder der beiden Partner wirklich will, um das dann den anderen wissen zu lassen.

Bei dieser Simplifizierung geht man davon aus, daß Liebe in Wirklichkeit eine Art Handel ist – «Du gibst mir, was ich will, dann bekommst du auch, was du willst». Diese Auffassung liegt so daneben, daß sie schon widersinnig ist. Die schlichte Wahrheit ist, daß wir oft Menschen lieben, die uns nicht geben, was wir wollen, und auf der anderen Seite Menschen verachten, die uns alle Wünsche erfüllen würden.

Projektionen muß man verstehen, um erkennen zu können, warum es Liebesbeziehungen gibt, die gedeihen, und andere, die absterben, warum es Menschen gibt, die sich leicht verlieben, und andere, denen es überhaupt nicht gelingt.

Die Art und Weise, wie Partner in einer Beziehung *miteinander umgehen,* betrifft nicht nur den anderen direkt, sie betrifft ständig auch das Bild, das sich jeder Partner vom anderen und von der Beziehung macht. Betrachtet man das Ganze einfach als einen Handel, der auf einer «Marktanalyse» der Beteiligten beruht, vernachlässigt man diesen Punkt. Liebe existiert in den *Herzen* der Menschen; man kann sie nicht einfach käuflich erwerben. Wenn man zum Beispiel jemanden belügt, wird man ihn für dumm halten – wie wir weiter oben bereits dargelegt haben –, obwohl er es nicht ist. Wenn man den Partner ständig an etwas erinnert, redet man sich ein, er sei vergeßlich oder faul oder man sei ihm völlig gleichgültig. Die meisten Seitensprünge verringern in dem Betreffenden, auch wenn er nicht erwischt wird, die Fähigkeit, Schönheit und Wert seines Partners zu sehen.

Kurz gesagt: Der Einfluß unserer eigenen Verhaltensweisen auf

Beziehungen ist nicht nur ein *interpersonaler,* also zwischen-menschlicher; er wirkt vor allem auch *intrapsychisch,* das heißt, das eigene Verhalten hat Rückwirkungen auf uns selbst. Durch unser Verhalten senden wir Botschaften über unseren Partner an uns selbst. Wir reden uns vielleicht ein, der andere sei nichts wert, gefährlich, langweilig oder langweile sich mit uns.

Wichtig ist, daß Sie das Verhalten, das Sie gegen einen Menschen aufbringt, den Sie einmal geliebt haben, identifizieren, wenn Sie verstehen wollen, was mit Ihrer Beziehung los ist.

Moira stellte fest, daß sie Brad immer weniger liebte. Er hatte offensichtlich den Reiz verloren, den er noch vor zwei Jahren für sie hatte, als sie ihn kennenlernte. Jetzt zögerte sie bei dem Gedanken, ihn zu heiraten. Aber alle Bekannten von Moira mochten Brad mehr denn je, und sie konnten nicht verstehen, was mit ihr los war.

«Du bist *immer* enttäuscht», hielt ihre beste Freundin Audrey ihr vor. «Warum gibst du ihm nicht eine Chance, bevor du überlegst, ob du Schluß machen sollst?»

Audrey und ein paar andere Freunde luden Moira zum Abendessen ein und hielten ihr vor, daß sie im Grunde ein verwöhntes Gör sei. Sie priesen Brads Großzügigkeit, seine Ehrlichkeit und sein Entgegenkommen, was Moiras Bedürfnisse anging. Sie sagten Moira, *sie* habe sich verändert, nicht Brad. Audrey erinnerte Moira daran, wie sehr sie sich zu Beginn der Beziehung um Brads Liebe bemüht hatte: «Weißt du nicht mehr, wie aufgeregt du immer warst, und wieviel du auf Brads Meinung gegeben hast? Und heute? Jetzt erwartest du nur noch von ihm, daß er mit deinen Launen und deiner Ablehnung zurechtkommen soll!»

Moira erkannte, daß ihre Freunde es gut mit ihr meinten, und beschloß, ihren Rat anzunehmen und ihr *eigenes* Verhalten zu überprüfen, um herauszufinden, warum Brad ihr plötzlich so unattraktiv vorkam.

Moira mußte sich eingestehen, daß diese «Launen», von denen Audrey gesprochen hatte, Schwächen waren, die sie sich nicht erlaubt hätte, als sie Brad gerade erst kennengelernt hatte. Damals, als sie ihn für sich zu gewinnen suchte, hatte sie ihn so akzeptiert, wie er war. Heute hackte sie wegen allem und jedem auf ihm herum: sein Lachen, die Krawatte, die er sich ausgesucht hatte, seine Arbeitsstelle, sogar seine Meinung über einen Film, den sie sich angesehen hatten – nichts war ihr mehr recht. Wenn er überhaupt versuchte, sich gegen ihre Nörgeleien zu verteidigen, wurde sie wütend. Sie ging gleich in die Luft, wenn er einmal darum bat, einen Plan zu ändern, den sie zusammen gemacht hatten.

Und Moira erkannte etwas noch Schlimmeres. Nach einem gemeinsamen Abend meinte Brad, sie sei ihm gegenüber ungerecht gewesen. Da schnitt sie ihm einfach das Wort ab. Es war ihr gleichgültig, was Brad dachte und ob er vielleicht verletzt sein könnte. Früher war es für sie lebenswichtig gewesen, ihn zu Ende anzuhören. Auch wenn sie früh am nächsten Morgen eine Besprechung hatte und sie das, was er sagte, betroffen machte, hatte Moira immer darauf bestanden, daß Brad weiterreden sollte, bis er alle seine Bedenken vorgebracht hatte. Auch wenn ihr die Tränen kamen, fühlte sie sich danach besser, war ihm nähergekommen und froh, daß sie reinen Tisch gemacht hatten.

Moiras Bereitschaft, Brad zuzuhören, bei ihm sitzen zu bleiben, bis sie sicher sein konnte, daß alles wieder in Ordnung war, aller Müdigkeit und allem Streß zum Trotz, hatte in Moira die Liebe zu Brad bestärkt. Mit diesem Verhalten konnte sie auf ihn projizieren «er ist der Mann, für den ich alles tun würde, der wichtigste Mensch in meinem Leben».

Infolgedessen wurde Brads Bedeutung für sie, nachdem sie beschlossen hatte, dies *nicht* mehr zu tun, so weit reduziert, daß er nur noch eine unter vielen «Beschäftigungen» für Moira war. Außerdem wurde sie dadurch veranlaßt, Brads Proteste als übertrieben und unangebracht zu empfinden. Ohne es zu wissen, wurde Brad zu einer Belastung in Moiras Augen. Da sie Konfrontationen aus dem Weg ging und einfach nicht mehr soviel in ihn investierte, redete sich Moira ein, «Brad ist nicht der richtige Mann für mich».

Dabei *war* Brad eigentlich genau der Mann, den Moira sich gewünscht hatte, und der feine Kerl, als den Moiras Freunde ihn die ganze Zeit über empfanden. Es ist denkbar, daß er sein Ansehen bei Moira hätte retten können, wenn er sie früher und nachdrücklicher darauf angesprochen hätte, daß sie ihn runtermachte. Aber Brad, der in diesen Dingen großzügig und ungeübt war, gestattete Moira diese «Launen» und ließ ihr genügend Leine, daß sie *ihn* damit hängen konnte.

Zum Glück wurde Moira durch das entschlossene Auftreten ihrer Freunde darauf gestoßen, was sie da tat, und sie änderte sich rechtzeitig, um die Liebe wiederaufleben zu lassen.

In diesem Fall haben ihre Freunde die zwischenmenschlichen Probleme zwischen Moira und Brad erkannt: Es war offensichtlich, daß sie sich ihm gegenüber unfair verhielt, daß sie ihm nicht zuhörte. Dennoch spürten sie instinktiv, daß das wahre Problem bei Moira selbst lag, daß *sie sich selbst durch einen intrapsychischen Prozeß dahin brachte, Brad nicht mehr zu lieben.* Zum Glück waren es genau die Verhaltensweisen, die ihre Freunde zu bedenken gaben, die die Fähigkeit Moiras zerstörten, Brad zu lieben.

Auch mitten in einer aufgewühlten interpersonellen See werden intrapsychische Wirkungen in den Beteiligten immer noch weiter ergänzt. Liebende fügen dem Bild, das sie von dem anderen haben, ständig neue Tupfer hinzu. Sieht eine Liebesbeziehung erfolgreich aus, so nicht deshalb, weil sie zu einer «stabilen» Form erstarrt ist. Im Gegenteil, jede Beziehung ist ein lebender Organismus, der ständig genährt werden muß.

Und wenn zwei Menschen sich nicht mehr verstehen, so kann man mit Sicherheit davon ausgehen, daß jeder Partner, noch bevor es zu einem sichtbaren Ausbruch kommt, eine negative Projektion auf den anderen ausgebrütet hat. Intrapsychische Wirkungen, hervorgerufen durch die Art und Weise, wie die Partner miteinander *umgegangen* sind, haben den interpersonellen Zusammenstoß verursacht. Die offen zutage tretenden Schwierigkeiten zwischen Partnern sind, wenn sie ausbrechen, immer das Endstadium einer Entwicklung. Darum sollten Therapeuten auf keinen Fall den oberflächlichen Kämpfen der Partner untereinander auf Kosten der darunterliegenden Projektionen zu viel Bedeutung beimessen.

Romantische Projektionen

Liebe bedeutet immer Idealismus. Liebe wird dadurch aufrechterhalten, daß man mehr gibt, als verlangt wird, durch eben jene Investitionen in den anderen und in das gemeinsame Leben, die kein «Muß» sind. Was den Menschen vom Tier unterscheidet, ist eine Art «exzessiver Kreativität» – wenn Sie so wollen, die *romantischen Projektionen.*

GRUNDSATZ XLVII: Wenn Liebe echt ist und erwidert wird, ist sie die einzige Projektion, die man wohl *nie* ändern will. Sie kann neben der Wirklichkeit bestehen, denn sie bringt Farbe in die Realität und läßt alltägliche Erlebnisse zu einzigartigen Erfahrungen werden.

Es genügt nicht, Liebe als «einen Impuls mit verbotenem Ziel» (Freud) zu beschreiben, womit sie indirekt als eine verkümmerte Form sexuellen Ausdrucks bezeichnet wird. Oder sie – wie die Verhaltensforscher – zu ignorieren oder eine Neurose zu nennen.

Gerade die romantischen Projektionen, diese seltsamen Formen exzessiven Verhaltens, verleihen dem Leben seine besondere Bedeutung. Eben dieses «Mehr», das, was das erforderliche Maß überschreitet, ist es doch, was Liebe erzeugt und sie über lange Zeit am Leben hält.

Obwohl wir Liebe nicht definieren können, ist es uns möglich, die Verhaltensweisen zu bestimmen, die sie aufrechterhalten. Niemand ist zu unbedeutend, um zu lieben oder eine Liebesbeziehung zu bewahren, und niemandem mangelt es an Mitteln, da der Wert der Verhaltensweisen, die Liebe hervorrufen, allein in ihrer *Absicht* liegt. All diesen Verhaltensweisen gemeinsam ist die Tatsache, daß sie über das hinausgehen, was von uns verlangt oder erwartet wird.

Natürlich kann es keinen Zweifel an der Gefahr romantischer Projektionen geben. Einige behaupten, sie seien Verzerrungen, ein Leugnen der Realität, und das Risiko des Platzens dieser Seifenblase sei so groß, daß wir gut beraten seien, wenn wir diese großartigen Bilder gar nicht erst entwickeln.

Romantische Projektionen können in der Tat zu Obsessionen werden. Häufig kann der Mensch, der ihnen unterliegt, nicht einmal den Sex mit dem Partner genießen, da er zu sehr auf seine Wirkung bedacht ist – schließlich will man seinem «Ideal» ja gefallen. Es ist wunderbar, der in Erfüllung gegangene Traum eines anderen zu sein, und noch besser, so verliebt zu sein, daß die Realität kaum eine Rolle spielt – wenn man den richtigen Partner gefunden hat.

Und romantische Projektionen können auch durchaus mit der Realität einhergehen. Welche Schönheit würden wir letztendlich sehen, wenn wir ihren Wert nur nach «objektiven» Tatsachen bemessen würden?

Die Form des Idealismus, der sich mit der Realität verträgt, erlaubt uns, Menschen eher mehr als weniger zu lieben, wenn sie altern, wenn sie Schwächen zeigen oder einen Fehler gemacht haben. Diese romantische Sichtweise, mit der der Dichter Percy Shelley «die Vergänglichkeit aller Dinge auf Erden» beklagt, ist die eigentliche Grundlage der Liebe. Wir tun gut daran, wenn wir Verhaltensweisen bevorzugen, die diese romantische Sicht am Leben erhalten, und solche vermeiden, die sie schwächen.

Vorbereitung auf die Liebe

Schon seit frühester Kindheit haben wir immer wieder Entscheidungen getroffen und auf ganz persönliche Art Eindrücke und Einflüsse gesiebt, und so entstand allmählich das Bild unseres «idealen Partners». Und ähnlich wie bei einem Märchen, das über Jahrhunderte hinweg weitergegeben wird, Details verlorengehen können, das Wesentliche sich jedoch überraschend wenig ändert, bleibt dieses Bild im Kern erhalten – ein Leben lang.

Bekanntes hat unser «Ideal» geprägt. Wir haben bestimmte Menschen bewundert ein Elternteil, einen Freund der Familie. Wir haben uns vielleicht in einen Filmstar «verliebt» oder in den Helden eines Buches. Aber das Essentielle unseres Ideals ist unlösbar mit uns selbst verbunden. Der Mensch, von dem wir träumen, verkörpert zum Teil unsere eigenen Bestrebungen.

Sophie wollte eine große Pianistin werden. Mit zwölf hatte sie eine umfangreiche Plattensammlung und sparte ihr gesamtes Geld, um in Konzerte gehen zu können. In der Schule war sie sehr beliebt und hatte viele Freunde. Aber sie bevorzugte immer die Gesellschaft eines älteren Menschen, der die Konzerte in der Stadt besuchte.

Sie las vor allem Bücher über die Musik des 19. Jahrhunderts, ein Thema, das nur wenige ihrer Bekannten interessierte. Ihr Großonkel Max, der Pianist in Chicago war, und ihre ganz persönliche Vorstellung von Franz Liszt, den sie gut zu kennen glaubte, da Max ihr einmal ein Buch geschenkt hatte, in dem auch viele Abbildungen von Liszt enthalten waren, fügten sich zu dem romantischen Ideal von Sophie zusammen. In der High School ergänzte der Sohn der Musiklehrerin, der ihr ein wenig Harmonielehre und Kontrapunktik beibrachte, das Bild.

Sophie war sehr hübsch und bei allen beliebt. Aber die wenigen Jungen, mit denen sie dann ausging, kamen ihr langweilig und unreif vor. Sie träumte von einem begabten, einsamen, mißverstandenen musikalischem Genie, das sie lieben würde. Es war ihr gleichgültig, ob der Mann älter war, wie ihr Onkel Max, oder jung und aufregend wie Liszt.

Einem zufälligen Beobachter mag es so scheinen, als hätte dieses Idealbild eines Mannes Sophies Begeisterung für die Musik angefacht. Das war sicher der Fall. Dennoch liegt eine tiefere Wahrheit darin, daß Sophies Liebe zur Musik das Bild des Mannes formte, den sie sich wünschte.

Sophies Kampf gegen Erwachsene und Gleichaltrige, die ihr sagten, daß Klassik keine Zukunft habe, die wollten, daß sie «jung» war und mehr am geselligen Leben teilnahm, die sie für «komisch» oder «verzopft» hielten, ließen die Musik und ihre Helden um so wichtiger für sie werden. Ihre langen Übungsstunden, ihre Besessenheit, jeden Fehler in ihrer Technik auszumerzen, die Hartnäckigkeit, mit der sie stundenlange Anfahrten in Kauf nahm, um ein Konzert in einer anderen Stadt zu hören, ihr tagelanges Durchforsten von Katalogen nach einer seltenen Schallplatte oder alten Notenblättern – all dies ließ es undenkbar erscheinen, daß sie je einen Mann lieben könnte, der nicht musikalisch war.

Auf dem College verliebte sich Sophie in den Leiter einer Dirigentenklasse. Doch die Beziehung lief nicht gut, da er nur an *seine* Karriere dachte. Sophie bestand ihren Abschluß mit Auszeichnung und ging mit einem Stipendium zu Julliard nach New York. Während ihres Studiums bei Julliard und später, als sie einige vielversprechende Engagements für Konzerte erhielt, suchte Sophie immer noch nach ihrem Traummann.

Da sie mit den verschiedenen Musikern, mit denen sie sich verabredete, nicht zurechtkam, versuchte Sophie ihr Glück mit Viktor, einem Börsenmakler, den sie auf einer Wohltätigkeitsveranstaltung für Musikstudenten kennengelernt hatte.

Obwohl Viktor selbst kein Instrument spielte, hörte er gern Musik und brauchte sie als Refugium vor der Unruhe an seinem Arbeitsplatz. Sophie entdeckte in ihm die Empfindsamkeit, die Einsamkeit und die *romantische Veranlagung,* die sie in einem Musiker zu finden gehofft hatte. Und außerdem besaß er etwas, was Sophie unbewußt gesucht hatte, etwas, das sie an sich vermißte. Viktor brachte Ausgeglichenheit, einen gesunden Menschenverstand, Weltläufigkeit und große Kontaktfreudigkeit mit – alles Eigenschaften, von denen Sophie wußte, daß sie ihr fehlten. Viktor war eine Variation über das Traummann-Thema, das Sophie immer im Kopf gehabt hatte.

So wie unsere Karriere oder die Erfüllung eines Wunschtraums ist der Partner, den wir wählen, in der Regel eine weiterentwickelte Form unseres frühesten Idealbildes.

GRUNDSATZ XLVIII: Durch das Streben in eine bestimmte Richtung und die Nichtbeachtung der anderen Richtungen, durch die Entscheidung, was wir schätzen, und durch unseren Einsatz dafür, legen wir den «Typ» fest, den wir eines Tages lieben werden. Dieser Mensch wird Eigenschaften verkörpern, die wir für uns als wichtig betrachten.

Es ist ganz wichtig, daß der Partner etwas in unser Leben *ein-*

bringt, was wir gern hätten. Diese Theorie des Einbringens, leidenschaftlich vertreten durch den Psychologen C. A. Tripp, besagt, daß wir dazu neigen, nichts zu verdoppeln, was wir bereits haben. Sophie hatte das musikalische Talent, und Viktor schätzte es; Viktor besaß auf der anderen Seite die stark ausgeprägte Fähigkeit, Kontakt zu Menschen herzustellen, die Sophie bewunderte, die sie aber selbst nicht anzusprechen wagte.

GRUNDSATZ IL: So wie der Künstler Dinge schafft, die er in seinem Leben vermißt, trachten wir danach, mit einem Partner das in unser Leben zu bringen, was uns selbst fehlt.

Es gibt unendlich viele Möglichkeiten, das Bild von dem Menschen, nach dem man sucht, zu prägen. Schenkt man der eigenen äußeren Erscheinung große Beachtung, hält man Diät und treibt Sport, legt man bei der Partnersuche vielleicht besonders viel Wert auf physische Attraktivität oder Jugend. Der Wunsch nach gesellschaftlichem Ansehen kann uns zu einflußreichen Männern oder Frauen hinziehen, *nicht* nur, um dieses Ansehen mit ihnen zu teilen, sondern weil sie all das verkörpern, was uns wichtig erscheint. Ein Hang zum Unkonventionellen oder die Furcht davor, von anderen beherrscht zu werden, kann Revolutionäre, Radikale, Außenseiter jeder Art attraktiv für uns machen.

Das Bild des idealen Partners kann einer alles verzehrenden Leidenschaft und immer schon existierenden Vorlieben entspringen, so wie es bei Sophie der Fall war. In der Regel ist es aber so, daß der Partner eine Kombination all dessen ist, was einem wichtig erscheint, wobei er vor allem auch Eigenschaften besitzt, die man für sich selbst als erstrebenswert betrachtet. Er wird eher eine gesunde Mischung sein als eine fixe Idee.

Das meiste davon vollzieht sich unbewußt. Dies trifft vor allem auf das zu, was der Partner in die Beziehung einbringt. Vielleicht fehlt Ihnen Temperament, und Sie fühlen sich unbewußt zu lebhaften Menschen hingezogen. Sie fühlen sich von Zartheit oder sogar Zerbrechlichkeit angezogen, wenn Sie in Ihrem Leben oft hart sein mußten.

Einer der wohl am weitesten verbreiteten sexuellen Anreize seit Menschengedenken ist eine gewisse Rücksichtslosigkeit. Der Liebhaber, dessen Verhalten an Brutalität grenzt, verkörpert etwas, wovor viele in sich selbst Angst haben, was sie sich aber beim Sexualpartner wünschen. Es fällt schließlich schwer, sich begehrt zu fühlen, wenn der Partner bis zuletzt vornehme Zurückhaltung wahrt.

Eigenschaften, von denen die Konvention verlangt, daß wir sie in uns unterdrücken, erscheinen so oft als Tugenden, die wir beim Partner ersehnen. Wurde uns als Kind beigebracht, daß wir unsere Gedanken immer schön für uns behalten müssen, fühlen wir uns zu Menschen hingezogen, die alles offen aussprechen. Und wir fühlen uns fast alle zu einem Partner mit Sinn für Humor hingezogen, weil es so vieles im Leben leichter macht.

GRUNDSATZ L: Sowohl unsere Ziele als auch unsere Mängel beeinflussen das Bild, das wir von unserem Idealpartner haben, und machen uns empfänglich für eine bestimmte Art romantischer Projektion.

Es gibt Menschen, die auf eine Liebesbeziehung das Bild eines 50-Meter-Laufs projizieren, während andere sie als Marathonlauf betrachten. Die Sprinter versuchen, so schnell wie möglich soviel wie möglich «mitzunehmen», denn sie wissen, das Rennen wird bald vorbei sein. Häufig ermutigen sie ihren Partner, zuviel für sie zu tun – zuviel Geld für sie auszugeben oder zuviel Zeit für sie zu opfern. Es kann sein, daß sie einem neuen Partner fast keine Fragen stellen, kein Interesse an ihm zeigen, sobald sie ihn einmal «haben», daß sie aber dennoch in ihren eigenen Ansprüchen grenzenlos sind.

Menschen mit einer Marathon-Projektion sprechen nicht unbedingt von der Zukunft, sie wenden sich dem anderen aber mit einer Intensität zu, als stünde ihnen unbegrenzte Zeit zur Verfügung. Wenn der Partner mehr anbietet, als er eigentlich aufbringen kann, wehrt der Marathon-Mensch ab oder lehnt vielleicht sogar geradeheraus ab, so viel anzunehmen. Wenn jemand im Gespräch die Schwierigkeiten in seinem Leben rasch übergeht, wird der Marathon-Mensch, der sich wirklich um den anderen bemüht, ehrlich interessiert und einfühlsam nachhaken, weil eine Beziehung dann am besten funktioniert, wenn ein echter Austausch der Gedanken und Gefühle stattfindet, auch falls sie sich aus anderen Gründen als kurzlebig erweisen sollte.

Bei allem, was man tut, sollte man sich jedoch vor Augen halten, daß jede eigene Verhaltensweise die Ansicht über den Partner und die Beziehung beeinflußt. Man muß lernen, die projektiven Auswirkungen eigener Handlungsweisen, ob bedeutend oder weniger bedeutsam, abzuschätzen, auch jene, von denen der andere nichts weiß.

Sie entschließen sich zum Beispiel, Ihrem Partner etwas anzuvertrauen, wovon Sie genau wissen, daß er darüber wütend sein wird. Sie tun dies, weil Sie ihm nicht den Part des unvernünftigen Cholerikers zuschreiben wollen, vor dem Sie letztendlich Angst hätten. Sie nehmen sich Zeit, ein wenig im Haus zu arbeiten, obwohl es das Haus Ihres Partners ist, weil Sie gern das Gefühl haben wollen, daß es auch *Ihr* Haus ist, wenn Sie dort sind. Sie erklären einen komplizierten Sachverhalt im Zusammenhang mit Ihrer Arbeit, weil Sie gern wollen, daß der andere in der Lage ist, daran teilzuhaben. Sie tun vieles zum Teil deshalb, weil Sie das Gefühl haben wollen, daß der andere auch an Ihrer Zukunft und nicht nur an Ihrer Gegenwart beteiligt ist. Obwohl Sie diese Entscheidungen sicher unbewußt fällen, können Sie im Zweifelsfalle deren mögliche Konsequenzen am besten voraussagen, wenn Sie das Projektions-Prinzip anwenden.

Wie Liebe stirbt

Liebe kann wie das Leben auf ungezählte Weise zu Ende gehen, aber stets ist es ein einsamer Tod in jeder Brust, so wie das Leben einsam zu Ende geht, ob Tausende von Kilometern entfernt von jeglicher Hilfe oder im Kreis vieler Freunde. Auch wenn uns der Partner morgens sagt, daß er uns nicht mehr liebt und jemand anderen gefunden hat, muß unsere Liebe noch viele Stadien durchlaufen, bevor sie wirklich endet. Der bevorstehende Tod unserer eigenen Liebe kann schmerzhafter sein als die Erkenntnis, daß der andere uns nicht mehr liebt. Es kommt uns vor, als sei die Liebe im gesamten Universum gestorben.

Natürlich stirbt Liebe, wie wir jetzt wissen, nicht von allein; es gibt jemanden, der sie tötet, vielleicht *beide* Partner gleichzeitig. Lassen Sie uns die vier häufigsten Mordwerkzeuge betrachten.

Tod durch Aushungern:
Das Gesetz der Wirtschaftlichkeit

Die alltäglichste Waffe gegen die Liebe ist vielleicht das Gesetz der Ökonomie, das wir bereits kennengelernt haben. Ein Liebender, der sich sicher fühlt, tut weniger für den geliebten Partner, indem er zunächst die absolut notwendigen «Exzesse» einstellt und es allmählich sogar an Höflichkeit fehlen läßt. Da er diesen Prozeß nicht einmal bemerkt, nimmt er dem Partner, was diesen einmal vor allen anderen auszeichnete.

Wir haben gesehen, daß Liebe auf «exzessivem» Verhalten beruht: Sie ist das Außerordentliche schlechthin. Ihr Zauber und ihre Zerbrechlichkeit erfordern höchste Sorgfalt im Umgang mit ihr.

Das Gesetz der Ökonomie ist tödlich für die Liebe.

Geoffrey, der versucht, seine geliebte Nora zu gewinnen, verbindet Hunderte von alltäglichen Unternehmungen in Gedanken mit ihr. Er denkt an sie, wenn er sich eine bestimmte Krawatte kauft oder zwanzig Minuten länger Gymnastik macht. Er denkt an sie, weil eine Figur in einem Roman, den er gerade liest, ihn an sie erinnert, er sucht nach einer Neuerscheinung, die sie zufällig erwähnt hat, und kauft schon Monate im voraus Karten für ein Stück, das ihr gefallen könnte.

Wenn jemand Geoffrey sagen würde: «Du denkst zuviel an Nora», würde er nicht einmal verstehen, was gemeint ist. Und nichts scheint ihm zuviel, als daß er es für Nora nicht täte.

Natürlich ist diese Hochspannung unmöglich aufrechtzuerhalten, wenn eine Beziehung andauert. Nehmen wir einmal an, Geoffrey kann Nora für sich gewinnen und heiratet sie. Die Zukunft ihrer Liebe hängt davon ab, in welchem Maße er dem Hang zur Wirtschaftlichkeit – dem ersatzlosen Streichen überschwenglichen Verhaltens – widerstehen kann.

Wenn ihre Liebesbeziehung ein Leben lang anhalten soll, müssen natürlich praktischere Elemente hinzukommen. Vielleicht können sie es sich nicht leisten, sich jedes Stück anzusehen, das Nora gefallen würde. Jetzt ist Geoffrey also nicht mehr auf der Suche nach Karten im Vorverkauf, sondern geht zweimal in der Woche in den örtlichen Videoverleih, um nach Filmen zu schauen, die sie sich gemeinsam ansehen können. Er kauft sich manchmal eine wilde Krawatte, von der er weiß, daß sie Nora nicht gefällt, aber er legt auch heimlich Geld beiseite, damit er ihr zum fünften Hochzeitstag den mit Diamanten besetzten Ring kaufen kann, den sie sich schon immer gewünscht hat. Er denkt nicht mehr den ganzen Tag ausschließlich an Nora und weiß jetzt, daß er auch mal anderer Meinung sein kann als sie, ohne ihre Beziehung zu gefährden, aber er ruft immer noch mal zwischendurch zu Hause an, um zu hören, wie es ihr geht, wenn sie am Abend zuvor eine Auseinandersetzung hatten, und er berichtet Freunden im Büro gern über ihre beruflichen Erfolge.

Da Geoffrey neue «exzessive» Verhaltensweisen entwickelte, hat er sich die Liebe, die er immer für Nora empfunden hat, bewahrt.

Wenn Geoffrey sich entsprechend dem Gesetz der Wirtschaftlichkeit verhalten hätte, sagen wir, weil er spürte, daß er Nora «hatte» und sich nicht weiter bemühen mußte, oder weil er mit seiner Arbeit oder mit seinen Hobbys «zu beschäftigt» war, hätte er das Verblassen seines romantischen Bildes von ihr beschleunigen können. Jede weitere Unterlassung hätte ihr Bild ein wenig mehr getrübt und damit andere Rationalisierungen vereinfacht. Statt die Theaterkarten durch Videokassetten zu ersetzen, hätte er es auch Nora überlassen können, ihre eigene «Unterhaltung» zu finden. Statt sie nach einer Auseinandersetzung anzurufen, hätte

er sie auch allein «darüber hinwegkommen» lassen können. Statt
sie vor seinen Freunden zu loben und sich glücklich zu schätzen,
daß er sie hat, hätte er auch andere Frauen bevorzugen können –
er hätte sich so verhalten können, daß seine Liebe zu Nora gestorben wäre.

Viele Verhaltensweisen können ein Vorspiel dafür sein, den anderen herabzusetzen. Es stellt sich heraus, daß der Partner öfter
mal schlechte Laune hat oder am Morgen langsam in Gang
kommt oder vergeßlich ist. Wählt man den einfachen Weg, gibt
man weniger und erwartet auch weniger. Aber der wirklich Liebende schlägt auch aus Schwächen noch «Kapital», da sie die
Möglichkeit bieten, «exzessiv» zu geben, die Fehler zu übersehen
und den anderen trotz oder gerade wegen seiner Fehler zu lieben.

Betrug als eine Form der Zerstörung

Betrug ist für fast alle von uns gleichbedeutend mit sexueller Untreue; dennoch kann er auch in unzähligen anderen Formen vorkommen.

Andy und Celia waren sich zum Beispiel einig, daß Celia drei
Jahre lang für den gemeinsamen Lebensunterhalt sorgen sollte,
während Andy seine Doktorarbeit schrieb. Als er seine Disserta-
tion jedoch zurückbekommt mit der Auflage größerer Änderungen, beschließt er, sie aufzugeben, teilt das Celia aber nicht mit. Sie
glaubt weiterhin an seinen Abschluß in Psychologie. Er hält die
Täuschung über ein Jahr lang aufrecht.

Dann kommt alles heraus. Celia fühlt, daß sie sich ihm nicht
mehr in dem Maße zuwenden kann, wie sie es bisher getan hatte,
daß sie nicht mehr dieselben Opfer bringen kann, und ihr bricht
das Herz. Im Laufe des folgenden Jahres hört sie auf, ihn zu lieben, und nach einem weiteren Jahr verläßt sie ihn. Sein Betrug hat
sie verletzt, schlimmer aber war, daß sie sich dumm vorkam wegen
all der Dinge, die sie einmal getan hatte und die ihre Liebe zu
Andy jeden Tag bestärkt und erneuert hatten.

Auch bei sexueller Untreue, die für die meisten von uns Betrug schlechthin bedeutet, ist nicht nur die Tat selbst entscheidend, sondern das, was sie symbolisiert; sie zieht in der Regel eine ganze Spirale von Unehrlichkeiten nach sich. Derjenige, der die Affäre unterhält, heckt etwas aus, womit er seinen Partner hinters Licht führen kann, womit er ihn belügen und alles verdecken kann – all dies dämpft seine Leidenschaftlichkeit und macht den Partner wertlos für ihn. Es ist nicht die Affäre selbst, sondern die vielen damit verbundenen Unehrlichkeiten, die seine Liebe letztendlich sabotieren. Außerdem fällt es ihm zunehmend schwerer, seine Liebe so auszudrücken, wie er es sonst zu tun pflegte. Entweder schläft er gar nicht mehr mit dem Partner, oder er versucht seine Schuld zu mildern, indem er des Guten zuviel tut. Diese Form der Buße, der Angst zugrunde liegt, gerät mit der Liebe in Konflikt und reduziert sie noch weiter. Weil der Geist zu Vereinfachungen neigt, finden Betrügereien ihre eigenen Entschuldigungen für ihre Existenz.

Was das Opfer angeht, kann es seine Projektion der Liebe auf den untreuen Partner aufrechterhalten. Treuherzig kann es ihn weiter lieben und sich sogar selbst die Schuld für die Abneigung geben, die es nun im anderen spürt – vielleicht ist man zu alt oder zu dick geworden. Bevor man nicht selbst sein Verhalten ändert, möglicherweise als Reaktion auf den leisen Verdacht, betrogen worden zu sein, wird auch die eigene Liebe nicht nachlassen.

So seltsam es klingen mag: Auch eingebildeter Betrug kann Liebe zerstören. Wer seinen Partner der Untreue verdächtigt, kann sich auf ein Verhaltensmuster festlegen, das Liebe zerstört. Da er Betrug wittert, projiziert er auf seinen Partner ein völlig neues Bild. Verhaltensweisen wie Ausfragen des anderen, ihn überwachen, Beschneiden seiner Freiheit, offene Anklage – Überprüfungen in jeder Form – lassen den Partner als «nicht vertrauenswürdig» erscheinen. Und jedes Mißtrauen dem anderen gegenüber nährt Projektionen, ganz gleich was man findet; die Überprüfung an sich «imprägniert» den anderen mit der Schuld, die man vermutet. Vielleicht hat die Durchsicht seiner Post diesmal nichts gebracht, man hat sich damit aber nur weiter eingeredet, daß man eben noch besser aufpassen muß. Auch in ihrer besten Form gehört zur Liebe ein wenig Angst vor Verlust; wenn man sich erlaubt, entsprechend dieser Angst zu handeln, wird man sie jedoch vergrößern und die Liebe so schnell zerstören, als wäre man betrogen worden.

Mord durch Polarisierung

Bei der Polarisierung wird das Schlagwort «Jeder so gut er kann» ad absurdum geführt und kann äußerst zerstörerisch wirken.

Typisch für die Polarisierung ist, daß sich die Rollen der beiden Partner aus echten Unterschieden entwickeln – der physisch Kräftigere übernimmt die schwere Arbeit im Haus, der Geselligere und Gewandtere erledigt wahrscheinlich die Telefonate und schreibt Danksagungen für beide; dem Partner, der alles mögliche reparieren kann, werden die meisten oder alle Aufgaben im Zusammenhang mit der Instandhaltung des Hauses übertragen. Die Polarisierung betont jedoch diese Unterschiede in den Köpfen der Partner so sehr, als wäre jeder absolut unfähig, im Bereich des anderen tätig zu werden.

Der körperlich Kräftigere wird nun als «Rohling» empfunden oder als wuchtig und häßlich; der schwächere Partner wird als so rührend zerbrechlich betrachtet, daß er nicht einmal eine Tüte mit Lebensmitteln vom Auto ins Haus tragen kann. Der Geselligere wird als intelligent und weltoffen angesehen und entscheidet in allen Fragen der Etikette, während der andere als kleiner Wichtigtuer beschrieben wird, vielleicht sogar als ein wenig vulgär, und als ein Mensch, der ohne Führung verloren wäre. Der häusliche Handwerker wird geradezu zum Überlebensexperten, während der weniger begabte Partner, der im Dunkeln unter einer kaputten Glühbirne sitzt und wartet, als hoffnungslos ungeschickt betrachtet wird; er selbst sieht sich nicht anders.

Häufig spiegeln diese Rollenverteilungen Erwartungshaltungen wider. Zum Beispiel vermeidet die Frau Arbeiten, die Körperkraft erfordern, obwohl sie dazu mindestens so gut in der Lage wäre wie ihr Mann. Demzufolge projiziert sie auf den Mann die Eigenschaft «stärker als ich». Er dagegen überläßt ihr die Pflichten in der Küche, was sie auch bereitwillig akzeptiert als Ausgleich dafür, daß sie von härterer körperlicher Arbeit verschont bleibt.

Nach einiger Zeit kann man echte Unterschiede fast nicht mehr von Rollenfestlegungen unterscheiden, die nichts anderes sind als Projektionen. Außerdem *wollen* die Partner oft nicht einmal die Wirklichkeit von der Einbildung trennen. Polarisierung ist ein Produkt der Bequemlichkeit, und jedem Partner ist für den Augenblick gedient, wenn er dem anderen unerfreuliche Pflichten überläßt.

Außerdem beginnt jeder an seine Rolle im Haus zu *glauben* und die Grenzen seiner eigenen Identität deutlich zu spüren. Ist eine Rolle einmal angenommen, beginnt der Schauspieler, weitere Verhaltensweisen, die mit diesem Bild übereinstimmen, zu entwikkeln, und verfestigt damit seinen falschen Eindruck von sich und den gegensätzlichen Eigenschaften des Partners.

Es ist, als sei jeder Partner zu einem halben Menschen geworden – als würden nur beide zusammen einen vollständigen Menschen abgeben, ein Partner allein wäre nicht ausreichend. Es gibt einen Sketch von Laurel und Hardy, in dem die beiden mit Eimern voller Farbe und vielen Pinseln vor einer Haustür erscheinen. Die Frau, die ihnen öffnet, wundert sich: «Wir wollten aber nur einen Anstreicher.» Daraufhin antwortet Laurel trocken: «Ach, wir beide können gut auch die Arbeit von einem erledigen, gnädige Frau.»

Wird die Polarisierung aber mehr als nur ein Spiel, erzeugt sie Projektionen, die schon viele Liebesbeziehungen zerstört haben. Wer will schon ein Leben an der Seite eines «Rohlings», einer hilflosen, welken Blume oder eines ungeselligen Menschen zubringen? Wer will mit einem Partner leben, der im Dunkeln sitzt und darauf wartet, daß eine kaputte Glühbirne ausgewechselt wird? Am Ende tötet die Projektion, die durch die vom anderen bereits akzeptierte Polarisierung genährt wird, die Liebe.

Ed zum Beispiel bewunderte den Mut seiner Frau Jocelyn, anderen zu widersprechen. Er selbst gefiel sich in der Rolle des Unerschütterlichen, der zu allen freundlich ist. Er erhob nie seine Stimme und war so höflich, daß es fast aussah, als würde er andere ständig dafür tadeln, daß sie sich erregten und völlig überflüssigerweise Schwierigkeiten machten.

Auf einer Party oder bei Freunden wurde Ed gelegentlich herausgefordert. Er lächelte dann nur, während Jocelyn ihn heftig verteidigte: «Wie kannst du es wagen anzunehmen, mein Mann sei unfair zu diesem Gärtner gewesen? Du hast vielleicht Nerven.»

Ed freute sich im stillen über Jocelyns Verteidigung und konnte mit ihrer Vitalität gut leben, aber in der Öffentlichkeit versetzte er ihr so manchen Dämpfer. Während ihr Gesicht sich in Verteidigung seiner Ehre rötete, pflegte Ed sanft zu sagen: «Liebling, das reicht.»

Für Außenstehende waren die beiden eine unglückliche Verbindung – sie waren so verschieden. Augenfällige Unterschiede sind jedoch häufig der Grund, warum Menschen sich füreinander interessieren. Man wünscht sich einen Partner, der Impulsen nachgibt, die man in sich selbst zwar spürt, die zum Ausdruck zu bringen man sich aber fürchtet. Ed hat Jocelyn genau aus diesem Grund gewählt: Sie hatte keine Schwierigkeiten, Wut zu zeigen, und bewies eine Aggressivität, vor der er selbst zurückschreckte. Äußerlich ruhige, ja farblose Menschen, die in Wirklichkeit eine Menge Wut in sich tragen, wählen oft Partner, die diese Wut für sie zum Ausdruck bringen.

Mit der Zeit genoß Ed den Luxus, daß Jocelyn für ihn Mißverständnisse mit Stewardessen und Bankbeamten aufklärte. Kaufte er einen Gegenstand, der nicht funktionierte, überließ er es ihr, ihn umzutauschen. Sie wurde eine gute Kämpferin. «Liebling», sagte Ed dann sanft, «du kannst dich da viel besser durchsetzen als ich.» War es ein größerer Gegenstand und sie sagte am Abend: «Das Geschäft wird mir morgen Bescheid geben«, pflegte er zu nörgeln, daß sie wohl nicht hartnäckig genug auf ihrem Anliegen bestanden hätte. Es war ein Verhältnis wie zwischen einem Berufsboxer und seinem Trainer.

Es kam so weit, daß Ed automatisch aus dem Zimmer ging, wenn ihr Kind sich übergeben mußte oder der Hund den Teppich beschmutzte, und es Jocelyn überließ, den Dreck wegzumachen.

Keine sehr romantische Projektion auf beiden Seiten, aber es war ihre stillschweigende Übereinkunft, und Jocelyn war für die Polarisierung genauso verantwortlich wie Ed. Sie hatte seinen Erwartungen immer wieder entsprochen und es zu ihrem Ziel gemacht, seine Anforderungen zu erfüllen.

Dennoch verschlimmerte sich die Lage. Zunächst ließ Ed Jocelyn auch auf sexuellem Gebiet die Initiative ergreifen; dann machte es ihm zunehmend Spaß, ihr zu sagen, daß er keine Lust habe. Sein sexuelles Verlangen nach ihr sank fast auf den Nullpunkt. Seine unromantische Projektion auf sie war der kritische Faktor, obwohl es durchaus möglich ist, daß auch ein natürlicher Triebverlust im Laufe der Jahre eine Rolle spielte. Aber Ed konnte ebensowenig einsehen, daß er immer das Kind mimte. Vor sich selbst machte er Jocelyn dafür verantwortlich, daß sie ihn nicht mehr reizte: «Sie hat grobe Züge bekommen; ihre Stimme ist barsch; sie ist zu aggressiv; ich mag ihren Gang nicht; sie wird dick.»

Jocelyn ahnte bald, was Ed von ihr hielt, und schrie ihn oft an, obwohl sie dann immer wieder versuchte, alles zu überspielen. Ed war jedoch nachtragend, und Jocelyn hatte keine Lust mehr, das Thema aufs Tapet zu bringen. Als nächstes begann Ed, immer längere Zeit von zu Hause wegzubleiben. Aber inzwischen betrachtete Jocelyn ihn bereits als einen Angeber und Nörgler, so daß sie deswegen nicht traurig war. Sie träumte davon, wie es wohl wäre, wenn sie mit einem «richtigen» Mann zusammen wäre. Dann begann Ed ein Verhältnis mit seiner Sekretärin, die viel jünger war als Jocelyn. Begeistert traf er die Vorbereitungen für ihre heimlichen Wochenenden auf Geschäftsreisen. Er überschätzte jedoch die Gefühle, die sie für ihn hegte.

Zu Jocelyns großer Freude verließ Ed sie schließlich. Die Sekretärin sah in Ed jedoch nicht mehr als eine in sie vernarrte Vaterfigur. Ed hatte sich aus seinen Projektionen eine Traumwelt erschaffen. Fast zu schade für diese Welt, lebte er isoliert in einem sterilen Hochhaus, und stellte bald fest, daß er ohne Jocelyn seinen halbwüchsigen Kindern nicht mehr viel zu sagen hatte.

Als er Jocelyn fragte, ob er zu ihr zurückkehren könne, schrie sie ihn an: «Ich bin dir doch zu grob. Ich war es immer schon.» Sie brach in Tränen aus; zum ersten Mal in all den Jahren sah er sie verletzt und ängstlich und erkannte, daß er sie immer geliebt hatte. Aber Jocelyn wollte nicht mehr; sie heiratete einen anderen Mann, der beruflich zwar weniger erfolgreich war als Ed, aber in seiner Art robuster – und vor allem sah er sie so, wie sie war.

Polarisierung kommt in allen Beziehungen mehr oder weniger deutlich vor. Sie hängt davon ab, wie Arbeitsteilung wahrgenommen wird. Es ist sicher nicht falsch, wenn man Gegensätze berücksichtigt und das Motto «Jeder so gut er kann» auf gesunde Weise anwendet.

Aber wie wir bei Ed und Jocelyn gesehen haben, können Partner in einer Beziehung Gegensätze als Waffen gegen den anderen einsetzen. Ed benutzte im Laufe der Beziehung Jocelyns Fähigkeit, ehrliche Entrüstung auszudrücken, *gegen* sie. Je häufiger Jocelyn Eds Kämpfe ausgtrug, desto mehr glich sie in seinen Augen einer alten Xanthippe. Und je stärker Ed von Jocelyn abhing, desto unmännlicher wurde er für sie.

Jede Tendenz, die speziellen Begabungen der beiden Partner in einer Beziehung systematisch zu Gegensätzen werden zu lassen, kann sich, wenn man sie übertreibt, zu einer polarisierenden Projektion entwickeln, die die Liebe tötet.

Einswerden als Mordwaffe

Das Einswerden zweier Menschen ist meist der Anfang vom Ende einer Liebesbeziehung.

In der Regel entspringt das Einswerden dem natürlichen Wunsch zu teilen. Hier ist es die «Gemeinsamkeit», die zu einem zerstörerischen Extrem getrieben wird. In dem Bestreben, Dinge gemeinsam zu unternehmen, einander zu verstehen, jede noch so triviale Einzelheit dem anderen mitzuteilen, jedes Alleinsein zu vermeiden, versuchen die Partner, soviel Zeit wie möglich miteinander zu verbringen. Aber was so aussehen mag wie eine ideale Liebesbeziehung, bricht in sich zusammen, sobald die *beiden* Menschen *eins* werden. Jeder weiß vom anderen genau, was er tun, denken und fühlen wird, da sie ja *beide dasselbe* tun, denken und fühlen. Das Geheimnis ist verschwunden.

Oft geschieht es, daß der eine im andern seine eigenen Fehler und Grenzen sieht. Da der andere «ich» ist, gibt es keine Überraschung, nichts Neues, keine Romantik. Am Ende sehnt man sich nach einem *anderen* Menschen, weil der jetzige Partner *ich* geworden ist.

Katherine war in dem Glauben erzogen worden, eine Ehe habe Ewigkeitswert. Ihre Eltern bildeten in allen Lebenslagen eine Einheitsfront und stritten sich nie vor den Kindern. Auch wenn ein Elternteil Katherine oder eines ihrer Geschwister ungerecht behandelte, konnte sie ihren Fall nicht einer «nächsten Instanz», nämlich dem anderen Elternteil, vortragen: Papa oder Mama hätten nie Partei gegeneinander ergriffen.

Mit siebzehn ging Katherine von zu Hause fort, um in einem Hotel in St. Louis zu arbeiten. Mit neunzehn verliebte sie sich in Chris, einen jungen Mann, der Nachtportier in demselben Hotel war. Chris' große Leidenschaft waren Autos und alles, was damit zusammenhing. Nach den ersten Verabredungen, als ihre Beziehung ernsthaftere Formen annahm, beschloß Katherine, daß sie Chris' Interesse teilen sollte. Schon bald las sie seine Automagazine, und sie verbrachten viele Stunden damit, gemeinsam an Autos herumzubasteln.

Schließlich heirateten sie, und Katherine sorgte als erstes dafür, daß ihr Arbeitsplan geändert wurde, so daß sie mit Chris zusammen die Nachtschicht übernehmen konnte. Als Chris seine Stelle wechselte und in einem Hotel ein paar Häuserblocks entfernt als Tagesportier anfing, ging Katherine mit ihm, obwohl sie sich beruflich dadurch etwas verschlechterte. Sie wollte soviel wie möglich haben von Chris, und er hegte ihr gegenüber dieselben Gefühle.

Als ihr erstes Kind kam, lebten sie immer noch in einer kleinen Dachwohnung. Anstatt sich eine größere Wohnung zu suchen, beschlossen sie nun sogar, mit nur einem einzigen Raum vorliebzunehmen, um auf ein Haus zu sparen.

Sie fuhren zusammen zur Arbeit und wieder zurück, holten gemeinsam das Baby von der Kinderkrippe ab, erledigten den Einkauf gemeinsam und stimmten auch in den meisten Dingen überein. Sie erzählten Freunden, wie wundervoll es doch sei, denselben Arbeitsplatz zu haben, weil so jeder am Tagesablauf des anderen teilhätte. Für Außenstehende war die Ehe ideal. Die beiden gaben ihrem unglaublich engen Zeitplan zwischen Baby und Arbeit die Schuld daran, daß sie nur noch selten miteinander schliefen. Immerhin war ihre Kommunikation ausgezeichnet – sie erzählten einander beinahe alles, was sie fühlten. Scherzhaft behauptete sie sogar, sie seien «telepathisch» miteinander verbunden. Und als sie Bridge spielen lernten, konnte jeder vom Gesichtsausdruck des anderen ablesen, was für ein Blatt er auf der Hand hatte. Ihr Wahlspruch lautete: «Alles kann bewältigt werden, wenn man nur darüber redet.»

Tatsächlich unterdrückten sie aber, ohne es zu wissen, eine Menge Ärger, und das Thema, über das wirklich nie gesprochen wurde, war Langeweile. Sie entwickelten auf ihre Beziehung die Projektion: «Hier existiere nur ich.»

Nachdem ihr zweites Kind zur Welt gekommen war, hörte Katherine auf zu arbeiten. Sie war sehr deprimiert, was sie darauf zurückführte, daß sie Chris nicht mehr den ganzen Tag sah. Sie konnte sich Chris gegenüber auch nicht mehr beherrschen, wenn es um etwas ging, das immer schon ein wunder Punkt für sie gewesen war. Katherine, die fanatisch Diät hielt, um schlank zu bleiben, konnte kaum ihren Ärger verbergen, wenn Chris ein paar Pfunde zulegte oder wenn er eine jener kalorienreichen Speisen zu sich nahm, die er so liebte. Jetzt war es ihr *nahezu unmöglich,* ihn nicht anzufahren, wenn er um einen Nachschlag bat, auch wenn Freunde dabei waren. Es war, als würde er *sie* mit Essen vollstopfen.

Dann begann Katherine, da sie soviel freie Zeit zur Verfügung hatte, über andere Dinge nachzugrübeln. Chris war nicht annähernd so gebildet, wie sie es sich gewünscht hätte. Er machte grammatikalische Fehler. Mit einem College-Abschluß hätte er beruflich mehr Chancen, und es ginge ihnen beiden besser. Katherine gelang es, diese Gedanken zugunsten der Harmonie in ihrer Ehe zu unterdrücken.

Bald jedoch stellte sie fest, daß sie ihren täglichen Pflichten nicht mehr nachkommen konnte. Nachdem die Kinder gefüttert waren, entdeckte sie plötzlich, daß sie eine oder zwei Stunden mit einer ungeöffneten Zeitschrift auf dem Schoß einfach nur dagesessen hatte. Es kam so weit, daß sie Angst hatte hinauszugehen, um Einkäufe zu erledigen, und bei geselligen Anlässen ließ sie sich entschuldigen. Da sie davon ausging, daß der Grund ihres Unglücks darin lag, daß sie Chris vermißte, rief sie ihn bei der Arbeit an und bat ihn, früh nach Hause zu kommen, was er auch pflichtschuldigst tat. Schon bald eilte Chris nachmittags zu jeder Stunde nach Hause, um entsetzt festzustellen, daß Katherine Trübsal blies und nichts erledigt war. Sie fing an, Chris der Untreue zu bezichtigen, und wenn er nicht sofort ans Telefon kam, wenn er ausgerufen wurde, behauptete sie, daß seine Kollegen im Hotel ihn «decken» würden.

Chris *hatte* tatsächlich eine kurze Affäre mit einer Arbeitskollegin im Hotel, die ganz anders war als Katherine. Sie war ein wenig älter als Chris und ausgesprochen unabhängig, was sie für ihn geradezu «exotisch» machte. Die Affäre fand ein abruptes Ende, als Katherine in eine akute Depression verfiel: Von da an drehte sich Chris' Leben nur darum, Katherine zu ihrer Therapie zu fahren und zuverlässige Leute für die Beaufsichtigung der Kinder zu finden.

Zum Glück blickte die Therapeutin durch und widersetzte sich dem Wunsch Katherines, sie solle auch Chris behandeln, so daß sie gemeinsam an ihrer «Ehe» arbeiten könnten. Wie die Therapeutin richtig vermutet hatte, stellte sich heraus, daß Katherines Depression die Kehrseite einer großen Wut auf ihren Mann war, die daraus resultierte, daß sie mit ihm in den fünf Jahren, in denen sie jetzt zusammenlebten, eins geworden war.

Katherines Projektion auf Chris als «ich» veranlaßte sie, ihm jene Vorwürfe zu machen, die sie gegen *sich* richten würde, wenn sie emotional ehrlicher gewesen wäre. Ihre Obsession hinsichtlich ihres Körpergewichts, ihre Enttäuschung über ihren Mangel an

Bildung und darüber, daß sie nicht aus einem reichen Elternhaus kam – all dies lastete sie nicht *sich,* sondern *Chris* an. Nachdem sie Chris diese familiär bedingten Mankos unterstellt hatte, konnte sie ihn nicht länger als ihren wirklichen Partner betrachten. Sie haßte die Erkenntnis, daß sie sich nach jemand anderem sehnte, nach jemandem, der von weit her kam, den sie nicht so gut kannte und dessen Fehler, sollte er denn welche haben, nicht ihre eigenen sein würden.

Auch Chris, der mit Katherine auf ähnliche Weise verschmolzen war, fühlte sich von der Liebe und der Ehe enttäuscht. Anstatt aber seine Verzweiflung einfach zu schlucken, hatte Chris versucht, sie zu bannen, indem er eine andere Beziehung anknüpfte.

Die Therapeutin machte einen klugen Vorschlag: Katherine solle allein zu den Sitzungen kommen und sich nicht von Chris fahren lassen. Ebenso betonte sie, daß es Katherine sehr wohl erlaubt sei, Gedanken und Gefühle zu haben, die sie Chris nicht mitteilte. Das sei kein Betrug und würde die Ehe nicht schwächen, sondern stärken, da es die Individualität der Partner festigen würde.

Katherine konnte ihre Projektion auf Chris als «ich» verändern und ihn wieder als den geliebten Mann betrachten. Für Chris war die «Heilung» leichter. Er hatte sich über den Druck des Einswerdens bewußter geärgert. Die Zeit, die er getrennt von Katherine bei der Arbeit verbrachte, verschaffte ihm eine gesunde Distanz. Den beiden gelang es, ihre Ehe wieder auf den rechten Kurs zu bringen.

Manchmal fällt es schwer, den beliebten Ratschlägen zu widerstehen, die für «Gemeinsamkeit» und «Teilen» um jeden Preis plädieren. Um eine Beziehung jedoch im Gleichgewicht zu halten, ist es wichtig, sich selbst anders als den Partner zu definieren.

Man hat eine Wahl getroffen und nicht ein Erbe angetreten. Man hat eigene Interessen, einen eigenen Geschmack, eigene Vorlieben und Gefühle. Jeder ist allein verantwortlich für seine Entscheidungen, seine moralischen Grundsätze, seine Lebenseinstellung. Natürlich opfert der eine dem anderen etwas, aber eine Entscheidung darüber muß jeder Mensch selbst fällen. Bereut er sie später, liegt es in seiner Verantwortung, diese Entscheidung zu überdenken und sie vielleicht nicht wieder zu treffen. Obwohl andere Menschen Gefühle in uns auslösen können, gelingt es ihnen nicht, uns zum Handeln zu zwingen.

Einswerden ist die Verwechslung eines anderen mit dem eigenen Ich: Es ist die Projektion, der andere sei für unser Handeln und wir für sein Handeln verantwortlich. Es leugnet die dem Menschen eigene Abgrenzung und die offensichtliche Wahrheit, daß jeder die Konsequenzen seiner eigenen Entscheidungen zu tragen hat.

Typisch für das Einswerden ist die Tatsache, daß ein Partner den anderen als seinen Kerkermeister betrachtet – oder, mit den Worten Jean-Paul Sartres, als eine lebende Negation, als ein «Negativ». Selbsthaß wird zum Haß auf den anderen, Selbstzweifel zu Mißtrauen. Das Einswerden führt fast immer dazu, daß wir ungerechtfertigte Projektionen auf den Partner entwickeln, und bringt Schwierigkeiten in Beziehungen – vielleicht nicht gleich zu Beginn, aber sicher nach einiger Zeit.

Zusammenfassung

Das sind natürlich nur einige Projektionen, die in Liebesbeziehungen vorkommen. Jeder kann seine eigenen Beziehungen unter die Lupe nehmen und unter Anwendung des Projektions-Prinzips sich selbst und den anderen in einem neuen Licht sehen.

Was alle erfolgreichen Liebesbeziehungen auszeichnet, ist die Tatsache, daß die Verhaltensweisen der Partner «idealistischer» sind als je zuvor in ihrem Leben; auf diese Weise lernen sie, den anderen als jemanden zu sehen, der ganz anders ist als alle übrigen Menschen, die sie bisher kennengelernt haben.

12 Nie mehr Angst vor Projektionen

Wir sind umstellt von Projektionen.

Es ist völlig normal und unvermeidlich, daß andere ihre Vorstellung von uns in ihrem Sinne ergänzen, und in vielen Fällen geschieht dies sogar zu unserem Vorteil. Die Färbung, die ein Mensch den Tatsachen verleiht, kann Zuneigung in Liebe verwandeln. Projektionen können aus einer Routinearbeit eine spannende Beschäftigung machen und aus einem Freund einen wertvollen Verbündeten.

Als Individuen projizieren wir auf unsere Vergangenheit und auf unsere Zukunft. Auch wenn wir uns als Kinder durchkämpfen mußten und oft unsicher waren, erinnern wir uns vor allem an die hellen Stunden unserer Kindheit. Möglicherweise ist sie in unserer Vorstellung die glücklichste, sorgloseste Zeit in unserem Leben.

Mit der Schlüsselprojektion auf die Vergangenheit machen wir uns gern weis, daß alles Geschehene unvermeidlich war.

«Ich *mußte* das College beenden; es war klar, daß ich ohne Abschluß nichts erreichen würde.»

«Ich *mußte* Glen heiraten; er war der einzige, den meine Eltern mochten.»

Ob sich unsere Entscheidungen als gut oder schlecht herausgestellt haben, wir vergessen dabei gern, daß wir die Wahl hatten. In unserem Bedürfnis nach Logik und Stringenz tilgen wir die Qual und den Konflikt, unter denen wir zu leiden hatten, und setzen die Projektion ein, unser Leben sei in einer geraden, stetigen Linie verlaufen und alles habe auf ganz natürliche Weise seinen Platz eingenommen.

Was unsere Projektion auf die Zukunft betrifft, so mag das Bevorstehende «schrecklich» für uns sein, wenn wir gerade depressiv oder einsam sind. Oder es erscheint uns «glänzend» und «hell», wenn wir gerade etwas Großartiges begonnen haben – eine neue Arbeitsstelle, eine neue Beziehung. In der Tat sind unsere Projektionen auf die Zukunft – unser Zukunftstraum – der eigentliche Kern unseres Erfolgs. Sie lassen uns die gegenwärtige Plackerei ertragen und bereiten den Weg zu unseren Leistungen.

So wie Individuen projizieren auch ganze Kulturen. Die Zukunftsvisionen der Menschen – seien es die Träume der Flowerpower-Generation oder die Projektionen eines Rüstungskonzerns – prägen ihre Vorstellungen von Fortschritt und motivieren ihre Bemühungen. Und von Thomas Mores *Utopia* bis hin zu Stanley Kubricks Film *2001 – Odyssee im Weltraum* haben Denker und Künstler versucht, ein Bild dessen zu entwerfen, was einmal sein wird.

Wie wir jedoch gesehen haben, können uns Projektionen im Alltag eine Menge Schaden zufügen. Menschen, die uns ungünstig und unfair beurteilen, können uns so behandeln, daß wir Geld, Chancen, Respekt oder sogar Liebe verlieren. Projektionen können uns so sehr schaden, daß wir nicht anerkannt oder geschätzt werden.

Der Mensch, «an den wir einfach nicht herankommen», hat uns vielleicht ständig im falschen Licht gesehen. Zu unserem eigenen Besten müssen wir einschreiten und solche Projektionen attackieren, bevor sie so tief verwurzelt sind, daß wir ihnen machtlos gegenüberstehen.

Sie haben auch gesehen, daß Ihr Wohlbefinden, Ihre Fähigkeit zum Glücklichsein, davon abhängt, daß Sie Ihre eigenen Projektionen erkennen und beherrschen können. Es steht in Ihrer Macht, die Tragödie zu vermeiden, niemals Liebe, Chancen, Treue und Respekt zu erleben, obwohl sie vorhanden sind.

Mit Ihrem jetzigen Wissen bekommen eine Reihe alltäglicher Verhaltensweisen eine neue Bedeutung für Sie. Sie werden verstehen, warum Sie aufgrund bestimmter Verhaltensweisen anderer, so unbedeutend sie auch zu sein schienen, verletzt oder wütend waren. Sie haben nicht einfach übertrieben reagiert, wie Sie vermuteten. Dinge, die Ihnen unverständlich oder unfair vorkamen, wie zum Beispiel die ungerechtfertigte Bevorzugung anderer, können jetzt eingeordnet werden. Vielleicht werden Sie jetzt auch verstehen, wie bestimmte Verhaltensweisen, die immer zum Widerspruch reizen, tatsächlich Beziehungen zerstören können.

Menschen schaffen und nähren Projektionen durch ihr Verhalten, und der Schlüssel zur Veränderung von Projektionen liegt darin, Verhaltensweisen zu ändern.

Auch wenn Sie das Projektions-Prinzip nicht anwenden, um eine Beziehung zu verbessern, können Sie sehr viel über die Vielfalt der menschlichen Natur lernen, wenn Sie herausfinden, welche Projektionen die Menschen unterhalten.

Es ist ganz interessant, wenn Sie sich selbst einmal spielerisch fragen: «Was projiziert dieser Mensch?» Suchen Sie sich für den Anfang jemanden, dem Sie nahestehen – Ihren Partner, einen Elternteil, einen Freund, einen Kollegen. Beobachten Sie sein Verhalten.

Es kann sein, daß Sie seine Projektion nicht sofort entdecken, aber wenn Sie die Techniken anwenden, die Ihnen jetzt zur Verfügung stehen, werden Sie zu faszinierenden Schlußfolgerungen gelangen, zum Beispiel:

«Dieser Typ, der sich immer Geld von mir leiht, denkt, ich sei seine Mutter.»

«Onkel Eliot denkt, daß die jungen Sekretärinnen in seiner Kanzlei in ihn verliebt sind, nur weil sie ihn anlächeln, wenn er hereinkommt. Er hält sich für ‹unwiderstehlich› und sie für ‹unbedarft›.»

«Genevieve denkt, ihr Nachbar würde sie heiraten, wenn sie ihm weiterhin Suppe bringt, wenn er krank ist, und ihm anbietet, seine Einkäufe einmal in der Woche zu erledigen. Sie geht davon aus, daß alle Männer ‹sich vor dem Alleinsein fürchten und eine gute Frau brauchen, die auf sie aufpaßt› – als ob sie jemanden bestechen könnte, sie zu heiraten!»

Als nächstes fragen Sie sich selbst, wie Ihre Bekannten Sie wohl einschätzen. Gibt es jemanden, der weit danebenliegt? Wenn dem so ist, könnten Sie Ärger bekommen.

Aber wenn Sie das Projektions-Prinzip anwenden, können Sie

aufhören, die Projektion zu nähren, und damit beginnen, sie zu ändern.

Die menschliche Natur wird Ihnen oder den Ihnen Naheste-henden ohne Zweifel nie gestatten, echte Objektivität zu erlangen. Aber jetzt können Sie zumindest einen großen Schritt in diese Richtung tun.

Dank

Die Autoren danken den Lektoren von St. Martin's Press, Brian DeFiore und Susan Rabiner, für ihre Unterstützung bei der Arbeit an diesem Buch. Eine große Hilfe waren uns viele Schriftsteller und Therapeuten in allen Phasen seiner Entstehung. Als besonders wertvoll erwiesen sich die Beiträge von Dr. Louis Ormont, Dr. Joan Ormont, Helen McDermott, Dr. Lucinda Mermin, Margaret Scal, Dr. Henry Katz, Olivia Katz und Dr. Hank Schenker.